陳雲

反通胀实践与思想研究

陈云纪念馆◎编
高强◎著

人民出版社

《陈云研究丛书》编委会

目　录

前　言

陈云是中国共产党第一、第二代中央领导集体的重要成员之一。从20世纪40年代末到80年代中后期，他曾先后多次主持新中国的财政经济工作，时间跨度近四十年。其间，新中国建立了比较完整的工业体系和国民经济体系，走完了西方发达国家用一百年甚至几百年才走完的工业化路程。经济体制也经历了半封建半殖民地性质的市场经济、计划管理与市场调节并重的新民主主义经济、社会主义性质的计划经济以及计划经济向社会主义市场经济转轨四个大的阶段。像陈云这样经历过多种经济体制背景的大国经济领导人，在世界上也是很少见的。

陈云在主持新中国财经工作期间，对于我国社会主义经济建设的开创和奠基，对于实现国家工业化和现代化，对于保持国民经济健康稳定发展，都作出了巨大的不可磨灭的贡献。回顾陈云近半个世纪领导经济工作的实践，不难发现，无论在何种经济体制背景下，陈云都非常重视防范和治理通货膨胀，反对通货膨胀是他一直坚持的重要原则，维持物价稳定始终是他追求的主要经济目标和工作的重点。新中国成立前后的平抑物价、统一财经，“一五”期间的统购统销、综合平衡，“大跃进”之后国民经济调整，20世纪70年代末80年代初的第二次国民经济调整以及20世纪80年代后期应对物价“闯关”等等，都是陈云防范和治理通货膨胀的经典事例。陈云的反通胀实践和思想，已经成为中华人民共和国国史，特别是共和国经济史中重要组成部分。

研究陈云反通货膨胀思想的形成与发展，归纳其基本理论内涵，评价其历史地位和作用，阐述其意义和影响，不仅是陈云经济思想研究的重要内容，也是中华人民共和国经济史研究的重要课题之一。从历史的角度考察陈云防范和治理通货膨胀的实践活动，不仅有助于归纳陈云不同时期、不同经济体制背景下反通胀操作的特点，梳理陈云反通胀思想形成和发展的历史过程，而且对于总结中华人民共和国成立以来经济工作的经验教训，都具有重要的历史意义。

改革开放以来，我国经历了三十多年的经济高速增长，取得了举世瞩目的伟大成就。但与此同时，通货膨胀的威胁也如影随形，妨碍着国民经济的稳定运行。全面回顾陈云的防范和治理通货膨胀的实践，深入研究陈云的反通胀思想的基本内涵和影响，特别是他从维护最广大人民利益和经济稳定发展的立场出发，坚持综合平衡、维护国民经济稳定运行的观点，坚持中央政府要掌握宏观调控资源的观点，坚持合理引导、调节、管理和控制社会需求的观点，以及审时度势、量力而行、灵活运用各种经济、政治和行政手段的方法，对于当前中国经济如何实现全面、协调、可持续发展、如何构建社会主义和谐社会，如何维护广大人民群众的财产利益，特别是如何保持人民币币值和物价稳定，都具有现实的借鉴意义。

第一章

陈云在抗日战争和解放战争时期的反通胀实践及思想特征

在论述陈云的反通胀实践和思想之前，首先要追述1937—1949年国民党统治区的通货膨胀，目的是为研究提供宏观的历史背景，并力图将研究对象置于相对较大的时间和空间尺度下，从中国20世纪货币史和通货膨胀史的视角来考察陈云的反通胀实践和思想。众所周知，1937—1949年国统区的通货膨胀，是中国20世纪最著名也是最严重的通货膨胀，其剧烈程度和持续时间甚至在世界货币史和通货膨胀史中也十分罕见。这次通货膨胀几乎摧毁了中国人民对国家强制发行的纸质货币的全部信任，对当时及以后相当长时期的中国经济、政治乃至人民心理都产生了深刻而广泛的影响。陈云亲身经历了这次长达12年的恶性通货膨胀，痛苦而深刻的体验使他对通货膨胀始终保持高度的警惕。在新中国成立以后治理和防范通货膨胀的实践中，陈云和他的同事们常以这次通货膨胀为参照，认真总结并记取国民政府治理通货膨胀的经验教训，特别是国民政府从1945年8月抗战胜利后到1948年8月发行金圆券这段时间的通货膨胀及其治理，为陈云在1949—1952年终结恶性通货膨胀提供了有益的借鉴。

追述1937—1949年旧中国通货膨胀，不仅为考察陈云反通胀实践提供了重要的参照对象，可以相对客观公允地比较和评价陈云治理通货膨胀的效果，也使研究陈云反通胀思想的过程更具历史感。

第一节　1937—1949 年国统区的通货膨胀

“在中国漫长的历史中，货币稳定、紧缩和膨胀曾交替出现。中国由于长期的财政通货膨胀化趋势，无限制地创造和发行新的支付手段使货币体系被完全破坏，导致了历史上多个王朝的覆灭。自从十一世纪纸币出现以来，政府当局得以相对轻松地扩张货币供给。无论纸币作为金、银或铜币的补充，当它成为统治集团提高支出水平的手段时，通货膨胀就成为一个严重的问题。”①

历史总是不断地重演。发生在 1937—1949 年的通货膨胀不仅重复了中国通货膨胀史中很多恶劣的先例，如财政通货膨胀化、无限制发行纸币等等，而且导致了国民党政权在中国内地的崩溃。法币改革给通货膨胀提供了可能性，但长期战争是造成这次恶性通货膨胀的主要原因。

1935 年 11 月 4 日，中国国民政府财政部发布公告，宣布实施币制改革：以中央、中国和交通银行（1936 年 1 月 20 日又增加中国农民银行）所发行之钞票定为法定货币，禁止银币流通，实行白银国有。同时宣布通过中央、中国和交通银行无限制买卖外汇保持法币对外汇价的稳定。法币改革割断了中国货币与白银这种贵金属的直接联系，结束了自明朝中叶以来白银本位的历史，代之以与英镑和美元相联系的“汇兑本位”货币制度。中国自此开始全面实行以国家纸币为本位的货币制度。

尽管法币改革是为了应对美国白银政策影响而被动进行的，但从

---

① Kia–Ngau Chang, “*THE INFLATIONARY SPIRAL*: *The Experience in China*, *1939–1950*”, New York: The Technology Press of Massachusetts Institute of Technology and John Wiley & Sons, Inc., 1958, p.3.

货币发展史的角度看，这次币制改革仍是中国货币制度的进步，在当时也确实起到了缓和金融危机，稳定经济和刺激生产贸易发展的作用。从法币开始发行到抗日战争爆发，由于发行准备充足，国家银行通过买卖外汇维持汇率，法币信誉很好，币值也比较稳定。从1935年12月到1936年9月，法币对美元、英镑、日元的汇价波动很小，中国成为当时世界上对外汇价最平稳的国家之一。从法币改革到抗战爆发这一时期，中国总物价水平也波动很小。1960年陈云曾指出："一九三七年抗战以前物价微涨，但币值基本上稳定，那时一元钱(法币）的购买力约等于人民币二元五角或三元。"①

由于法币不再与贵金属相联系，也不是信用货币，而是一种强制流通且不可兑换的国家纸币。对政府和货币当局而言，法币发行没有不可逾越的数量障碍，理论上可以无限制发行。这就为日后发生的恶性通货膨胀提供了潜在的可能性。正如美国经济学家弗里德曼指出："中国从实物本位过渡到纸币本位，这一所谓的改革使得通过通胀性的纸币发行来为后来的战争支出融资变得更加便捷，也更有吸引力。在战争给养及随后革命的压力之下，中国可能无论如何都不得不放弃银本位而采取纸币发行政策并承受恶性通货膨胀的后果，但美国的白银政策对中国货币结构的影响无疑提高了上述事件发生的可能性，并加速了其进程。"②

但是，法币改革仅为纸币通货膨胀提供了潜在的可能性。1936年是旧中国经济发展的最高峰，各项经济指标都出现了历史上的最好水平。当年国民生产总值为252.98亿元，粮食产量为1.5亿吨，棉花产量为84.9万吨，均为历史最高水平；全年财政总收入达19.73亿元，不仅创历史最高水平，而且收支平衡，略有结余，这在国民政府财政

① 中共中央文献研究室编：《陈云年谱（一九〇五——一九九五）》下卷，中央文献出版社2000年版，第33页。

② ［美］米尔顿·弗里德曼、安娜·J. 施瓦茨：《美国货币史（1867—1960）》，巴曙松等译，北京大学出版社2009年版，第348页。

史上是绝无仅有的。[①]1936年法币币值比较稳定，物价水平波动很小，如果没有1937年日本全面侵华，没有随后的八年抗日战争和三年解放战争，在和平稳定的环境中，中国经济如果能够稳定持续发展。物价水平和法币币值虽难免波动，但至少不会发生长达12年的恶性通货膨胀。

一、抗日战争时期的通货膨胀（1937—1945）

（一）抗战初期的通货膨胀（1937—1939）

1937年日本全面侵华不仅打断了20世纪中国经济发展的第二个“黄金十年”，而且在中国触发了长期的恶性通货膨胀。1937年7月抗日战争爆发后，华北、华东、华南大片富庶地区以及主要工商业中心和港口迅速陷落。到1938年年底，“日寇遂占有了中国土地的1/3，农业生产的40%，工业生产能力的92%。”由于主要税源地区的丧失，到1939年国民政府的财政收入比战前降低了63%。而为满足抗战需要，国民政府的各项支出大幅增加，1937—1939年期间，直接用于军队和重大战略建筑工程的开支，就占政府总支出的70%。“政府收支不敷之数则高达三分之一强。”国民政府财政收支在1937年上半年尚有盈余，1939年年底支出法币27.9亿元，收入7.4亿元，赤字20.5亿元。[②]面对日益严重的财政赤字，1937年到1938年上半年，政府靠出售外汇和发行公债弥补了40%，因此，货币增发尚属缓慢。1939年以后，由于中央银行外汇储备已消耗殆尽，公债发行微乎其微，1938年6月以后，政府只能靠发行货币来维持战争支出。1939年法币发行额为42.9亿元，是战前发行量的3倍。导致法币增发的另一个原因是政府为了抗战和后方经济建设的需要，从1939年起对私营企业大量提供信贷，到1939年年底国家银行向私营公商业贷款

---

① 朱英、石柏林：《中国近代经济政策演变史稿》，湖北人民出版社1998年版，第465页。

② 张公权：《中国通货膨胀史（1937—1949）》，文史资料出版社1986年版，第1—3页。

达 14.7 亿元。[①] 这项政策在战争初期确实起到了刺激工业生产的作用，但由于信贷的资金来源也主要依靠货币发行，所以信贷扩张也成为通货膨胀的主要肇因之一。

从抗战开始到 1939 年年底，整个中国后方的物价平均水平提高了两倍，同期货币发行也增加了两倍，无论用何种标准衡量，都属于通货膨胀。日本侵略导致的财政赤字和信贷扩张是造成通胀的主要原因，1939 年财政赤字和国家银行对私营企业信贷的总额与法币发行额大致持平，说明货币发行主要用于弥补财政赤字和国家银行发放贷款。1937—1939 年法币发行增加了两倍，与物价上涨速度基本一致，通货膨胀的程度还不是很剧烈，对国计民生的负面影响也尚未充分暴露。

（二）抗战中期的通货膨胀（1940—1941）

1940 年是旧中国通货膨胀史上一个重要的转折点，因为从这时起，物价上涨速度开始超过货币增发速度。1941 年年底整个中国后方的物价指数较 1939 年年底上涨了 5.9 倍，货币发行额增加了 2.5 倍，物价涨幅超过货币发行增幅一倍多。这是一个重要的信号，说明物价上涨已不仅源于货币增发，货币流通速度也在加快。原来作为储蓄的货币开始重新进入流通。它预示人民对法币的信心发生动摇，开始囤积物资。

造成这一时期通货膨胀加速的原因主要有三个：一是日军进一步破坏和封锁了中国的对外联系。随着滇越线被切断，中国几乎处于与世隔绝的状态。1941 年大后方从外输入的物资仅及 1939 年 1/3。二是财政收支进一步恶化。1941 年国民政府财政赤字达法币 86.9 亿元，是 1939 年的 4.23 倍；收入占支出的比例从 1939 年的 26%降至 1941 年 13%。三是 1940—1941 年中国农业连续遭受严重的歉收。1940 年农产品产量降低了 10%，1941 年继续下降，比战前平均降低 9%—

① 张公权：《中国通货膨胀史（1937—1949）》，文史资料出版社 1986 年版，第 5—10 页。

13%。[①]

（三）抗战后期的通货膨胀（1942—1945）

这一时期的通货膨胀进入恶性阶段，1945 年 6 月整个中国后方物价指数较 1941 年年底上涨了 94.5 倍，同期货币发行增加 25 倍，物价涨幅超过货币发行增幅将近 3 倍。这一时期政府财政收支因田赋征实、粮米征购等措施而有所改善。造成物价飞涨的主要原因是人民对法币普遍丧失信心，不愿也不敢存储货币，货币流通速度日益加快。囤积物资、进行投机成为金融机构和工商企业日常业务的一部分。虽然政府也采取了限制银行贷款和控制物价等措施，但收效不大。[②]

二、1945—1949 年的通货膨胀

1945 年 8 月抗日战争胜利后，中国国际地位提高，人民对未来抱有期许，人心思定。当时中国中央银行拥有 8.7 亿美元外汇，600 多万两黄金，以及大量白银和银元，按当时的价格，共约合 12 多亿美元。中国国民政府还掌握了东北各省和台湾省的巨大财富，接收了大量以往敌战区的日伪产业和物资以及太平洋各岛美军的剩余物资。[③]1945 年 8 月到 12 月，全国物价也确实出现了短暂的下跌和稳定。如果这时当局珍惜这来之不易的机会，与民休息、恢复经济、平衡财政、抑制甚至消除八年抗日战争造成的通货膨胀是完全有可能的。但是，以蒋介石为代表的国民党当局一意孤行，坚持内战、拒绝和平。为了维持庞大的军费开支，财政赤字和货币发行不断增加，使人民因胜利而恢复的对货币的信心一扫而光，恶性通货膨胀卷土重来。

---

① 张公权：《中国通货膨胀史（1937—1949）》，文史资料出版社 1986 年版，第 17—26 页。

② 张公权：《中国通货膨胀史（1937—1949）》，文史资料出版社 1986 年版，第 26—38 页。

③ 李立侠等：《中央银行史话》，中国文史出版社 1987 年版，第 62 页。

（一）法币的崩溃（1945.8—1948.8）

抗日战争八年期间，法币发行指数为282倍，物价指数为2133倍（按1945年6月数据计算），物价上涨速度是法币增发速度7.56倍；而从1945年8月到1948年8月三年的时间里，法币发行增加了1190倍，标志性的上海趸售物价指数则上涨了14238倍，物价上涨速度是法币增发速度的12倍，远较抗日战争期间的通货膨胀为甚。① 造成如此恶性通货膨胀的主要原因仍是巨额的财政赤字。1946年政府财政支出比上年增加了2.2倍，1947年增加了4.7倍，1948年上半年增加了14倍；1946年财政赤字占支出的比例为47%，1947年为67%，1948年为66%。②

为了弥补财政赤字、控制货币发行和稳定物价，国民政府特别是作为货币当局的中央银行确实采取了一些措施：先是企图用开放外汇市场和抛售黄金的办法稳定法币币值，仅在1946年3月到1947年2月不到一年的时间里，就抛售外汇3.54亿美元和黄金350余万两，几乎花掉储备的一半。③ 同期法币增发了2.7倍，上海趸售物价指数上升了不到2.9倍，货币发行和物价上涨的幅度大致相符。应该说上述措施对抑制通货膨胀取得了一定的效果，但由于它大量消耗政府掌握的外汇和金银储备，无法继续维持。1947年2月，国民政府又实行各种管制办法，冻结工资和物价，禁止私人买卖和拥有黄金和外汇。但执行不到一个月即告失效，4月份开始美元和各种商品黑市相继出现。政府不得不在4月份提高限价，5月份对工资解冻，上海批发物价月增长率从实施管制前的19%跳升到5月份的54%，管制措施又告失败。此后，中央银行又采取过一系列治理通货膨胀的措施，如发行美元债券和国库券，放弃固定的官方汇率制、废止物价和工资

① 参见杨培新编著：《旧中国的通货膨胀》，生活·读书·新知三联书店1963年版，第61—62页。

② 参见杨培新编著：《旧中国的通货膨胀》，生活·读书·新知三联书店1963年版，第51页。

③ 李立侠等：《中央银行史话》，中国文史出版社1987年版，第40页。

的限额办法，对薪金和工资收入者实行低价配发生活必需品，以及恢复限制信贷和提高银行利息等。但对于巨额财政赤字导致的法币快速增发，只能起到一点缓和的作用。1947 年法币增发了 10 倍，而同年上海批发物价几乎上升了 15 倍。[①] 通货膨胀继续恶化。进入 1948 年，物价几乎每两个月翻一番，而货币供应量的增加速度却为此之半。蒋介石为之震动，竟亲自下令停止一切贷款，但财政赤字引起的法币泛滥使投机活动大行其道，信贷控制没有起到明显的作用。到 1948 年 8 月 21 日，法币比年初增发了约 19 倍，上海趸售物价指数上涨了 73 倍。[②] 法币的印刷速度竟然赶不上发行速度，法币已经陷于崩溃。

（二）金圆券的覆灭（1948.8—1949.5）

1948 年 8 月 19 日，国民政府以总统紧急命令宣布实行货币改革，以金圆券取代法币作为本位币，金圆券每元法定含金量为纯金 0.22217 公分，兑换率为一金圆券等于 300 万法币；金圆券的发行准备 40%为黄金、白银和外汇；金圆券的发行额以 2 亿元为限；所有商品的价格一律按 8 月 19 日的价格折合金圆券加以冻结，非经政府批准，不得擅自涨价；私人不得持有黄金、白银或外汇，其已持有者，概须上缴，政府以金圆券作价收兑。此外，还规定了改进税制、统制信贷、降低利率、严禁囤积物资等办法。为了保证货币改革的进行，当局还专门派遣高级官员分驻上海、天津和广州亲自负责执行以上各项规定。[③] 蒋经国亲率秘密警察赴上海督导。

国民党当局企图用专政手段强力压制物价，以达到维持金融的目的，在金圆券发行之初在上海等地确实出现了短暂的物价稳定。然而由于军事开支巨大，财政赤字继续膨胀，到 8 月月底金圆券就突破了 2 亿元的发行限额，到 10 月月底，金圆券的流通额就达到 18.5 亿元，

---

① 张公权：《中国通货膨胀史（1937—1949）》，文史资料出版社 1986 年版，第 53 页。

② 参见杨培新编著：《旧中国的通货膨胀》，生活 · 读书 · 新知三联书店 1963 年版，第 61—62 页。

③ 张公权：《中国通货膨胀史（1937—1949）》，文史资料出版社 1986 年版，第 57 页。

超过发行限额的8倍。10月份开始，国民党当局被迫放弃物价管制，通货膨胀再度爆发，物价一周之内竟上涨了11倍。国民党当局11月份宣布金圆券贬值80%（按黄金折算），并准许自由兑换黄金，但这时外汇金银储备已所剩无几，加之人民群众已成惊弓之鸟，蜂拥兑换，到12月份中央银行就停止实行上述办法，挽救金圆券信用的最后努力遂告失败。[①]进入1949年，国民党统治区的货币制度已呈土崩瓦解之势，各地人民群众、工商企业甚至国民党军政单位纷纷拒用金圆券，而地方政府也都准备发行地方货币，金圆券作为货币的功能已消失殆尽，渐渐被逐出流通。

1948年以前国民党当局还对治理通货膨胀采取了一些措施，1948年后由于军事形势的逆转和美援的减少，他们已无力也无意抑制通货膨胀。发行金圆券本身是国民党当局在看到大势已去后的垂死挣扎，其根本目的是从人民群众和工商界手中最后再掠夺一次财富。他们确实达到了这个目的。根据国民政府行政院长翁文灏1948年10月向立法院的报告，国民党当局利用货币改革共搜刮金银、外汇共值2亿美元。[②]

从1948年8月到1949年5月，金圆券发行增加了65万倍，而黄金市价上涨了130万倍，美钞市价上涨了130万倍，批发物价指数上涨了120万倍。[③]

三、1937—1949年国统区通货膨胀的成因、特点及其治理

（一）通货膨胀的成因

1937—1949年中国通货膨胀的总体背景是长达八年的抗日战争和三年的解放战争，战争是造成这次恶性通货膨胀的主要的和根本的

① 张公权：《中国通货膨胀史（1937—1949）》，文史资料出版社1986年版，第59页。

② 杨培新编著：《旧中国的通货膨胀》，生活·读书·新知三联书店1963年版，第90页。

③ 杨培新编著：《旧中国的通货膨胀》，生活·读书·新知三联书店1963年版，第86页。

原因。如果没有长期战争，中国的通货膨胀至少不会如此剧烈。从经济学的角度看，造成这次通货膨胀的直接原因是政府巨额财政赤字所导致的国民经济总供给和总需求的严重失衡。为弥补财政赤字，特别是为应付军政支出而引起的过量货币发行不断创造着过度的购买力，1937—1949 年货币发行增加了 1400 多亿倍；而连年战争使本来就落后虚弱的工农业生产和正常贸易遭到持续的破坏，得不到喘息的机会，无法增加甚至维持产出。1949 年与战前最高年份相比，工业产值降低了一半，其中重工业生产大约降低 70%，轻工业生产降低了 30%，粮食作物的产量也下降了 22%。① 由于太多的货币追逐太少的商品，作为通货膨胀基本特征的物价普遍上涨，在 1937—1949 年的中国表现得登峰造极，12 年间物价上涨了 85000 多亿倍，超过著名的第一次世界大战后德国通货膨胀。在世界通货膨胀史中仅次于 1946 年匈牙利的通货膨胀。②

（二）通货膨胀的特点

1937—1949 年在中国发生的通货膨胀，除了具有战争期间通货膨胀的共性症状之外，还表现出本身所独有的特点。其中最为突出的有两点：一是长期的恶性通货膨胀彻底摧毁了人民对国家纸币的信心；二是投机泛滥加剧了通货膨胀。

近代以来中国币制极为紊乱复杂，币值经常波动不定。广大人民群众和工商界对不可兑换的国家纸币本来就心存疑虑，法币的信用并不稳固。连续 12 年的恶性通货膨胀使法币币值趋近于零，纸币几乎同于废纸，人民对法币和金圆券的信心由于一次又一次地被剥夺而荡然无存，国家纸币的信用被彻底摧毁。法币和金圆券不仅丧失了储蓄手段、支付手段的功能，而且逐步失去了交换媒介和价值尺度的功

---

① 苏星：《新中国经济史（修订本）》，中共中央党校出版社 2007 年版，第 72—73 页。

② ［美］唐·帕尔伯格：《通货膨胀的历史与分析》，孙忠译，中国发展出版社 1998 年版，第 71、103、106 页。

能。信用崩溃的后果是货币流通速度大大加快，流通中货币量激增，导致物价增幅大大超过货币发行的增幅，使通货膨胀的程度更加严重，而且在人民心中造成了“重物轻货”、排斥纸币的深远影响。

投机泛滥是1937—1949年期间中国经济的显著特征之一。以四大家族为代表的官僚垄断资本带头囤积居奇、投机倒把，军政机关、金融机构、工商企业，乃至工薪阶层、升斗小民无不参与其中，形成了全民投机抢购的局面，整个市场被投机势力所控制，国民经济走上了畸形发展的道路。投机泛滥既是通货膨胀的后果，也是加剧通货膨胀的原因。在长期恶性通货膨胀的背景下，正常的生产和贸易利润都不能抵消物价上涨造成的损失，企业“工不如商，商不如囤，囤不如投(机)”，投机活动成为不可或缺的避险工具和赢利途径；人民为使自己的收入和财产少受损失，也把抢购囤积物资作为保值手段。然而泛滥的投机活动又使商品供求差距更加扩大，导致物价进一步上涨，陷入恶性循环，加剧通货膨胀。另外，由于占政府财政支出主要部分的军政部门也参与了投机活动，他们把大量财政经费用于商业和金融投机，这不仅加剧了市场的混乱，而且也给控制货币供应增加了难度。

（三）通货膨胀的治理

从1939年开始，为了应对愈演愈烈的通货膨胀，国民政府相继采取了一系列治理措施，但由于不能消除或减少造成通货膨胀的根本原因——财政赤字，加之政府本身的腐败无能，这些措施没有取得明显的效果。

1. 财政政策

截止到1948年6月，政府财政赤字较1937年增加了77万多倍。[①]为了维持日益增长的军政支出，中央银行只能滥发货币。由于财政赤字是造成通货膨胀的根本原因，所以治理通胀最有效也是最根本的措施是减少财政支出，增加财政收入。然而国民政府没有采取任何有效

① 张公权：《中国通货膨胀史（1937—1949）》，文史资料出版社1986年版，第244页。

的措施控制财政支出，在增加收入方面采取的田赋征实和粮食征借等措施在保障军粮供应上起到了一定作用，但对弥补财政赤字来说只是杯水车薪。国民政府的财政状况持续恶化。

2. 货币政策

国民政府反通货膨胀的努力主要集中在货币方面。采取的措施包括在 1940 年和 1946 年先后两次实行信贷和利率管制，1946—1947 年出售黄金和外汇维持币值和物价，以及 1948 年实行货币改革等等。有些措施确实对延缓通货膨胀的恶化起到了一定作用，1946—1947 年物价上涨的幅度基本上与货币增发幅度相当，是解放战争期间通货膨胀相对缓和的时期。但就总体而言货币政策的作用相当有限。

3. 限制物价和配给

为了抑制物价的过度上涨和维持国民经济的运转，国民政府先后于 1942 年年底、1947 年 2 月和 1948 年 8 月三次实行物价管制，冻结物价和工资，对工职人员和大城市的产业工人和市民实行粮食、燃料等基本消费品官价配给。这些措施对缓解通货膨胀对工薪阶层的危害还是起到了少许效果，但是在恶性通货膨胀的背景之下，在少数大城市，对少数商品实行硬性物价限制只能是起到表面和短暂的作用。1947 年 2 月的物价管制维持了三个月，1948 年 8 月的物价冻结只维持了两个月，继之而来的是更加猛烈的物价飙升和金融崩溃。

值得一提的是，中央银行意识到掌握物资对稳定金融的重要性，成立物资财务委员会，通过控制和运用花纱布、粮食、煤等重要物资，为维持上海等地的城市供应和生产做出了贡献，也为以后治理通货膨胀积累了经验。

第二节　陕甘宁时期的反通胀实践及思想特征

陈云的反通胀实践最早始于抗日战争中的陕甘宁根据地。1944 年 3 月 5 日中共中央政治局会议根据毛泽东的提议，决定陈云任西北局委员，西北财经办事处副主任兼政治部主任。[①] 从 1944 年 3 月到 1945 年 9 月的一年半时间里，陈云主持陕甘宁边区和晋绥边区的经济工作。这是他第一次负责全局性的财经事务，也是他初次开始治理和防范通货膨胀的实践活动。

为了尽可能准确地描述和梳理陈云在这一时期的反通胀实践以及所体现出的思想特点，有必要先追述一下陕甘宁边区自建立到抗日战争胜利这一时期财政经济，特别是货币发行和金融物价方面的实际状况，以期为研究提供历史背景和叙述起点。

一、抗日战争时期陕甘宁边区货币发行与金融物价概况

（一）法币时期（1937.9—1941.1）

根据第二次国共合作协议，1937 年 9 月中华苏维埃中央政府西北办事处改为陕甘宁边区(简称“边区”）政府，直属国民政府行政院。边区首府设在延安，一开始辖陕西西北部和中部、甘肃陇东和宁夏东南部三个地区的 26 个县，1941 年增为 27 个县，1942 年又调整为 32 个县。边区由北至南约 900 里，由东至西约 800 里，面积约 12.96 平方公里，人口 200 多万人。[②]

从 1937 年 9 月至 1940 年上半年，边区根据国共协议不发货币，八路军的军饷由国民政府发给。这一时期边区财政收入主要依靠军饷及其他外援。其中，国民政府每月拨给的军饷63万元法币[③]，再加上国际援助，边区每年有 1000 万元法币左右的收入（当时法币币值比较稳定，一元法币可兑换一元银元[④]）。这些收入基本可以满足财政支出。因此中共中央和边区政府在此期间提出并实行的经济政策

① 中共中央文献研究室编：《陈云年谱（一九〇五——一九九五)》上卷，中央文献出版社 2000 年版，第 381 页。

② 李实主编：《陕甘宁革命根据地货币史》，中国金融出版社 2003 年版，第 2、49 页。

③ 《朱理治金融论稿》，中国财政经济出版社 1993 年版，第 162 页。

④ 李实主编：《陕甘宁革命根据地货币史》，中国金融出版社 2003 年版，第 54 页。

是“力争外援，休养民力”，税收只占财政收入的很小比重（1938 年为 6.3%，1939 年为 6.4%）；征收的公粮 1937 年为 1.3 万石，1938 年为 1.5 万石，征粮数量占农民收获量的比重也很小，1937 年为 1.28%，1938 年为 1.32%。[①]

从 1937 年 9 月到 1941 年 1 月，边区实行国共合作协议下的货币政策，以法币为本位币，市场上流通的主要是法币。为解决边区市场辅币短缺的问题，从 1938 年 6 月起，边区政府授权陕甘宁边区银行发行了 2 分、5 分、1 角、2 角的延安光华商店代价券（简称“光华券”），后又发行面值 5 角、7 角的光华券。光华券与法币等价，作为法币的辅币在边区市场上流通。

1937 年上半年到 1938 年年底，边区物价上涨缓慢，主要原因是财政收入稳定，军需民用物资有保障。但从 1939 年到 1940 年，物价上涨加快，与 1937 年上半年相比，1940 年边区物价上涨了 6 倍多。其原因一方面是国民党政府克扣、拖延乃至停发军饷，使边区财政收入锐减，不得不大量增发光华券以弥补财政急需，从而造成物价上涨；另一方面，国民党统治区自 1939 年以后，通货膨胀加剧，物价急速上涨，对边区物价也产生了不小的影响。

表 1—1　1937—1940 年物价指数比较[②]

1937 年上半年平均 =100

年　度	延安物价指数	国统区物价指数
1937 年上半年	100	100
1937 年下半年	110.4	109
1938 年	161.4	155
1939 年	377.3	306
1940 年	716.9	801

① 李实主编：《陕甘宁革命根据地货币史》，中国金融出版社 2003 年版，第 50 页。

② 《陕甘宁边区金融史》，中国金融出版社 1992 年版，第 53 页。

1940 年 10 月开始，国民党发动第二次反共高潮，并于 1941 年 1 月制造了震惊中外的“皖南事变”。与此同时，还集结 50 万军队对边区进行军事包围。在经济上，一方面对边区进行严密的物资封锁，另一方面，故意拖发、欠发八路军军饷，禁止国内外各种援助进入边区。并于 1940 年 11 月 19 日正式停发八路军军饷。①

（二）边币时期（1941.2—1944.6）

军饷停发，外援断绝，使边区失去绝大部分财政收入；国民党的包围、封锁，造成边区的各种必需物资严重匮乏；恰巧这期间边区又遇上严重的自然灾害；还有脱产人员增加，需要安置难民等问题；这一切加在一起，使边区财政经济陷入极度困难。正如毛泽东所说：“最大的一次困难是在 1940 年和 1941 年，国民党两次反共摩擦，都在这一时期。我们曾经弄到几乎没有衣穿，没有油吃，没有纸，没有菜，战士没有鞋袜，工作人员在冬天没有被盖。”②

为了保障军需民用，边区政府不得不增加公粮的征收，1939 年边区征收公粮 5 万石，1940 年征收 9 万石，1941 年增加到 20 万石，占到当时边区粮食产量的 13.8%③。这给本来就很贫困的边区人民增加了太重的负担。即使如此，边区政府的财政仍不能收支平衡，1941 年财政收入边币 1960 万元，支出 2527 万元，赤字 567 万元。④

面对严重的物资和财政经济困难，在中共中央、中央西北局和边区政府的领导下，边区开展了大生产运动并实行了精兵简政和减租减息政策，一边动员军民努力开荒生产，增加粮食、棉花、布匹、食盐等必需品和出口物资的生产；一边尽量减少脱产人员的数量，减轻边区人民和财政的负担。经过大生产运动，边区粮食产量由 1941 年

---

① 魏协武主编：《陕甘宁边区金融报道史料选》，陕西人民出版社 1992 年版，第 1 页。
② 《毛泽东选集》第三卷，人民出版社 1991 年版，第 892 页。
③ 李实主编：《陕甘宁革命根据地货币史》，中国金融出版社 2003 年版，第 73、75 页。
④ 李实主编：《陕甘宁革命根据地货币史》，中国金融出版社 2003 年版，第 75 页。

的 145.58 万石，提高到 1943 年的 181.22 万石，实现了粮食自给自足并略有节余。1942 年财政收入增加到边币 34887 万元，当年收支相抵，盈余 10893 万元。① 通过减租减息工作的普遍开展，大大削弱了地主和高利贷对农民的封建剥削，使他们的生产生活条件得到了明显改善。

为促进边区经济自给，刺激工农业生产，有力回击国民党顽固派对边区的封锁，边区政府于 1941 年 1 月 30 日发布《关于停止法币行使的布告》，决定自即日起停止法币在边区境内流通；又于 1941 年 2 月 18 日宣布发行陕甘宁边区银行币（简称“边币”），明令指出边币是边区唯一合法货币；并于 1941 年 2 月 22 日训令“各地、各部门，要求务须用政府法令保证边区内部完全行使边币，不准行使法币及其他货币。”②

至此，边区结束了以法币为本位货币的时期，边币取代法币成为边区的法定货币；边区开始建立独立自主的货币体系，边币和以后发行的贸易公司商业流通券都成为完全由边区独立发行与流通的货币；边区的货币流通格局从法币与光华券的主辅结构转化为边币与法币的并列结构，边币与法币的比价也从过去光华券与法币的固定比价转化成浮动比价。

从 1941 年 2 月边币开始发行到 1944 年 6 月停止发行，前后三年多的时间边币共发行了 342321 万元。在这段时间里，发行增幅相对平稳的是 1941 年下半年为 78.2%，1942 上半年为 64.4%，1944 年上半年为 104.5%；发行量增幅居中的是 1942 年下半年为 163.2%；发行量增幅较大的是 1941 年上半年为 253.1%，1943 年上半年为 205.3%；1943 年下半年发行量增幅为 383.71%，达到峰值。③

① 李实主编:《陕甘宁革命根据地货币史》，中国金融出版社 2003 年版，第 75 页。

② 《陕甘宁边区金融史》，中国金融出版社 1992 年版，第 88—89 页。

③ 李实主编:《陕甘宁革命根据地货币史》，中国金融出版社 2003 年版，第 84—85 页。

表 1—2　边币发行情况

单位：万元

发行时间	本期发行额	累计发行额	较上期增幅%
1941 年上半年	1100.95	1535.93	253.1
1941 年下半年	1201.48	2737.32	78.2
1941 年全年	2302.43		
1942 年上半年	1762.68	4500.00	64.4
1942 年下半年	7345.00	11845.00	163.2
1942 年全年	9107.68		
1943 年上半年	24315.00	36160.00	205.3
1943 年下半年	138749.00	174909.00	383.7
1943 年全年	163064.00		
1944 年上半年	167412.00	342321.00	104.5

1941 年上半年边币发行量增加很快，到 6 月份就超过了中共中央在边币发行前规定的 1000 万元的限额，达到 1105 万元①。由于发行速度过快，发行量过多，造成了边币流通区域缩小，对法币比价持续下跌，市场公开使用法币交易，边币信用动摇。1941 年上半年，延安物价较 1940 年下半年上涨 1.17 倍②。边区金融和物价的波动，引起了边区上下的广泛关注。1941 年 3 月始任边区银行行长的朱理治，在分析边区金融物价波动的原因时指出：不只是货币量增多了，由于物资生产不够，市场商品也减少了。这才是边区物价上涨、边币跌价的主要的和根本的原因。根据这个分析，朱理治提出银行的政策是，一方面多向工、农、运输业放款，推动生产的发展；另一方面，尽量发展信用，减少货币发行，使边币不致走到通货膨胀的境地。他明确提出："一方面要反对一种害怕发行货币，限制与束缚边区生产发展

① 《陕甘宁边区金融史》，中国金融出版社 1992 年版，第 99 页。

② 李实主编：《陕甘宁革命根据地货币史》，中国金融出版社 2003 年版，第 93 页。

的倾向；另一方面也反对无限制过多地发行边币。”①1941 年 8 月，中共中央开会讨论金融问题，毛泽东在综合各方面意见的基础上提出：边区的问题，基本上不是金融问题，而是经济与财政的矛盾，解决这个矛盾，只有通过发展生产。②

根据毛泽东主席的指示精神，中共中央财经委员会做出边币发行坚持不超过现行发行额，尽一切可能收缩通货的决定，并要求“财政厅保证不再向银行透支，银行对各种投资暂时一律停止。”③由于各方面认识的统一，1941 年下半年边币发行速度在上期的基础上有所减缓，但仍保持了一定的增幅。1941 年 7—12 月，边币净增发 1201 万元，在上期基础上增发不到 1 倍，每月平均递增不到 10%，边币流通趋于正常，边币币值比较稳定④。1941 年 9—12 月，物价持续缓慢上涨，月均涨幅为 15.7%，与上期基本持平；边币与法币的比价也改变了上半年急速下跌的趋势，下跌幅度很小，月平均跌幅为 3.6%，9 月份还上升了 6%。到 1941 年年底，边币与法币的比价稳定在 2.5∶1 左右的水平。⑤

1942 年中央财经委员会拟定的《边区经济财政建设的决定》提出：在金融贸易方面，要保障边钞与物价的相对稳定，“1942 年在财政上不靠发钞票，由银行利用储蓄及公盐周转收回一部分。”⑥1942 年上半年的边区金融物价比较稳定，这主要得益于边区对土特产实行统购统销，出口增加；边区银行成立了货币交换所，开展边、法币交换业务，边币流通范围有所扩大；以及国统区开始实行限价，大量货物涌进边区。在专项增发 1000 万元以支持发展生产的情况下，1942 年上半年共增发 1763 万元，当期发行额比上期增加 46.8%。

---

① 《朱理治金融论稿》，中国财政经济出版社 1993 年版，第 6—11 页。

② 《朱理治金融论稿》，中国财政经济出版社 1993 年版，第 172 页。

③ 《朱理治金融论稿》，中国财政经济出版社 1993 年版，第 172 页。

④ 《陕甘宁边区金融史》，中国金融出版社 1992 年版，第 101 页。

⑤ 李实主编：《陕甘宁革命根据地货币史》，中国金融出版社 2003 年版，第 95 页。

⑥ 《朱理治金融论稿》，中国财政经济出版社 1993 年版，第 172 页。

1942年下半年，国民党当局向边区大量倾销法币，抢购物资，同时加紧封锁，不许货物进入边区，使边区出口大增，法币充裕，需求减少。边区党、政、军和银行、贸易等部门采取应对措施。边区银行行长朱理治强调，战时金融贸易问题基本上是抢购物资的问题；要求禁止法币在边区市面流通，抓紧用法币在国统区抢购物资[①]。这时边区银行还利用法币虚弱、边币坚挺的时机，大力推行边币。1942年下半年边币发行量达7345万元，当期发行量较上期增加108%。在边币急速发行的情况下，边区物价基本平稳，半年仅上涨31.6%；边、法币比价反而上升，1942年12月比价为2.09：1[②]。

1942年12月，在中共西北中央局高级干部会议（简称“西北局高干会”）上，西北财经办事处全面总结了边区的财经工作，严厉批评了边区银行执行的所谓货币发行的保守主义和金融本位主义，提出要按财政与经济的需要，同时顾及金融情况的可能进行边币的发行。1943年1月15日，主张稳定货币政策的边区银行行长朱理治被免职。1943年5月，边区银行由西北财经办事处领导改为由财政厅领导。

1943年边区经济已经度过了最困难的时期。1942年全边区粮食产量为150万石，而全边区粮食年消费量约为120万石，因此粮食已经实现了自给有余；其他事业也有了长足的发展。但是，1943年却发生了边区历史上最严重的通货膨胀。西北高干会后，1943年边币共发行163064万元，比1942年年底发行总额增加13.77倍，其中三分之二用于财政放款。1943年，财政向边区银行透支111150万元，占当期边币发行额的68%。[③]巨额的财政发行导致边区金融、物价空前动荡，边区物价飙升，边币与法币比价狂跌。到1943年年底，边区物价比1942年年底上涨23.9倍，而同期国统区物价只上涨了3倍[④]；边法币比价，从1942年年底的2.1：1跌至10：1左右，个别地区如

---

① 《朱理治金融论稿》，中国财政经济出版社1993年版，第90—91页。

② 《陕甘宁边区金融史》，中国金融出版社1992年版，第104页。

③ 《陕甘宁边区金融史》，中国金融出版社1992年版，第131、151页。

④ 《黄亚光文稿和日记摘编》，陕西人民出版社1998年版，第38页。

陇东竟跌至 18∶1[①]。边币信用发生根本性动摇，就连边区政府的物资局都指示所属商店要直接收取法币。到 1943 年年底，边币的发行总额累计为 174909 万元，其中 1943 年当年发行的就占了将近 80%，这么多货币的流通范围是不到 200 万人口的陕甘宁边区，而 1937 年 6 月国民政府控制的中央银行、中国银行、交通银行和中国农民银行四大银行所发行的法币总额只有 140730 万元，其流通范围却是 4 亿人口的区域。从 1941 年 6 月到 1943 年年底，边币发行增加了 112 倍，而同期法币发行额只增加了 5 倍多。[②]

1943 年是边区财政金融最混乱的一年。恶性通货膨胀使边区财政经济和人民生活受到严重影响，财政预算不断被突破，货币发行赶不上物价的上涨，开支越来越大；工农业剪刀差日愈扩大，农村经济遭到严重破坏。严峻的现实使中共中央西北局不得不在 1943 年 12 月 17 日决定暂停发票子，抛售物资以回笼边币，同时停发三个月经费。1944 年 3 月，边区召开第二次高干会议，检讨了财经工作，做出了以“稳定金融、提高边币”为主的工作安排。1944 年 1 月停发边币后，边币开始回笼；2 月份恢复发行后，由于发行增幅较小，边区的金融物价趋于相对稳定[③]。

从 1941 年年初到 1944 年年初边区在货币发行、金融物价领域正反两方面的经验教训中可以得出以下几点认识：首先，为了满足战争需要，支持经济发展，在国计民生可以容忍的限度内适当增发货币是必要的，也是可能的。但是，货币发行决不能没有限制，不能没有必要的发行准备，否则就会导致恶性通货膨胀，金融动荡，给财政经济和人民生活造成灾难性的影响。边区 1943 年的财政金融动荡即是证明。其次，在战争期间货币政策的目标是要做到既保障供给、推动生产发展，又保持对外币值和内部物价的相对稳定。边区在 1941 年下

---

① 《陕甘宁边区金融史》，中国金融出版社 1992 年版，第 162 页。

② 杨培新编著：《旧中国的通货膨胀》，生活 · 读书 · 新知三联书店 1963 年版，第 20 页。

③ 李实主编：《陕甘宁革命根据地货币史》，中国金融出版社 2003 年版，第 88—89 页。

半年到 1942 年年底基本实现了这一组合目标。再次，货币发行权不能交给财政，否则很可能导致无限制的财政发行。1943 年边区银行划归财政厅领导后，“财政在上半年起即强调丰衣足食，消耗很大，7 月以后备战备荒，储蓄物资用钱很多，银行受财政厅管辖，发行多用在财政开支上，全年约占有发行的 63%”①。

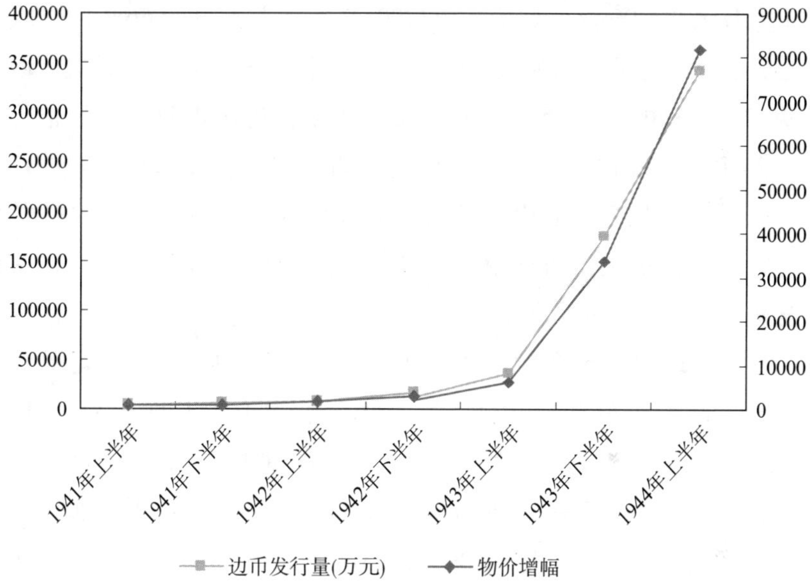

图 1—1　1941—1944 年边币发行量与延安物价指数态势

注：延安物价指数以 1940 年下半年平均为 100。左柱为发行量，右柱为物价增幅。

从上图可见，延安物价指数增幅与同期边币发行量存在高度相关性，几乎同步变化，可以说明物价上涨主要是由于边币增发造成的。1941 年上半年到 1942 年下半年，边币发行和物价增幅尚属平稳；1943 年上半年到 1944 年上半年，由于边币大量增发，物价也随之飙升。

① 《黄亚光文稿和日记摘编》，陕西人民出版社 1998 年版，第 36 页。

（三）流通券时期（1944.7—1945.8）

1944 年，陕甘宁边区的经济状况继续改善，不仅实现了粮食自给有余，而且由于 1943 年产棉 200 万斤，满足了边区约一半的需要，减少了进口，节省了大量外汇（法币）。但是，1943 年发生的严重通货膨胀给边区财政经济和军民生活造成巨大的不良影响，而且这种影响一直延续到 1944 年年初。1943 年边区财政预算总支出边币 50190 万元，收入 17000 万元，赤字 33190 万元，占支出的 66%，是收入的近 2 倍。[①] 为了平衡财政，1943 年 12 月到 1944 年 2 月，边区政府停发了 3 个月的财政经费。为了回笼边币、稳定币值，边区银行于 1944 年 1 月停发边币，同时各部门抛售物资，回笼边币 8400 万元，导致市场银根吃紧。但边币贬值的势头仍未被有效遏制，1944 年年初，边法币比价黑市价格继续下跌，比价达到 13∶1—14∶1，最低甚至跌至 18∶1—19∶1[②]。

面对严峻的财政金融局势，1944 年 3 月，中共中央书记处主管财经工作的书记任弼时在边区第二次高干会议上作了题为《去年财经工作的估计与今年金融、贸易、财政政策的基本方针》的报告。他指出：财政、金融、贸易是 1943 年工作的薄弱环节。边币是边区经济力量的代表，自然能够随着我们的经济发展而巩固起来。1944 年边区应全力稳定边币。边区政府也确定 1944 年边区财政、金融、贸易工作的总方针是发展物资贸易，以保证军民供给，支持财政，稳定金融，调节物价，实现经济自给[③]。

为了在保障军民供给、支持扩大生产的前提下，稳定金融和边币币值，边区银行在 1944 年年初实行"大吞小吐"的发行方针，净发行大幅减少，收到了提高边币、法币比价和物价回落的效果。为了继续稳定边币币值，1944 年 5 月 23 日，中共中央西北财经办事处作出

---

① 李成瑞主编：《陈云经济思想发展史》，当代中国出版社 2005 年版，第 53 页。

② 李实主编：《陕甘宁革命根据地货币史》，中国金融出版社 2003 年版，第 96 页。

③ 李实主编：《陕甘宁革命根据地货币史》，中国金融出版社 2003 年版，第 111—112 页。

"关于发行陕甘宁边区贸易公司商业流通券的决议";1944 年 7 月 1 日，边区银行正式发行"陕甘宁边区贸易公司商业流通券"（简称"商业流通券"）；同日，边区政府发出《布告》，明确规定商业流通券面额为 50 元，每 1 元当边区银行票币 20 元，并得与边币互相兑换，举凡纳税交易还债等，一律通用。1945 年 6 月起，商业流通券取代边币，成为陕甘宁边区的本位币。边币逐渐退出流通①。

边区银行发行商业流通券后，执行以"券币慢发"为手段，以"物价慢涨"和"比价慢降"为目标的稳健的货币政策原则，比较好地控制了发行规模和发行速度。1944 年 7—12 月，商业流通券共发行 12198 万元，比上半年增加 45.4%，月均递增 9.9%，增幅比上半年下降 3.1%；1945 年 1—8 月共发行商业流通券 43899 万元，月均递增 12.6%，增幅比 1944 年下半年略有上升。这主要是由于抗战胜利在望，根据地和流通领域扩大，实际经济需求增加所致②。

从商业流通券开始发行到抗日战争结束，商业流通券与法币的比价稳中有升，边区也实现了"物价慢涨"，基本上达到了稳定币值的政策目标。这一时期，边区金融物价在生产和贸易蓬勃发展的背景下步入良性循环的轨道，通货膨胀得到了有效遏制。

表 1—3　1944 年 7 月—1945 年 8 月商业流通券币值变化统计③

时　间	物价指数（以 1944 年 6 月为基数 100）	商业流通券每元兑换法币	商业流通券市场流通量（万元）
1944 年 7 月	110.58	2.35	22727
1944 年 12 月	138.03	2.35	29335
1945 年 6 月	358.33	2.60	56487
1945 年 8 月	431.27	2.60	73234

① 李实主编：《陕甘宁革命根据地货币史》，中国金融出版社 2003 年版，第 117—118 页。

② 李实主编：《陕甘宁革命根据地货币史》，中国金融出版社 2003 年版，第 123 页。

③ 李实主编：《陕甘宁革命根据地货币史》，中国金融出版社 2003 年版，第 125 页。

导致商业流通券币值稳定的原因有以下五条。第一是生产的大发展。生产的扩大使商品供给，特别是必需品自给率提高。1944 年边区产棉 300 多万斤，可织布 150 万匹，满足了边区三分之二的需要，很多工业品也实现了全部或部分自给，实现了有效的进口替代。这样就减少了进口和外汇需求，为币值稳定提供了坚实的基础。第二是对外贸易顺差（出超）。1944 年到 1945 年两年边区对外贸易出超边币 1563192 万元和商业流通券 299307 万元①。“控制了大量的特货，在斗争中取得了胜利，换进了足够供给边区的物资和外汇而有余。”②不仅可以满足必需物资的进口，还积累了充裕的外汇（法币）储备。第三是边区银行的货币交换所无限制地兑换法币，使商业流通券的信用得到不断加强，与法币的比价稳中有升。市场交易可以放心使用商业流通券，很少有比价变动的担心。第四是财政力量增强。税收占全部财政收入的 60%以上，银行仅对一些临时性的财政支出提供短期资金融通。1944 年下半年，商业流通券发行用于支持财政的部分只占发行总量的 17.75%。财政发行的大幅降低是币值稳定的重要原因③。第五是边区 1945 年 8 月的物价指数比 1944 年 7 月上涨了 3 倍多。但主要原因为国统区物价上涨，法币币值下跌，具有典型的输入性通货膨胀的特征。国统区的法币在 1944 年到 1945 年 6 月购买力下跌了 3 倍多④，影响到棉花和布匹等边区进口商品的价格，而边区的农副土特产品涨价幅度较小。

二、陈云在陕甘宁时期的反通胀实践及其思想特征

陈云于 1944 年 3 月到 1945 年 9 月主持陕甘宁边区财经工作的一

① 《陕甘宁边区金融史》，中国金融出版社 1992 年版，第 163 页。

② 《黄亚光文稿和日记摘编》，陕西人民出版社 1998 年版，第 41 页。

③ 李实主编：《陕甘宁革命根据地货币史》，中国金融出版社 2003 年版，第 124 页。

④ 杨培新编著：《旧中国的通货膨胀》，生活·读书·新知三联书店 1963 年版，第 22 页。

年半时间里，在金融方面取得的最显著的成就是，通过发行商业流通券并成功地保持其币值稳定，有效地遏制了边区1943年发生的严重通货膨胀，实现了边区金融物价的相对稳定，从而为保障抗战需要和军民供给，支持生产和贸易发展，争取财政节余、积蓄物资、准备反攻做出了突出的贡献。

在主持边区财经工作期间，陈云在总结边币发行以来正反两方面经验教训的基础上，通过认真研究边币与法币的复杂关系，在实践中不断地摸索货币发行和治理通货膨胀的规律和办法，提出了一系列具有现实指导意义和理论价值的方针、政策和措施。这些主要体现在他的《陕甘宁边区的财经问题》、《怎样做好财政工作》、《关于财经问题的报告》和《统一流通券为边区本位币》等讲话、报告等文献中，人们从中可以看出他在这一时期反通胀思想的主要特征。特别是他在《关于财经问题的报告》的第二部分中，就边币与法币的关系、金融稳定的落脚点、边币的发行以及物价等问题进行了系统论述，可以看作他在这一时期关于货币金融问题的主要思想成果，也可以看作陈云反通胀思想的滥觞之作。下面就陈云在这一时期治理和防范通货膨胀的实践与思想特点，作一简单梳理和归纳：

（一）实现边区货币的平稳转换，通过减少流通中的货币量来提高和稳定币值，消除严重通货膨胀的影响

由于1943年的严重通货膨胀，边币大幅贬值。1944年年初，边、法币比价跌至10 ： 1以下。为了稳定边币币值，减轻通货膨胀的程度，陈云在上任之初就考虑用提高边币与法币比价的办法来减少流通中的边币数量。在1944年5月10日的西北财经办事处会议上，陈云提出了一个“偷梁换柱”的办法，即发行一种新票子，收回流通中的边币，同时提高新票子与法币的比价。他指出：“要使边币与法币的比价达到一比一，又要使市面金融不停顿，就要想一个偷梁换柱的办法。发行新票子在政治上会有不良影响，允许边币与法币同时流通也有弊端。因此，可以考虑由盐业公司发一种流通券，其定价与法币一比一，而与边币一比九，使之在边区内流通，逐渐收回边币，达到预想程度时，再以边币收回盐业流通券。这样既可使边币与法币比价提高到一比一，驱除法币，又不至于扰乱世面金融。”①

1944 年 7 月商业流通券发行后，中共中央西北局致电各地指出：商业流通券发行的目的是继续稳定边币，将法币挤出流通市场，流通金融，发展生产，而不是为了财政开支，这次发行同 1943 年下半年的大量发行是完全不同的。西北局要求一切党政军机关的供给部门、公营商店、合作社、贸易公司以及一切财经税收机关，均需用全力来支持商业流通券，并帮助其建立信用，使商业流通券在上述领域畅行无阻，以有利于商业流通券在全社会的推行。②

边区银行在发行商业流通券的过程中采取了正确的发行方针：严格控制发行规模，注重把握发行速度和节奏，减少财政发行，建立充足的发行准备，特别是边区银行各货币兑换所无限制兑换法币，以树立商业流通券的信用。在上述方针政策的指导下，商业流通券自发行到抗日战争结束，一直保持着比较稳定的币值，与法币的比价稳中有升，边区物价也保持了相对平稳。“金融除物价上外来品跟外面涨跌外，一般金融时常能平稳。”“比价稳定，正常发行，生产正常发展。”③

商业流通券的成功发行和保持稳定，基本上扭转了边区货币发行与流通的不利局面，有效地遏制了严重通货膨胀，实现了边区金融物价的相对稳定，标志着中共中央和边区政府在货币金融领域的领导能力日臻成熟。

（二）抓住有利时机，将稳定币值和治理通货膨胀作为边区财经工作重要内容和货币政策的主要目标

从 1941 年边币发行到 1945 年抗日战争胜利，陕甘宁边区的货

---

① 中共中央文献研究室编：《陈云年谱（一九〇五——一九九五）》上卷，中央文献出版社 2000 年版，第 384 页。

② 李实主编：《陕甘宁革命根据地货币史》，中国金融出版社 2003 年版，第 117 页。

③ 《黄亚光文稿和日记摘编》，陕西人民出版社 1998 年版，第 42 页。

币政策目标一直是多元化的。主要包括三方面内容：一是支持边区财政，保障抗战军需民用；二是发展边区的生产和贸易；三是稳定边币币值，防止严重的通货膨胀。由于在各个不同时期，边区货币发行面临的主要矛盾不同，货币政策的侧重点也有所不同。1941 年下半年到 1944 年年初，由于政治军事形势紧张和边区财政经济困难，边区的货币发行主要以弥补财政赤字，保障战争供给和支持发展生产和贸易为目的。1944 年边区财政经济情况开始根本好转：生产发展，自给提高，粮食生产自给有余，棉花自给率达到 2/3；贸易出超，边区银行拥有较充裕的法币储备；财政负担明显减轻，边区的公粮、公草、税收等财政收入取之于民者不到一半，其余大部分是由党政军人员的生产自给解决的。1944 年，边区农民的公粮负担平均不到收入的 9%；1945 年边区救国公粮仅征收 12 万石，比 1941 年的 20 万石减少了 40%①。这些都为商业流通券的币值稳定提供了基础。另外，1943 年边区发生的严重通货膨胀，也使中共中央和边区政府切身体验并深刻认识了通货膨胀的危害。在 1944 年 3 月召开的边区第二次高级干部会议上，中共中央提出，1944 年边区应全力“稳定边币，并争取（使边币）超过法币。”② 可以说，这时提出稳定币值、治理通胀既具备了客观条件，又是中国共产党、边区政府和人民的迫切要求。陈云审时度势，抓住了这一有利时机，将稳定币值和治理通货膨胀作为边区财经工作的重要内容和货币政策的主要目标。他上任不久就提出发行商业流通券的设想，提高边区货币与法币的名义比价，努力改变边币严重贬值的市场形象，提高边区军民对自己货币的信心。商业流通券以较高的币值执行边区本位币的各种职能，也有利于金融物价的稳定。

在 1944 年 12 月召开的中共中央西北局第三次高级干部会议上，陈云做了《关于财经问题的报告》。这个报告的第二部分主要讲的是金融稳定问题。陈云从边区金融稳定的基础，金融稳定的标志，边区

① 李实主编：《陕甘宁革命根据地货币史》，中国金融出版社 2003 年版，第 114—115 页。

② 李实主编：《陕甘宁革命根据地货币史》，中国金融出版社 2003 年版，第 112 页。

货币发行的原则等方面，进行了精辟系统的论述，为实现边区货币币值稳定，遏制严重通货膨胀提出了指导性意见。这是中共高级领导人关于稳定货币、防范通货膨胀最早的系统论述。

由于抓住了有利时机，加之发行政策措施周密得当，1944 年下半年到 1945 年 8 月抗日战争结束，边区成功地实现了币值稳定和遏制严重通货膨胀的目标，为战争供给和边区经济发展提供了稳定的金融环境。时任边区银行行长的黄亚光在总结这段时间的金融工作时指出："客观条件成熟之后比价可以求得稳定。比价稳定之后各种事业能按照计划顺利进行，生产逐步发展。"①

（三）发行适度并做好发行的充分准备，尽量避免财政发行

陈云在总结历史经验和对边区实际情况进行了充分的调查研究的基础上，提出了一套比较系统的边区货币发行理论：即货币发行要适度，不要冲破饱和点的原则；衡量是否饱和要看市场、生产交换需求的变化，发行量与物价的变动比例和物价是否正常；货币发行要有足够的准备金，准备金要有充分的流通性；尽量避免财政发行。

陈云非常重视货币发行问题，他在《关于财经问题的报告》中指出："发行问题要很慎重，不要冲破饱和点。"②谈到如何衡量流通中货币是否饱和时，他提出四个指标："第一，要看边币、法币同流的程度怎样，现在同过去有变化没有，现在市场是不是需要。第二，要看生产交换有变化没有，边币需要缩小还是扩大。第三，还要看发行数量和现在物价的比例怎样。第四，还要看边币、法币流通是否正常，一要看发行正当不正当；二要看物价是不是正常，不超过西安的就算正常。"③

陈云在总结历史经验时将边区货币发行分为三种情况："一是银

① 《黄亚光文稿和日记摘编》，陕西人民出版社 1998 年版，第 42—43 页。

② 《陈云文集》第一卷，中央文献出版社 2005 年版，第 415 页。

③ 《陈云文集》第一卷，中央文献出版社 2005 年版，第 413—414 页。

行没有准备金的情况下的消极发行。二是 1941 年和 1942 年经过的，在财政开支需要时，为着帮助发展生产而主动发行一点，就是说今天不发行这一亿，将来就要多发 10 亿。为了避免金融波动，避免将来更多的发行，这样的发行是允许的，这是通过发行搭起小公的架子，使放款主要向生产倾斜。三是 1944 年以来的发行，银行有十足的准备金，较稳当的、有伸缩余地的发行。”①

陈云还特别强调发行准备金的重要性。他从历史经验中得出结论：货币发行必须有足够的准备金，并且要保持与流通中实物相适应的构成，否则很难维持币值的稳定。在《关于财经问题的报告》中他针对边区货币是否要有法币准备的争论指出：“我们要发行边币，要有法币作准备金，或者叫做外汇基金，这种准备金要不要？如果这种准备金要的话，就叫做法币观点，那我是头号法币观点。”②“因为生产品的交换，我们处在入超状态，所以更需要法币。从这个观点看，边区要有法币准备，没有法币，边币就稳不住。”③在谈到准备金构成时，他认为：“应该准备头一条、第二条、第三条，搞乱了也不行。头一条应是法币，要有充分的法币准备。第二是物资。什么物资呢？就是这种物资抛出去可以回笼边币。边币太多了，抛一些物资出去，可以把边币收回来。第三才是金子和银子。最主要的是法币。”④陈云不仅要求准备金要有足够的数量，而且要有充分的流通性，可以保证随时回笼货币。从 1944 年 7 月商业流通券发行到抗日战争胜利，边区银行的准备金达到发行量的 90%，使各货币交换所得以无限制兑换法币。这对于稳定边区物价和边法币比价，保持边区金融稳定，起到了决定性的作用。

陈云主持边区财经工作期间，一直致力于边区财政收支自求平衡并留足后备，为大反攻积蓄力量，反对依靠发票子吃饭。在他的领导

① 李成瑞主编：《陈云经济思想发展史》，当代中国出版社 2005 年版，第 51 页。

② 《陈云文集》第一卷，中央文献出版社 2005 年版，第 405 页。

③ 《陈云文集》第一卷，中央文献出版社 2005 年版，第 401 页。

④ 《陈云文集》第一卷，中央文献出版社 2005 年版，第 405 页。

下，1944 年边区财政根本扭转了 1943 年赤字占支出三分之二的状况，实现了收支基本平衡。财政的收支平衡减少了财政发行，为稳定币值厥功至伟。陈云也不是一味地反对财政发行。“在不得已的情况下，为了吃饭发行一点是允许的。比如 1941 年时，如果不发一点就要死人，那时候是一定要发的。”①“财政与金融、贸易的关系，基本上是金融、贸易为了财政，这是大政方针。”②这说明陈云是在保证军民供给和财政需要、支持生产和贸易发展的前提下，实行稳定币值、遏止通胀的方针和政策的。

（四）将物资作为边区货币发行准备的一部分，用于回笼货币和平抑物价

陈云主持边区财经工作期间，除了强调将法币作为边区货币的主要的发行准备金外，还要求政府控制的公营商业机构掌握相当数量的边区国计民生所必需的，而且可以迅速变现的物资商品，如布匹、棉花以及盐和特货等出口物资。掌握这些物资的目的，一方面作为战争储备，积蓄家底；另一方面是作为边区货币的发行准备。在流通中货币过多，物价发生波动时可以抛出这些物资，回笼货币。“这种物资抛出去可以回笼边币。边币太多了，抛一些物资出去，可以把边币收回来。”

一般来说，货币发行准备金应该是贵金属或有价证券。将可以迅速变现的物资作为发行准备，是陈云从革命根据地经济实际出发的一个创造。这是因为战争期间纸币币值很不稳定，存钱不如存货。另一方面，根据地又处于极不发达的地区，经济本身的货币化程度很低，大量的升斗小民没有能力接受金银等贵金属大额支付媒介。在这种情况下发行货币，客观上需要政府掌握相当数量的适销对路的物资以应对流通中的兑换要求，通过吞吐物资来平抑物价，稳定币值。

---

① 《陈云文集》第一卷，中央文献出版社 2005 年版，第 415 页。

② 《陈云文选》第一卷，人民出版社 1995 年版，第 288 页。

用物资作为发行准备的必要条件是政府控制的公营商业机构掌握足够数量和变现能力高的物资商品。在陈云主持陕甘宁边区经济工作时期，边区政府控制的贸易公司、盐业公司、土产公司等垄断了主导边区物价的布匹、棉花和盐、土产等重要出口物资。对稳定边区物价和边币币值起到了重要作用。这一时期的成功实践，可以被认为是陈云关于人民币发行要有可靠的物资保证思想的萌芽。

（五）从战时经济和敌强我弱的实际出发，把金融稳定在边币与法币的比价上

边区的金融稳定是体现在边区物价上，还是体现在边币与法币的比价上，是边区财经领域长期争论的话题。物价稳定是金融和币值稳定的基本标志，这是被经济实务和理论界普遍接受的原则。然而，陈云却一直坚持要把金融稳定的落脚点放在边区货币与法币的比价上。他在论述这个问题时指出："为什么金融不能稳定在物价上？有四个字。第一是'战时'，第二是'外来'。战争期间物资缺乏，日用品的生产减少，货币比平时不是缩小而是增加。货币增加，物资缺乏，一定要涨价，这是战时的特点。第二条是'外来'。布从哪里来？去年、今年以前，布主要从外面来。我们主观上不愿意涨价，但西安涨价我们不能决定，决定在外面。"①

陈云在坚持反对通货膨胀的同时，也反对机械地维持边区物价的稳定。这是从边区所处的实际情况出发做出的正确选择。抗日战争期间，边区需要从国统区输入大量棉花、布匹和工业品等必需物资，而国统区的通货膨胀随着战争的继续越来越严重，输入边区的商品也就越来越贵。在这种背景下，边区物价的波动具有典型输入型通胀的特征，不是边区内部所能解决的。如果一味地维持边区物价的稳定，其结果是迅速消耗边区的法币储备和出口物资，最终仍然难免物价的动荡甚至金融的崩溃。把金融稳定在边区货币与法币的比价上，实际上

① 《陈云文集》第一卷，中央文献出版社 2005 年版，第 407 页。

就是边币盯住法币，就是用维持两种货币比价的办法，稳定边区货币的实际购买力。这样既可以保持边区金融的相对稳定，又可以将有限的法币用于购买物资，积蓄家底，而不是将其用于维持物价，避免和减少由于国统区通货膨胀给边区造成的损失。

把边区金融稳定在边区货币与法币的比价上，而不是稳定在物价上，是陈云在陕甘宁时期货币金融思想中最具特色的内容之一。在法币“腿长”，边币“腿短”，敌强我弱的背景下，通过实事求是地评估双方的力量对比，从实际出发，实行边币盯住法币的汇率政策。在被动中争取主动，从弱势中争取强势。不仅成功地限制了国统区通货膨胀给边区造成的不良影响，而且通过关注法币币值的涨跌，根据其币值的变化，灵活地吞吐法币，购入或抛出黄金和物资，保证法币存、放两不亏，积蓄了可观的黄金和物资，为边区建立和充实了家底。陈云在这方面的成功实践和思想成果，至今对我们仍有借鉴意义。

陈云陕甘宁时期的反通胀实践是在战时根据地经济背景下进行的。当时，他不仅面临着战争经费开支浩大等共性问题，而且要应对陕甘宁边区本身经济落后、不能自给，必需品依靠外来和边区强敌环伺、被包围和封锁等特殊矛盾。在陈云的主持下，“做到了财政平衡，金融基本稳定，对外（境外）贸易出超，留下了相当的后备，保证了军需民用，并为大反攻积蓄了力量，从而在中外战时经济史上写下了光辉的一页。”[①] 这一时期陈云在反对通货膨胀方面的有关论述和措施是他战时反通胀思想的集中体现，在陈云反通胀思想体系中占有重要位置。他关于从实际出发稳定币值、遏止通胀的思想，关于边区货币发行要有可靠的货币和物资准备的思想，关于金融稳定要落实在比价而不是物价的思想，关于用发行新货币收回旧边币以削弱通货膨胀影响的思想，都成为陈云反通胀思想的重要组成部分。

---

① 李成瑞主编：《陈云经济思想发展史》，当代中国出版社 2005 年版，第 87 页。

第三节　东北时期的反通胀实践和思想特征

早在东北解放区创建初期，陈云就分管财政经济和后勤工作。为了加强对财政经济工作的领导，中共中央东北局于1946年6月决定成立东北财政经济委员会。该委员会是主管东北解放区党政军民的财政经济工作的统一行政机关，对外称东北财经办事处，由陈云兼任主任。1946年10月，因陈云即将赴南满任中共辽东分局书记兼辽东军区政委，东北局决定由王首道接替陈云担任东北财经委员会主任。1947年8月，东北行政委员会决定成立东北财经委员会，由陈云兼任主任。因陈云还在南满，这个决定当时并没有付诸实施。①1948年5月31日，中共中央东北局常委会议决定成立东北财经委员会，并由陈云负责财经委员会的工作。1948年6月10日，陈云开始正式主持东北解放区的财政经济工作。1948年7月17日，东北行政委员会第四十五次常务会议决定，设立以陈云为主任、李富春为副主任的财政经济委员会，负责领导全东北经济建设工作。② 从1948年5月到陈云1949年5月离开沈阳赴北平，东北解放区的财政经济工作，无论从党内来说，还是从行政来说都是由陈云直接负责。③ 这一时期陈云的工作重点转向城市和大工业，并开始应对更加复杂的财政经济问题。

一、辽沈战役前后东北解放区的财经形势

1948年3月东北人民解放军冬季攻势结束时，中国共产党领导

① 《陈云百周年纪念——全国陈云生平和思想研讨会论文集》（下），中央文献出版社2006年版，第1205—1206页。

② 中共中央文献研究室编：《陈云年谱（一九〇五——一九九五）》上卷，中央文献出版社2000年版，第510—511、515页。

③ 《陈云百周年纪念——全国陈云生平和思想研讨会论文集》（下），中央文献出版社2006年版，第1207页。

的人民军队已经掌握了东北战场的主动权，解放军正规部队和地方兵团的总兵力已经超过一百万人，东北的解放区面积已占97%，人口占86%，先后解放了近150余座城市，东、西、南、北满根据地已完全连成一片。五十五万国民党军队被分割压缩在沈阳、长春和锦州三个孤立的区域。1948年9月12日，东北解放军集中主力七十万人发动辽沈战役。该战役历时五十二天，歼敌四十七万余人，先后解放锦州、长春和沈阳等城市，到1948年11月，东北全境获得解放。①

随着东北解放区的不断扩大，特别是越来越多的城市被解放，支援解放战争、恢复和发展生产、开展内外贸易、稳定金融物价、开始经济建设等财政经济工作愈加重要。

支援解放战争是当时的首要任务。东北解放区的财政经济是以支援战争为主的军事财政经济。在辽沈战役发动之前，东北野战军已经发展到70余万人，连同东北军区及各省军区所属部队33万人，总兵力超过100万人，加上支前民工如担架队、运输队、医疗队等等，脱离生产人员总数达到一百四十万。四野离开东北进关南下初期，部队的大部分费用和后勤保障仍由东北供给。1949年2月，陈云等人致电中共中央：入关部队二月、三月份的经费支出由东北负担，以玉米一亿二千万斤偿付，入关部队二月、三月份的粮食，由东北供给九十五万人。1949年，东北负担了四野七个月的经费，财政支出中军费占了很大部分。② 东北解放区脱离生产人员占全部人口的4.5%。而其他解放区脱离生产人员占全部人口的比例，华北是2.4%，太行是1.7%，晋察冀是2.54%，山东是2.78%。在当时的经济水平下，脱离生产人员超过全部人口的2%就会带来财政压力，何况超过这个比例一倍以上。③

恢复和发展生产是东北解放区另一项主要的财经工作。东北地区

---

① 胡绳主编：《中国共产党的七十年》，中共党史出版社1991年版，第274—276页。

② 中共中央文献研究室编：《陈云年谱（一九〇五——一九九五）》上卷，中央文献出版社2000年版，第553、561页。

③ 中共中央文献研究室编：《陈云传》（上），中央文献出版社2005年版，第546页。

是当时中国经济，特别是重工业比较发达的地区之一，但是由于日本在投降前后对铁路、工矿企业的大肆破坏，苏军占领期间从民族利己主义立场出发，将东北的一些重要的工业设备和物资拆运回苏联国内，使东北的经济基础受到严重削弱；加之国共双方在东北地区进行了将近三年的大规模战争，又使东北经济，特别是工业生产遭到进一步破坏，大批工矿企业停产，工人大量失业，城市居民生活非常艰难。随着解放区的扩大，特别是越来越多的大中城市被解放，解放区保障民生的任务也越来越沉重。另一方面，解放战争的迅猛发展又迫切要求东北发挥其工业基地的作用，为人民解放军提供装备、弹药和其他物资。因此，迅速恢复和发展工农业生产，不仅对解决城乡人民生活困难，稳定解放区政权至关重要，而且对巩固战略根据地，支援全国解放战争意义重大。

遏止通货膨胀，稳定金融物价是东北解放区面临的又一严峻挑战。1948 年 3 月开始，以哈尔滨为中心的北满解放区发生严重的通货膨胀。由于主力部队和二线兵团人数增多，同时又必须多购粮 40 万吨；1947 年冬天和 1948 年春天开支增加，又无物资作为支付手段；东北币的发行量由 1948 年 2 月底的 1400 万元猛增到同年 6、7 月的 6000 万元。平均物价指数也上涨了近三倍半。由于 1948 年粮食歉收，故粮价在货币发行量激增和粮食求过于供的双重影响下，领头上涨了十倍，由 1948 年 2 月底的每斤 160 元涨为同年 6、7 月的 1600 元。①

粮价飞涨给解放区社会经济造成了严重影响。一时公营企业中完全发货币工资者（约五万工人）和部分发货币工资者（约二十五万工人）的实际收入大幅度下降。而此时企业机关对于工人生活注意不足，3 月公布的东北公营企业工薪标准又太低，因此，4、5 月间工人大躁不安。二是由于粮价飞涨，而公营企业的牌价，如火车、轮船、邮政、电力，以及为公家完全掌握的煤、盐、布、金价等等，则基本

① 中共中央文献研究室编：《陈云传》（上），中央文献出版社 2005 年版，第 545 页。

未动。一部分主管同志怕刺激物价而不敢提高公营事业价格，因此造成一系列不合理现象。例如，600 里的火车票价只等于 10 支纸烟价，一盏 20 支光电灯每月收费只等于 1 支纸烟价；接近产盐区的通化每斤盐价 1200 元，不产盐的北满反而只售 500 元；我方掌握之布价，由 10 斤粮换 1 尺布，一跌而为 5 斤粮换 1 尺布。金价也跌了一半。此种公营物价过低的办法，不利于工农业生产，仅利于小贩。由于小贩利润高，有些工厂的工人和职员请假当小贩。三是全东北只有哈尔滨市一处是粮食配给，粮价远低于其他大小城市，相差 3、4 倍，又不敢主动提高，结果不但公家赔本，也无法阻止其他大小城市的粮价上升，而且造成了哈市配给粮外流。四是在粮价飞涨势必影响下一步公家的粮食收购，公家即令按照市价统购，农民也囤粮不卖。①

二、陈云在东北时期的反通胀实践及思想特征

（一）适时提出工作重点转移

1948 年春夏之交，辽沈战役虽然尚未发动，但东北解放战争的胜利已成定局。根据客观形势的变化，陈云敏锐地意识到中共在东北地区工作重心必须及时转变。1948 年 6 月 7 日，他在东北局讨论加强政府工作的常委会上指出：目前，东北根据地已连成大片，具有了相当的规模，而且还在向前发展。因此，东北的一个重要任务，是组织好财政经济工作，以适应全国战争的需要。过去在财经工作中一些带军事性质的东西已经过时，与现在的形势很不相称。现在，各方面的工作无不与农民、市民有极密切的关系，稍稍一动就会触及人民利益。这些方面都是政府负责的，应该把财经工作进一步放到政府中去，这对当前形势及加强政府工作都有好处。②

---

① 《陈云文选（一九二六——一九四九年）》，人民出版社 1984 年版，第 266—267 页。

② 中共中央文献研究室编：《陈云年谱（一九〇五——一九九五）》上卷，中央文献出版社 2000 年版，第 511 页。

1948 年 8 月，针对东北解放区财经工作中存在的问题，陈云在给中共中央的报告中强调了财经工作的重要性："东北财经工作到今天仍存在浓厚的盲目状态。其原因，一是财经工作的范围日益扩大，而且复杂，我们无经验；二是两年来我们集中力量于战争和土改，未深摸细摸财经问题。我们已觉悟到，在目前情况下，需要把财经工作放在不次于军事或仅次于军事的重要位置上。"① 陈云的建议得到了中共中央以及东北局的重视和赞同。辽沈战役刚刚结束，1948 年 11 月 23 日东北局即召开会议，分析了东北全境解放后的新形势，提出了建设新东北和支援全国解放战争的双重任务，作出了《关于东北解放后的形势和任务的决议》，要求及时地把东北解放区的工作重心转移到经济建设方面来。② 陈云在会上发言指出：今后总的任务就是支援全国的解放战争，这种提法对军队对地方都有好处。地方具体的任务是进行经济建设，要把工业摆在第一位。同时，补充兵员、制造炮弹、这些事情还是要搞，需要多少就搞多少。③1949 年 2 月 19 日，陈云又在东北局常委会上进一步明确提出：东北局应当从现在起就有意识地把经济工作作为自己工作的重心。④

适时地提出工作重心的转移，充分认识财经工作的重要作用，将财经工作提到与军事工作相当的突出位置，是陈云在解放战争期间提出的重要政策建议。它不仅有利于东北解放区从战争转向建设，为全国解放战争提供坚强的战略根据地；而且为中共中央提出全党工作重心的转移任务，起到了一定的推动作用。在 1949 年 3 月召开的中共七届二中全会上，毛泽东代表中共中央向全党明确提出了工作转移的任务："1927 年到现在，我们的工作重点在乡村，在乡村聚集力量，

---

① 《陈云文选（一九二六——一九四九年）》，人民出版社 1984 年版，第 268 页。

② 李成瑞主编：《陈云经济思想发展史》，当代中国出版社 2005 年版，第 67 页。

③ 《陈云百周年纪念——全国陈云生平和思想研讨会论文集》（上），中央文献出版社 2006 年版，第 354 页。

④ 中共中央文献研究室编：《陈云年谱（一九〇五——一九九五）》上卷，中央文献出版社 2000 年版，第 554 页。

用乡村包围城市，然后取得城市。采取这样一种工作方式的时期现在已经完结。从现在起，开始了由城市到乡村并由城市领导乡村的时期，党的工作重心由乡村移到了城市。”①

（二）正确处理支援战争和稳定物价的关系

陈云是 1948 年 6 月正式开始主持东北解放区的财经工作，正值辽沈战役即将发动，全国解放战争进入战略决战的关键时刻。东北解放区不仅要完成消灭盘踞在东北的 55 万国民党军队的艰巨任务，而且还承担着支援全国解放战争的重要使命。如何在完成恢复和发展生产，保障战争需要的前提下兼顾人民生活，努力维持物价的相对稳定，是陈云和他的同事们当时面临的巨大挑战。

在保障战争需要的前提下维持物价稳定，是陈云在战争时期治理通货膨胀的基本原则。为了支援战争，必须容忍相当数量的财政发行，货币超经济增发势必产生物价上涨的压力，造成一定程度的通货膨胀。这在战争期间，尤其是经过长期战争的中国是很难避免的。陈云对此有清醒的认识和比较充分的心理准备，并且预先考虑了应对措施。早在 1947 年 10 月还在南满时陈云就曾指出：“必须使每个同志清楚地认识到，全部经济工作的目的是为了战争的胜利。军队和地方、前方和后方、财经与后勤之间的矛盾，均应统一到这一点上来。集中的效果一定比分散好。在金融政策上，要放手大胆地发行，否则要犯路线错误。问题在于，票子发出后要能及时掌握物资。有了物资就能左右物价。”② 在辽沈战役发动前，陈云对身边工作人员说：现在的问题是要抓财政经济工作，用恢复和发展经济来支持战争。如果经济得不到恢复和发展，则很难想象东北全境的解放。③1948 年 9 月辽沈战役发动后，陈云再次强调：钞票还是要增发，现在发比将来被

---

① 《毛泽东选集》第四卷，人民出版社 1991 年版，第 1426 页。

② 中共中央文献研究室编：《陈云年谱（一九〇五——一九九五）》上卷，中央文献出版社 2000 年版，第 503 页。

③ 中共中央文献研究室编：《陈云传》（上），中央文献出版社 2005 年版，第 544 页。

迫发有利。只要有足够的物资，如布和盐，增加货币发行就不会出问题。[①]

当解放战争正在激烈进行的情况下，要消除导致通货膨胀的根本原因是不现实的，但是，如果采取了恰当的政策措施，还是可以减缓物价上涨的幅度，降低通货膨胀对人民生活和经济运行的影响。在正确分析 1948 年年初物价暴涨的原因后，陈云提出了一系列应对措施：

首先，公家必须掌握一定数量的重要物资，努力控制物价涨幅，避免暴涨。1948 年 9 月 6 日陈云在中共中央东北局常委会上指出：物价上涨有合理与不合理之分。货币发行增加、物资供不应求、调整公营价格，这些都会促使物价上涨。但粮价增长的幅度大大超过货币发行增加的幅度，说明物价上涨中有不合理的成分。现在要全力以赴，再收购 40 万吨粮食。有了粮食，就可以防止不合理的物价上涨。[②]1948 年 10 月 8 日陈云在东北局高干会上提出：要避免物价大涨，就经济范围来说，有三个条件："（一）避免错误；（二）每月货币收支接近平衡；（三）掌握一定数量的物资。"当时东北解放区的物价是受粮价主导的，稳住粮价就能稳住物价；而稳住粮价，公家手中必须掌握一定数量的粮食。"如何适当控制粮价，减少意外之涨，增加意料之涨，这就要掌握一些粮食。""办法是以盐、布向农民换粮。把 40 万吨粮，作为每年的压脚粮。有了这些粮食，就可将粮价适当控制。""我们首先要集中力量把布、盐抓起来，有了这些东西，就可向农民搞粮食了。"[③]

其次，增加薪酬中的实物比例，减少货币支出。在纠正企业机关对工人生活注意不够的错误，增加工人名义工资的同时，提高工薪中的实物比例，大部分支付实物（约 70%）；争取在工人和公教

---

① 中共中央文献研究室编：《陈云年谱（一九〇五——一九九五）》上卷，中央文献出版社 2000 年版，第 528 页。

② 中共中央文献研究室编：《陈云年谱（一九〇五——一九九五）》上卷，中央文献出版社 2000 年版，第 525 页。

③ 中共中央文献研究室编：《陈云传》（上），中央文献出版社 2005 年版，第 549—550 页。

人员中推行配给制，对部队和机关的公职人员也努力增加实物供给。这样做一方面保障了工人和公职人员的基本生活需要，另一方面减少了财政的货币支出，有利于财政收支的平衡，减轻了财政发行的压力。

再次，纠正了限制商贩携带50斤以上粮食流通的错误，允许粮食自由流通，利用社会的调剂力量平抑粮价。根据陈云的建议，东北行政委员会在1948年7月10日发布命令，要求解放区境内，一切粮食，不分品种和数量，加工未加工，不分省县区村，都可以自由流通。任何机关、部队、团体或个人，不得加以封锁或干涉。①

最后，紧缩后方机构，充实前线部队。针对140万脱离生产人员造成的巨大财政压力，陈云指出："我们目前面临着很大困难。财政开支，工业投资与购粮，物价问题，这三个问题把我们搞苦了。前两个问题需要发钞票，多发票子物价就要上涨，显然与第三个问题'物价'发生矛盾。"解决的办法不是裁兵，而是"减少后方，充实前线"。②他要求财政部门要精打细算，避免浪费。学校不要全由公家办。水利和社会公益事业要动员群众办，公家帮助。③

由于应对措施得当，东北解放区的通货膨胀得到了有效地抑制。指标性的粮食价格从1948年年初的暴涨转为平涨，"全东北形成适当的市场价格，在此粮食青黄不接的最紧要关头，一个月来只涨了百分之四五十，反比四五两月粮价为平稳。"随着辽沈战役的胜利，锦州、长春、沈阳等大中城市相继解放。陈云在入城接收前就预先筹划了最大城市沈阳解放后的金融物价问题，提出沈阳的粮食价格应该比铁岭、开原高一些，物价也不宜低于老解放区，应根据成本加运费及合理利润制定价格。由于筹划缜密，沈阳解放后粮食供应充足，物价稳

---

① 中共中央文献研究室编：《陈云传》（上），中央文献出版社2005年版，第547页。

② 中共中央文献研究室编：《陈云传》（上），中央文献出版社2005年版，第550—551页。

③ 中共中央文献研究室编：《陈云年谱（一九〇五——一九九五）》上卷，中央文献出版社2000年版，第530页。

定。[①]正如陈云所说："为避免外地商人来抢购，本地商人将物资收藏，以及物价先落速涨现象，先介绍了解放区近来各地的物价表，使商人有底，敢于开市。为吸引粮食入城，定价高于外地，二十六天来粮食源源不绝，物价无大波动。"[②]

1949年4月22日，在离开东北去北京赴任之前，陈云就东北1949年的金融物价工作提出了新的要求：在物价方面，争取把上涨幅度控制在60%—70%，不超过100%。要设三道防线：第一，财政开支不靠印发票子；第二，准备足够的物资；第三，收营业税和卖公债。陈云指出：过去物价暴涨的原因，一是货币多于物资，二是对物资的求大于供。现在货币收支一般可以平衡，粮食有盈余，刀把子拿在自己手里。今后倒是可能出现银根收紧，物价下降的情况。[③]

（三）开展货币斗争，坚决驱除敌币

1948年是解放战争进入战略决战的关键时刻。国民党统治集团不仅在军事上被迫完全转入守势，濒临全面崩溃，而且在财政经济方面也已经彻底破产。1948年8月国民政府强制发行金圆券，企图靠滥发纸币维持庞大的军费开支。金圆券迅速贬值，国统区物价飞涨。为了破坏解放区的财政经济，国民党当局还印发大量假解放区货币，并奖励商人携带法币、金圆券和假币到解放区，以套取物资，扰乱金融。如何处理与国统区货币的关系成为稳定解放区金融物价的重要课题。

早在1945年陈云就意识到法币与陕甘宁边区货币的强弱关系正在发生变化。1948年金圆券发行后，金圆券和国民政府中央银行发行的"东北九省流通券"（简称"九省券"）迅速贬值。针对如何确定

① 《陈云和他的事业——陈云生平与思想研讨会论文集》（上），中央文献出版社1996年版，第74—75页。

② 《陈云文选（一九二六——一九四九年）》，人民出版社1984年版，第268、271页。

③ 中共中央文献研究室编：《陈云年谱（一九〇五——一九九五）》上卷，中央文献出版社2000年版，第561页。

新解放区敌我货币的比值问题，陈云和李富春经认真研究后向中共中央财政经济部建议：(一）由于东北敌占区物资缺乏，敌币价值将超过关内速度继续猛跌。对伪九省券，绝对不可采取兑换办法，因而也不应由我们规定合法比值，否则不但我们吃亏很大，且将延长在新收复区驱逐敌币的时间。(二）地区收复后，应立即出布告，禁止敌币流通，其目的在于促使敌币迅速自动向敌占区流出。同时政府应组织人民自己，以敌币向敌占区购买物资。(三）政府须多方宣传贬低敌币价值，其目的仍为促其迅速流向敌区。但政府税收及公营事业，卖货收费，绝对不收敌币。贫困群众确有因禁用敌币而大受损失者，如有必要而且可能时，采其他办法帮助之。中共中央十分重视陈云等人的意见，于 1948 年 10 月 6 日发出《中央关于与国民党进行货币斗争的指示》，决定对金圆券“采取有步骤的排挤、收兑、禁用的政策”。①

1948 年 11 月 2 日沈阳解放后，陈云和他的同事们为了稳妥起见，进城后先是观察敌我货币的市场比价，然后才决定进一步折价限期收兑。“对金圆券，则先观望了四天，当金圆券一元跌至我东北币一百五十元时，即挂牌以一比一百的比价，收兑一星期，使之自动向关里流出。敌九省券以我一敌三千的比价，亦兑一星期。两者兼兑，共兑出东北币二亿元。沈阳解放一个星期，凡能开市的买卖，大体已开市，市面很稳定。”②

在国统区货币迅速贬值的条件下，敌我经济实力和货币币值对比已经发生根本性的变化。陈云根据我强敌弱的实际情况，坚决果断地对敌币采取了排挤、禁用和折价收兑的措施，牢牢掌握货币斗争的主动权，有效地防范了敌币和假币对解放区金融物价的扰乱和破坏，避免了国民党和不法商人套取解放区的物资，对维持解放区的物价相对稳定起到了重要作用。同时，陈云也考虑到敌币贬值对工商企业和

① 中共中央文献研究室编：《陈云传》(上)，中央文献出版社 2005 年版，第 559 页。
② 《陈云文选（一九二六——一九四九年)》，人民出版社 1984 年版，第 271 页。

贫困民众的影响，通过折价限期收兑的方式，尽量地减少了他们的损失。

陈云东北时期的反通胀实践是革命战争接近胜利，党的工作重心转向城市的背景下进行的。与陕甘宁时期相比，无论是经济规模还是经济结构的复杂程度，都发生了巨大的变化。面对“财政收支要平衡，物价要稳定，投资要增加，这三个东西搞在一起有矛盾。”的挑战，陈云首先审时度势地提出工作重心转移的建议；在完成保障战争需要的前提下，通过恢复和发展生产，开展内外贸易，推行实物配给制度，减少货币支出以及排挤、收兑、禁用敌币等手段，有效地降低了东北解放区物价上涨的幅度，为开始大规模经济建设创造了有利条件。陈云在这一时期关于货币发行必须掌握必要的物资的思想；关于按经济规律引导市场，利用社会的调剂力量平抑物价的思想；关于在我强敌弱时开展货币斗争，坚决排挤和驱逐敌币的思想；都和他在陕甘宁时期的反通胀思想一起，成为陈云反通胀思想体系的有机组成部分。

第二章

陈云在国民经济恢复时期（1949—1952）治理和防范通货膨胀的实践及思想特征

1949 年 5 月，陈云开始主持全国财政经济工作。在 1949—1952 年的国民经济恢复时期中，面对长期战争造成的严重通货膨胀，陈云先后领导实施了打击私人投机资本、稳定市场物价、统一全国财经管理、调整工商业政策以及在抗美援朝战争中保持国民经济稳定等一系列治理和防范通货膨胀的措施。成功地结束了持续十多年的恶性通货膨胀，迅速实现了市场物价的基本稳定和财政收支平衡；为国民经济恢复创造了良好的金融环境，为国家工业化的起步打下了稳定的经济基础；取得了中外公认、彪炳史册的伟大成就。

陈云的反通胀思想是伴随着他的反通胀实践逐步形成、发展和成熟的。陈云在国民经济恢复时期提出和阐述的一系列经济政策措施，其核心是通过努力稳定物价，减少市场波动，进而使国民经济平稳恢复。这些政策措施成功地指导了恢复国民经济和治理通货膨胀的实践，得到客观实践的检验和肯定。从这一时期实践经验中总结提炼出来的思想理论成果，不仅奠定了陈云反通胀思想的基础，而且成为陈云经济思想的重要组成部分。认真回顾、梳理陈云在这一时期的反通胀思想不仅具有重要的历史意义，而且对社会主义市场经济条件下治理和防范通货膨胀也具有现实的借鉴作用。

第一节　打击投机势力，稳定市场物价

一、人民币的发行和通货膨胀

解放战争初期，由于各解放区处于分割独立的状态，所以基本上各解放区都自行设立银行和发行货币。随着解放战争的胜利进程的加快，到 1948 年年底，东北、华北、西北和华东各解放区逐渐联成一体。为了促进解放区工农业生产和商品流通的发展，支援大兵团作战，支持新解放区城市工商业的恢复，迎接全国解放，迫切需要统一各解放区的货币发行。经中共中央批准，华北人民政府于 1948 年 11 月 22 日发布命令，统一华北、华东和西北解放区货币，决定将华北银行、北海银行和西北农民银行合并成立中国人民银行，并于 1948 年 12 月 1 日起发行人民币，作为华北、华东和西北解放区的本位币，统一流通。[①] 同年 12 月 24 日，华北、中原两解放区达成《华北中原统一货币方案》，规定中原解放区自 1949 年 2 月 25 日（实际为 3 月 10 日）起正式流通人民币。[②] 至此，关内各解放区的货币统一工作基本完成。由于东北解放较早，又是我国主要的工业基地，为了给它创造一个稳定的条件，尽快恢复生产，更好地支援全国，所以东北仍保持原有货币，直到 1951 年 4 月 1 日起收回东北币，实现全国货币统一。[③]

人民币发行不久就开始出现通货膨胀的现象。首先是发行量迅速增加。1948 年年底人民币发行总额为 184 亿元，1949 年 7 月底增加到 2800 亿元，11 月底达到 16000 亿元；[④]12 月底达到 3 万亿

① 《中国近代金融史》，中国金融出版社 1985 年版，第 316—317 页。

② 户佳：《新中国成立初期全国财政经济工作的统一》，《文献与研究》1987 年第 5 期。

③ 李海等主编：《统一财经　为新中国奠基立业》，当代中国出版社 2008 年版，第 312、330 页。

④ 《中华人民共和国经济档案资料选编·金融卷（1949—1952）》，中国物资出版社 1996 年版，第 167 页。

元；[1]到 1950 年 2 月，人民币发行额增加到 4.1 万亿元，增加了 220 余倍。[2]其次是物价普遍上涨，人民币迅速贬值。以全国 13 个大城市 1948 年 12 月的批发物价指数为 100 计，1949 年 1 月上升为 153，4 月为 287，7 月为 1059，11 月达 5379。[3]在不到一年的时间里，物价上涨了 50 多倍。

造成人民币膨胀的原因很多，从经济和金融角度分析，主要有以下几方面：

（一）财政赤字庞大，主要依靠增发货币弥补，是造成人民币膨胀的基本原因

进入 1949 年，三大战役陆续胜利结束，解放区迅速扩大，解放、接收了很多大、中城市。由于解放军前进迅速，战线延长，加上中国共产党对愿意与新政权合作的国民党军政公教人员采取包下来的政策，脱产人员大量增加，到 1949 年中已达 700 万人。到 1950 年年初达到 942 万人，占全国人口的 2%。1950 年财政概算军政费用占总支出的 60%以上。[4]在收入方面，财政收入中居第一位的是公粮收入，当时农民负担已占农业总收入的 19%强，老解放区更占到 21%；居第二位的是城市税收，但城市解放不久，经济尚未恢复，税收工作人员少，经验差。城市的税收是很少的。[5]新生的人民政权面临极为严重的财政困难，1949 年关内各解放区财政收入合人民币 25802.4 亿元，支出合人民币 49897.6 亿元（均按 1949 年 10 月底物价折合），收支相抵赤字 24095.2 亿元。[6]财政赤字的大部分不得不靠发行货币来弥

① 薛暮桥：《我国物价和市场问题研究》红旗出版社 1986 年版，第 28 页。
② 《薛暮桥回忆录》，天津人民出版社 2006 年版，第 151 页。
③ 张辑哲：《建国初期国民经济的恢复和发展》，《党的文献》1988 年第 3 期。
④ 《建国以来重要文献选编》第一册，中央文献出版社 1992 年版，第 59 页。
⑤ 李海等主编：《统一财经　为新中国奠基立业》，当代中国出版社 2008 年版，第 294 页。
⑥ 《中华人民共和国经济档案资料选编·金融卷（1949—1952）》，中国物资出版社 1996 年版，第 166 页。

补，1949 年财政发行占人民币发行的 57%。①

（二）投机资本势力强大、活动猖獗，是危害物价稳定、加剧通货膨胀的直接原因

由于长达十余年的恶性通货膨胀严重恶化了工商业的经营环境，大量社会资金转向投机活动追逐暴利，形成了规模巨大的投机资本。到新中国成立前夕，北平、天津两市 200 家银行钱庄中 96%的资金直接或间接从事投机活动；上海是全国的经济中心，也是旧中国投机资本的大本营，专门从事金融投机的人数就达 20 万—30 万。② 上海的投机势力十分强大，不仅国民党在这里跌过大跟斗，在日本人占领上海期间，市场发生波动，从东京一次运来 5 吨黄金投下去，也是以失败告终的。③

正如陈云所说："十二年来的通货膨胀，在官僚资本的领导下，投机市场统治着工商业，人民日夜不安于通货贬值、物价飞涨。解放战争胜利之后，我们不得不承受这样一份遗产。"④ 在 1949 年 4 月到 1950 年 3 月这段时间里，投机资本多次集中抢购物资、囤积居奇，造成市场动荡、物价暴涨，严重破坏了金融环境的稳定，使通货膨胀的程度更加剧烈。

（三）财经工作分散也是造成财政赤字和通货膨胀的重要原因

新中国的财经工作，是在中国共产党领导下的各解放区原有的独立分散的战时财政经济体制的基础上开始的。随着解放战争的胜利和发行统一的人民币，中央政府要负担部队作战费和脱产人员生活费等大部分军政支出，军费的开支，1949 年占财政总收入的一半以上，

① 李成瑞主编：《陈云经济思想发展史》，当代中国出版社 2005 年版，第 93 页。

② 苏星：《新中国经济史（修订本）》，中共中央党校出版社 2007 年版，第 75 页。

③ 薄一波：《若干重大决策与事件的回顾（修订本）》上卷，人民出版社 1997 年版，第 81 页。

④ 《陈云文集》第二卷，中央文献出版社 2005 年版，第 170 页。

1950 年占 41.1%。[①] 而财政收入的很大部分主要由各解放区分散管理，导致了中央财政收支的严重失衡，所造成的财政赤字只能依靠发行货币来弥补。另外，分散管理的财经工作体制也很难集中使用资源，也削弱了抑制通货膨胀的力量。

（四）人民群众对纸币缺乏信任是影响人民币信用的心理原因

在经历了法币和金圆券的恶性贬值后，广大人民群众和工商企业对国家纸币缺乏基本的信任，人民币很难在新解放的城乡地区被广泛接受。在上海等大中城市，投机势力利用人民币立足未稳，人民群众和工商企业担心其贬值的心理，大肆炒作银元、黄金和美钞，引起物价的剧烈波动；加上封建势力和国民党残余的干扰，在“新解放区的小城市和广大农村，仍多以银元或物物交换为交易手段，因此人民币流通范围不能随解放区同比例扩大。”[②]

二、打击投机势力，稳定市场物价

1949 年 4 月至 1950 年 3 月，在陈云和他的同事们的领导下，新兴的社会主义国有经济与私人投机资本在金融和商业两个领域中为争夺市场物价的主导权进行了一场极其复杂的政治经济斗争。为叙述和分析方便，按时间顺序简要回顾上述斗争过程。

（一）平息金融投机风潮的“银元之战”

上海是旧中国的经济中心，也是民族资本投机势力的大本营 1949 年 5 月 27 日上海解放后，投机势力利用人民群众对信用纸币存在的普遍不信任心理，疯狂操纵黄金、银元、美钞特别是银元价格，

① 《陈云与新中国经济建设》，中央文献出版社 1991 年版，第 13—14 页。

② 《中华人民共和国经济档案资料选编 · 金融卷（1949—1952）》，中国物资出版社 1996 年版，第 163 页。

掀起银元投机风潮。银元价格一路狂飙，从5月月底到6月4日几天之内上涨了10倍。银元成为上海市场上实际使用的本位币，人民币只起辅助作用，基本被排斥在市场之外。[①]形成了“解放军进得了上海，人民币进不了上海”的局面。由于银元、黄金和美钞价格的迅速上涨，引起物价剧烈波动，从5月27日到6月9日，上海物价总指数上涨了2.7倍以上。[②]并且波及汉口等新解放城市。

为了确立人民币唯一法定货币的地位，稳定人民币币值和市场物价，控制通货膨胀造成的影响，消除旧中国货币金融领域的极端混乱局面，陈云参与领导了打击金融投机，维护货币流通秩序的“银元之战”。

在使用抛售银元、举办银元折实存款等市场手段未见成效的情况下，中共中央华东局召开会议，讨论采取断然措施查封上海银元投机的大本营——上海证券交易所。即将率部进军大西南的邓小平第一个发言说：“上海现在这种局面，与证券大楼捣蛋是分不开的，治标治本，既然要打击不法分子，打蛇打七寸，取缔证券大楼我赞成。”邓小平表态后，其他与会人员都拥护。会后，华东局连夜将上述决定报告中央。[③]毛泽东亲自回电表示赞同。陈云主持起草了《中共中央关于打击银元使人民币占领阵地的指示》。[④]这个指示在分析解放军渡过长江、国民党政府完全垮台后新解放区的金融形势时指出：

（甲）金圆券不打自倒，因此在金融上我们所遇到的敌人，已不是软弱的金圆券，而是强硬的银元。（乙）过江以前，解放战争一般是先解放乡村，包围大中城市，然后解放之。这样在金融贸易上人民币就先在乡村生了根，城市一解放，我币占领市场，恢复城乡交流，都是比较容易的（如沈阳、平津）。过江以后，情形就不同了，我们

---

① 中共中央文献研究室编：《陈云传》（上），中央文献出版社2005年版，第614页。

② 苏星：《新中国经济史（修订本）》，中共中央党校出版社2007年版，第76页。

③ 孙国：《查抄旧上海证券交易大楼，稳定人民币在上海的流通》，《人民政协报》2009年12月10日。

④ 中共中央文献研究室编：《陈云传》（上），中央文献出版社2005年版，第616页。

先占城市，后占乡村，而城乡均是银元市场，乡村非但不能帮助城市推行我币，而且增加了我币推行的困难。

上述两点所产生的结果是：沪汉两地银元占领着市场，人民币不易挤进去。估计将来解放长沙、广州等城市时，亦会有相同情况。《指示》在充分肯定和支持上海市委和华东财委关于采取断然措施，打击银元使人民币占领阵地的六项办法的同时，又强调指出：

这一斗争不是容易的，比对金圆券斗争困难得多，斗争可能延长得很久，这是我们必须认识的。因此，除政治手段外，还须陆续采取许多经济步骤。我们除同意上海市委及华东财委所提的六项办法外，尚有下列各点，请加研究，并提出意见：

（甲）明令铁路交通事业及市政公用事业，一律收人民币。（乙）税收一律征收人民币。另外请考虑是否可预征若干种税款。（丙）以地方为单位，首先是上海，酌发实物公债。但应避免向工厂、商店普遍摊派公债。（丁）像平津一样通令各私人银行查验资金。（戊）开放各解放区之间的汇兑，其目的是以老区比较坚强之货币阵地来支持南方新区货币阵地。通汇之后，原来物价较低的老区可能因此物价上涨。但如果沪汉地区我币不能占领市场，在大军南进、发行更多的情况下，沪汉及南方高涨之物价会促起老区更猛烈的物价上涨。此点亦请华中、西北、东北加以考虑，提出意见。①

在得到毛泽东的赞同和陈云主持起草的《指示》后，上海军管会于6月10日公布《华东区金银管理暂行办法》，禁止以金银计价和流通，取缔黑市交易。公布法令的当日，经过周密准备，华东警卫旅副旅长刘德胜率领四个连的兵力，在二百多名便衣公安干部的配合下包围查封了上海证券交易所大楼，这次行动共抄得黄金3642两，银元39747枚，美元62769元，港币1304元，人民币1545多万元及大批物资，逮捕了二百多名证据确凿的银元投机商，并分别处以徒刑和

① 《陈云文集》第一卷，中央文献出版社2005年版，第678—679页。

罚款。[①]

与此同时，发动宣传攻势，广泛动员群众取缔遍布在街头巷尾的银元黑市交易。在专政工具、经济手段、舆论宣传的共同作用下，新生的人民政权在与老辣的投机奸商进行的“银元之战”中取得了胜利，在上海一度甚嚣尘上的金融投机风潮被迅速平息。上海军管会还在6月3日发布了《华东区外汇管理暂行办法》，禁止一切外币在市场流通，外汇外币均须存入银行，任何人不得经营和买卖。货币流通领域中黄金、银元、美钞并行流通的混乱局面得以终止，人民币唯一通货的地位得以确立。此后虽然还存在着少量金银黑市交易，但已不能对市场物价产生大的影响。[②]

（二）实现市场物价稳定的“米棉之战”

取缔银元投机，禁止金银外汇流通，使人民币唯一法定通货的地位得以确立，但并没有消除造成通货膨胀的主要原因，也没有彻底打垮投机势力。由于解放战争的继续，财政赤字和人民币发行进一步增加，投机势力又乘机兴风作浪，加之一些具体原因，1949年4月至1950年3月我国共发生了四次大的物价波动。因为这四次物价波动的主要标志是粮食、棉纱等商品价格的大幅度波动，所以史称“米棉之战”。

1. 第一次物价大波动发生在1949年4月

波及的地区主要是平津、华北和西北地区。1948年9月至1949年1月底，中国人民解放军连续进行了辽沈、淮海和平津三大战役，军费开支本已巨大；4月21日毛泽东发布向全国进军的命令，在发起渡江战役之前，征借了一部分公粮；加上平津和平解放后大批国民党军政人员被收留下来，也增加了开支，这些因素造成财政支出大幅增

① 孙国：《查抄旧上海证券交易大楼，稳定人民币在上海的流通》，《人民政协报》2009年12月10日。

② 薛暮桥：《我国物价和市场问题研究》，红旗出版社1986年版，第27—28页。

加，到 1949 年 4 月底人民币发行额比 1 月底增加了近 4 倍。而 3、4 月份北方农村正处在青黄不接季节，河北又遇春旱，粮食减产；另外天津的纺织工业尚未恢复，纱布也供应紧张。在这种情况下，以“粮老虎”为代表的投机商人认为有机可乘，开始大肆抢购套购粮食，引起粮价急剧上涨。4 月中旬，冀中灾区由粮食带动物价普遍上涨，并迅速蔓延到北京、天津等大城市。根据华北地区 15 个市场的统计，4 月份物价和 1948 年 12 月相比上涨了 2.14 倍，① 天津综合物价 5 月中旬比 3 月份上涨了 1.2 倍。

为了平抑物价，人民政府一方面加强粮食运输调运，掌握物资，组织抛售。从东北地区调运大批粮食入关，将济南等地的小麦陆续运抵天津。国营贸易公司迅速建立了粮食、花纱布、百货、山货等专业公司，在平津建立了 40 个粮食、纱布营业处和零售店，直接向机关、工厂、学校、合作社和市民供应粮食、纱布等重要物资。另一方面，通过开办“折实储蓄”吸收游资，紧缩通货。由于这种储蓄是按物价指数(折实单位）还本付息，可以使存款不致因物价波动而遭受损失，所以吸引了一部分社会资金，对延缓购买力起到了一定作用。从 5 月中旬开始，平津、华北各地的物价水平渐趋稳定，新中国成立前夕第一次局部的物价波动很快被平息。②

第一次物价大波动之所以能够迅速平息，除了人民政府及时采取有力措施外，另外一个重要的原因是，这次物价波动主要集中在华北地区，当时长江以南尚未解放，华北地区的投机资本力量有限，他们在发现人民政府已经掌握大量粮源后，知难而退，没有再继续进行大规模的抢购活动。但是，这并不意味着投机势力就此罢手，相反，他们在准备更大规模的商业赌博。天津的投机商人曾扬言，“这次不算完，将来再说。”今后还要和共产党在市场上进行新的较量。③

---

① 苏星：《新中国经济史（修订本)》，中共中央党校出版社 2007 年版，第 77 页。

② 薛暮桥：《我国物价和市场问题研究》，红旗出版社 1986 年版，第 29 页。

③ 李海访谈。

2. 第二次物价大波动发生在 1949 年 7 月

波动的中心是刚刚解放的上海。造成这次物价波动的因素有以下几方面：首先是货币发行进一步膨胀。由于支援全国解放需要更多的军政费用开支，人民币发行增速加快，到 1949 年 7 月底，人民币发行总额达 2800 亿元，是 1948 年年底的 15 倍多，而且比较集中在大城市，上海的银行存款 6 月底近 75 亿元，7 月底就达到近 164 亿元。[①]

在严重通货膨胀的条件下，存款很难稳住，一定会冲击市场，影响物价。其次是投机资本势力较强。上海是旧中国投机活动的中心，投机资本的资金实力雄厚、手段老到。6 月份上海军管会取缔金融投机后，投机资本开始集中于商业领域，投机活动的对象从金银、外币转向大米、棉纱、煤炭（时称“两白一黑”）等人民生活和工业生产所必需的重要物资。7 月 16 日上海行庄日拆息升至 35‰（折合月息 105%），80%的黑市放款被用于粮布投机，而 7 月 16 日当天上海米价就上涨了 34%。[②] 可见投机活动是造成这次物价波动的重要原因。再次，华东和华北地区暴雨成灾，上海港口被封锁造成粮食、棉花和煤炭等物资的运输困难、局部短缺也是导致这次物价波动的原因之一。

1949 年 7 月 11 日至 16 日，上海米价上涨 96%，随着粮价暴涨，纱布等其他商品价格普遍猛涨，并迅速波及华中和平津地区，演变成第二次全局性的物价大波动。面对严峻的市场形势，上海市人民政府采取了一系列稳定物价的措施：一是通过国营贸易公司大量抛售物资。7 月份第一周抛售棉纱、棉布分别占市场成交量的 81.4%和 76.9%，第三周抛售的面粉占市场成交量的 41.33%，第四周抛售大米占市场成交量的 55.7%；[③] 二是加强对市场的行政管理，要求商品交易所实行统一交易时间、成交登记和当日交割等制度，查办“粮老

① 薛暮桥：《我国物价和市场问题研究》，红旗出版社 1986 年版，第 29 页。

② 薛暮桥：《我国物价和市场问题研究》，红旗出版社 1986 年版，第 30 页。

③ 李成瑞主编：《陈云经济思想发展史》，当代中国出版社 2005 年版，第 99 页。

虎”等不法奸商；三是压缩开支，整顿收入，动员各机关厉行节约、紧缩预算、控制货币投放，同时整顿货物税和地价税；四是实行粮食配售制度，上海对工人、公教人员、学生等实行粮食平价配售，每人每月平价供粮30斤，7月份供应了近70万人。平津地区也对职工、学生采取了平价配售的办法。经过多方努力，7月下旬以后，物价涨势趋于缓和，到8月月初，第二次物价大波动基本平息。8月份批发物价指数上涨幅度下降为13%，9月份为17%，成为当时物价涨幅最小的两个月。① 而第二次物价大波动综合物价指数上升的幅度，上海为1倍半，天津为2倍。②

1949年7月27日至8月15日，陈云受中共中央的委托在上海召开了有华东、华中、华北、东北和西北五大区财经领导干部参加的财经会议（简称“上海财经会议”）。在这次重要的经济工作会议上，为了应对上海等大城市物价的剧烈波动，陈云提出了一系列切实有效的具体措施：其中最为重要的就是必须掌握足够的粮食、棉花、煤炭等重要物资，这样才能保障市场供应，实现物价稳定。他在谈到粮食问题时强调指出：“有了粮食，控制上海物价就有了相当的把握了。”“现在粮食价格的上涨幅度，超过一般商品的一倍或一倍以上，如大米比纱布、猪肉、鸡蛋、胶鞋等的上涨指数平均超过一倍。粮食价格上涨，影响工业生产的成本，也影响其他商品的价格。维持上海的大米供应，每天至少需四百万斤（五百五十万人，每人每月平均二十一斤半）。现在面粉比大米便宜，吃面的人较过去增加了一倍，市场上每天销出的面粉，估计可抵八十万斤大米。另外，近来每天上市的大米约八十万斤。还有我们每月配售及卖出的大米有三千万斤，每天一百万斤。每天约二百六十万斤，尚差一百四十万斤。不足部分，是靠上海市民在国民党占领时储备的‘应变米’补充的。当然，市民自己储备的米并不多。将来粮食调剂得好，可以补救‘应变米’

① 苏星：《新中国经济史（修订本）》，中共中央党校出版社2007年版，第79页。

② 薛暮桥：《我国物价和市场问题研究》，红旗出版社1986年版，第31页。

的不足。上海米价最高时为七月十八日，现在低些了。估计今年米价的最高点可能已经过去，但我们仍应作万全的准备。常州至嘉兴一带的早稻较江南一般地区迟四十天登场，但常州以西、芜湖以及皖北的早稻已经下来了，价格比上海低。如这些地区的早稻能运来，再隔四十天，常州至嘉兴一带的早稻接上，粮食的供应就可以解决了。退一步讲，即使上述地区的粮食运不来，也有办法。现在准备从东北、华中、华东三个地区调来一亿二千万斤粮食，九、十两个月各六千万斤。根据两个月来的配售与市场情况，每月六千万斤可以够用。华东地区不要禁止粮食运到上海来。听说皖北、常熟、无锡等地禁运粮食，如果确有这种情况，应该改变。华中对华东也不能封锁。各地一定要开放粮运，让它自由流通，以维持上海的供应。明年计划在常州、嘉兴一带集中六至八亿斤大米，随时应付上海之需。如果明年水灾严重，则以东北的粮食为后盾。”① 陈云对棉花问题、运输问题也进行了周密的安排，以保证上海等地棉纺工业的生产和粮、棉、煤等重要物资的运输。

除了应对第二次物价大波动的具体措施外，上海财经会议还确定了通过发行公债、增加税收等手段控制通货膨胀的财政金融政策。陈云在会上所做的《克服财政经济的严重困难》这一重要讲话中指出：“面对这种情况，怎么办？无非是两条：一是继续发票子，二是发行公债……假如只走前一条路，继续多发票子，通货膨胀，什么人都要吃亏。实际上有钱的人，并不保存很多的现钞，吃亏最大的首先是城市里靠薪资为生的人，其次是军队，以及党政机关的人员。少发票子就得发公债。”“努力收税，是解决财政赤字的一种办法，靠发行票子来弥补财政赤字也是一种办法。这两种办法不同，结果也不一样……我们的税收数也不大。特别是在一个发展的环境中，加一点税不会出大问题。如果赤字不大，可以用增加税收的方法，努力求得收支大体平衡，以便使经济走上健全发展的道路。到那时，货币比较稳定，发

① 《陈云文选》第二卷，人民出版社 1995 年版，第 2、17 页。

了票子物价不上涨，就大有文章可做。”[①]

1949 年 10 月初，人民解放军开始向华南、西南大举进军。由于军费开支巨大、公教人员增多、秋收后收购粮棉等因素，10 月月底人民币累计发行达到 1.1 万亿元，是 7 月月底的将近 4 倍，11 月份又增加到 1.89 万亿，是 7 月月底的 6 倍多。[②] 加上解放军采取大迂回、大包围的作战方针，部队深入敌人后方，给养主要依靠解放区供应，形成了“大军向前进，票子向后跑”的局面，军费采购集中于上海、天津、武汉等大城市，使本来就已紧张的物资供应更显不足。[③] 在这种背景下，投机商人又乘机哄抬物价，掀起了新一轮涨价风潮。

3. 第三次物价大波动发生在 1949 年 11 月

这次也是从上海开始的。投机势力首先利用港口被封锁、进口原料中断的特殊环境，不断抬高五金、化工等进口商品的价格，接着纱价、粮价也猛烈上涨。物价指数每天上涨 10%—30%，到 11 月 25 日，上海物价比 10 月上旬上涨了 3.3 倍，其中棉纱上涨 3.8 倍，棉布上涨了 3.5 倍，米价上涨了 3.3 倍，造船工业所需五金材料上涨 5—6 倍。在物价波动中，私营金融业和“地下钱庄”异常活跃，所控制资金也大幅增加。“地下钱庄”的拆放金额平时只占私营金融业拆放总额的 30%—40%，在物价波动时，由于“地下钱庄”在黑市用高息吸收了大量社会游资，其拆放金额竟大于金融业平时拆放总额的 2—3 倍。受高额利润的驱使，不仅是私人金融资本、商业资本进行投机活动，而且工业资本也参与其中，投机资金供不应求，市场银根紧张，黑市利率直线上升。从 10 月 20 日至 11 月 24 日，日拆息从 12‰逐步提高到 90‰，最高达到 160‰。与此同时，票据交换也日趋频繁。10 月份上海票据交换张数和票据交换金额比 9 月份分别增加了 32.7%和 66.8%。11 月上旬增加的幅度更大。[④]

---

① 《陈云文选》第二卷，人民出版社 1995 年版，第 6、9 页。

② 薛暮桥：《我国物价和市场问题研究》，红旗出版社 1986 年版，第 32 页。

③ 李海访谈。

④ 苏星：《新中国经济史（修订本）》，中共中央党校出版社 2007 年版，第 80 页。

与前两次相比，第三次物价大波动更具备全国性的特点，投机商人南北呼应，在南方主要囤积纱布，在北方主要囤积粮食。天津的物价上涨是粮食带头，武汉受上海影响，是纱布带头。10 月 15 日以后，以沪津为先导，华中、西北跟进，出现了全国性的物价猛涨。以 7 月月底为基期，到 11 月 10 日，上海、天津、汉口、西安四大城市的物价平均上涨了 3.2 倍，11 月 24 日上涨到 3.7 倍。另据中财委的统计，到 11 月上旬，纱、布、粮食等主要物资平均上涨 2 倍左右。①

第三次物价大波动发生后，全国各地开始仍然沿用抛售物资、平抑物价的老办法，各地之间缺乏统一领导、沟通协调。相反投机势力利用电讯、电汇等手段，根据市场变化灵活调动资金，集中力量供给短缺物资，造成物价此起彼伏、波动剧烈。以上海为例，国营公司自 10 月 10 日起，每天向市场抛售一二十亿到三四十亿元的纱布、粮食，11 月 7 日、8 日两天，每天抛出六七十亿元的物资，结果上海纱布价格低于其他城市，各地游资趁机涌入上海逢低吸纳，10—11 月汇入上海的资金比汇出资金多 202 亿元（旧人民币），在各地游资的冲击下上海的纱布价格又被抬高。国营公司物资储备减少，实力受到损失，最后不得不暂停干预，让牌价跟随市价上涨。② 显然，采取各自为战的办法不仅不能达到稳定物价的目的，而且销蚀了国有经济干预市场的能力，继续下去有失控的危险。

陈云一直密切关注着物价波动的情况，11 月 5 日他主持召开新的中财委第一次委务会议，讨论如何稳定物价，决定采取六项紧急措施：(1) 冻结未入市场货币 10 天，以稳定人心；(2) 各贸易机关抛售物资 10 天，以收回货币；(3) 停止各机关购存物资；(4) 检查各银行存款；(5) 收回贷款；(6) 加强市场管理。③ 上述措施回笼了一些

① 《中华人民共和国经济档案资料选编 · 商业卷（1949—1952）》，中国物资出版社 1996 年版，第 24 页。

② 李成瑞主编：《陈云经济思想发展史》，当代中国出版社 2005 年版，第 101 页。

③ 中共中央文献研究室编：《陈云年谱（一九〇五——一九九五）》中卷，中央文献出版社 2000 年版，第 6 页。

货币，但对抑制物价上涨收效不大，投机势力继续囤积物资，哄抬物价，气焰仍然十分嚣张。11 月 8 日，中共华东局就上海金融物价问题致电中共中央并中财委，建议“克服此次全国性的波动，须由中央统一筹划与处置，才能有效。”在调查研究和总结以往的经验教训的基础上，陈云主持的中财委认为，为了平抑全国物价，必须周密部署，选择适当时机，全国一致行动，才能战胜投机势力，刹住涨风。11 月 13 日，中财委发出陈云亲自起草的关于制止物价猛涨的指示。该指示在分析货币流通状况时指出：“目前发行总数一万六千亿元，按现价折算，等于布二千万匹或粮食四十亿斤。七月底与目前的货币流通速度大体相同，都是很快的。估计我货币所占领地区已扩大了一倍。依此推算，全国平均物价比七月底上涨两倍多，按这一物价水平，则关内货币的全部需要量为一万六千亿元。因此，目前稳住物价已有可能，半月前希望把物价稳定在九月底的水平则是不可能的。因为十月初至今天止，共发行将近八千亿元，我们手内绝无回笼或抵销此巨大数量货币的物资。不估计到这一情况，想以少量物资，稳住物价，必然消耗了实力，物价仍不能稳住。在目前物价已经涨了两倍的情况下，稳住的可能已经存在，各地均应以全力稳住。”

基于以上分析，陈云就在全国范围制止物价猛涨作出了统一的战略部署：“（一）以沪津两地七月底物价平均指数为标准，力求只涨两倍或二点二倍。（二）东北自十一月十五日至三十日，须每日运粮一千万至一千二百万斤入关，以应付京津需要。东北及京津贸易公司须全力保证装卸车，铁道部则应保证空车回拨。（三）为保证汉口及湘粤纱布供应，派钱之光先到上海，后去汉口，适当调整两地纱布存量，以便行动。同时催促华中棉花东运。（四）由西北财委派员将陇海路沿线积存之纱布，尽速运到西安。（五）财政部须自十一月十六日至三十日于德石路北及平原省，拨交贸易部二亿一千万斤公粮，以应付棉产区粮食销售。（六）人民银行总行及各主要分行自电到日起，除中财委及各大区财委认为特殊需要而批准者外，其他贷款，一律暂停。在此期内，应按约收回贷款。何时解禁，听候命令。（七）各大城市应将几种能起收缩银根作用之税收，于十一月二十五日左右开征。（八）工矿投资及收购资金，除中财委认可者外，由各大区财委负责，自此电到达日起一律暂停支付。（九）中财委及各大区财委对各地军费（除去仓库建筑等）应全部拨付，不得扣压。但请当地党政军当局叮嘱部队后勤负责同志，不得投入商业活动。（十）地方经费中，凡属可以迟发半月或二十天者，均应延缓半月或二十天。（十一）目前各地贸易公司，除必须应付门售者外，暂时不宜将主要物资大量抛售，应从各方调集主要物资于主要地点，并力争于十一月二十五日（至迟三十日）完成；预定十一月底十二月初于全国各主要城市一齐抛售。为了解各地准备情况及避免抛售中此起彼落，各地需将准备情况报告中财委，以便大体上统一行动日期。（十二）对于投机商人，应在此次行动中给以适当教训。为此：（甲）目前抢购风盛时，我应乘机将冷货呆货抛给投机商，但不要给其主要物资。（乙）等到收缩银根、物价平稳，商人吐出主要物资时，我应乘机买进。”为了保证上述部署的有效实施，陈云特别强调：“以上措施，请各地讨论并作准备。如有意见，请即电告。在准备中所有布置，切勿登报外传。”①

11 月 16 日，陈云再次为中财委起草电报，指示各地：“（1）以后各地物价报告，特别在猛涨时期，均须指明我之抛售价（官价）与市场价（黑价），并估计在成交额中两者之比例。沪津两地必须这样做，以便华北各地和华中、华南以及将来西南在掌握当地价格上较有把握。（2）各地在计算物价平均指数时，必须估计到当地若干种物资有余或不足，又须估计到沪津等地若干种物资价格的涨落对本地同一物资价格影响的有无与大小（例如沪纱布对汉口纱布影响大，大米则影响小），以便各自规定既适合于全国又适合于当地的价格。（3）估计沪汉也可能出现如十二、十三两日京津市场一度极乱的情况，但也可能不及京津之乱。如出现市场大乱的情况，只要我们确已紧缩货币

① 《陈云文选》第二卷，人民出版社 1995 年版，第 29—31 页。

发行，物价指数已涨达两倍，则不必恐惶。那时，粮、油、盐等照正常门售量售出是需要的，但过多的抛售则不必要。（4）两日来，京津我贸易公司已卖不掉粮，粮价在回跌中，只要沪汉两地也出现这种情况，此次涨风即告一段落。估计各地紧缩通货及沪汉纱布涨足之后，在十一月二十五日前即可全国稳住。这种可能性是存在的。但为稳当起见，各地仍照十一月十三日电全力准备物资，勿稍松弛。”①

根据中财委的统一部署，各地加紧把粮食、纱布、煤炭等重要物资调集到重点地区。从 11 月 15 日到 30 日，每天从东北调运 1000 万斤至 1200 万斤粮食入关，京津地区准备布匹 35 万匹，棉纱 5000 件；上海准备棉布 110 万匹，棉纱 28000 件；武汉准备棉布 30 万匹，棉纱 8000 件；西安准备棉布 40 万匹。物资集结到位后，11 月 20 日，中财委发出指示，布置北京、天津、上海、汉口、西安等地的国营贸易公司，准备足够数量的粮食、纱布等重要物资，从 11 月 20 日开始放长物价，各地国营商业企业逐步提高商品牌价，到 11 月 24 日使其与黑市价格持平。

在调集物资的同时，中央规定统一现金管理，各地全面收紧银根。政务院要求所有国营企业收入的现金必须当日存入中国人民银行，不准存入私营行庄，更不许用于投机交易。这一措施使人民银行存款总额迅速增加；人民银行举办“折实储蓄”也吸收了部分社会游资，从 11 月 10 日到 11 月底，上海一地折实储蓄存款从 73 亿元增加到 400 亿元；在上述两项措施的共同作用下，人民银行掌握了全国存款总额的 80%，在金融市场独占了领导地位。中财委指令人民银行，除经特殊批准者外，一律暂停贷款，以往的贷款要按约收回；工矿投资和收购资金，除批准者外，一律暂停支付，地方经费的一部分推迟半个月或 20 天发放。

经过一段时间的准备，国营经济基本具备了控制市场的能力，11 月 25 日，根据中财委的命令，全国各大城市的国营贸易公司统一行

① 《陈云文选》第二卷，人民出版社 1995 年版，第 32—33 页。

动，开始大量抛售粮食、棉布，同时财政银行等部门催征税款，进一步紧缩银根。11 月 26 日，各地物价开始回落，国营商业连续抛售了 10 天，物价下降了 30%—40%。“1949 年以 7 月为基期，到 12 月 10 日，上海、天津、汉口、西安四大城市的平均物价上涨了 3.2 倍，到 11 月 24 日物价是此次波动之最高点，为 7 月底之 3.7 倍，现在稳到 3.2 倍。此次物价平稳的标准，开始时我们根据货币发行的指数，曾决定以 7 月底的物价计算，全国稳定到 2.2 倍，后来估计到我所掌握的物资力量，并照顾到继续发行货币的情况，又经过两次改变，由 2.2 倍提到 2.6 倍，又改为 3.2 倍。目前全国各地物价在中财委统一直接一致行动下，已基本稳定到 3.2 倍的标准上。”[①] 这场新中国成立初期波及地区最广、持续时间最长、物价涨幅最大的物价大波动终于被平息下去。

在平息第三次物价大波动的斗争中，猖獗一时的私人投机势力受到了决定性的打击。11 月 25 日，国营商业大举抛售时，投机势力认定物价还会继续上涨，因此不惜高利拆借巨款疯狂吃进。市场日拆暗息从 11 月月初的 12‰—14‰升至 11 月下旬的 80‰—100‰。但是国营商业势力雄厚、准备充分，不仅放开抛售逐步降价，投机商人终于支撑不住，竞相抛货还债，结果越抛则越贱，很多投机商赔了老本还要支付高额利息，损失惨重、纷纷倒闭。仅上海粮食批发商就倒闭数十家，棉布行庄亏蚀 253 亿元。[②] 上海工商界的代表人物荣毅仁事后表示，“中共此次不用政治力量，而能稳住物价，给上海工商界一个教训。他说：六月银元风潮，中共是用政治力量压下去的，此次则仅用经济力量就能稳住，是上海工商界所料不到的。”[③]

4. 第四次物价大波动发生在 1950 年 2 月

这时解放战争已接近全面胜利，但军费开支仍然居高不下，政

① 《中华人民共和国经济档案资料选编 · 商业卷（1949—1952）》，中国物资出版社 1996 年版，第 545 页。

② 薛暮桥：《我国物价和市场问题研究》，红旗出版社 1986 年版，第 34 页。

③ 《陈云文选》第二卷，人民出版社 1995 年版，第 52 页。

府负担的公职人员到1950年1月已达到900万人，进一步扩大的财政赤字还需要依靠增发货币来弥补。1950年2月6日，国民党飞机轰炸上海，发电厂被炸，上海全市大部分工厂停工，一时人心动荡。投机商人囤积纱布，市场出现有人买、无人卖的停市状态。在春节前后又掀起了一次全国性物价涨风，上海、天津、汉口、西安等15个大城市25种商品批发物价指数2月月底较1月上涨了1倍。[1]

陈云在1949年年底已经预计到物价可能出现新的波动，并且采取了防范措施：一方面，提出发行人民胜利折实公债以弥补赤字、收缩银根；另一方面，指示国营商业增加纱布与粮食物资储备，防范投机势力的突击。他强调指出："粮食、纱布是市场的主要物资，我掌握多少，即是控制市场力量之大小。游资突击的重点是沪京津三地，其突击的物种是粮、布。游资是狡猾的，常常先攻或仅攻一地一物。"[2] 根据陈云的指示，1949年12月开始从中南和西南等地调运了七亿斤粮食到上海。1950年2月9日，中财委指示上海以外各地纺织厂延长生产时间，加班突击增产，并规定减发军衣，停止机关部队团体向市场买布。

第四次物价波动起来后，投机资本连续三天在市场上抢购，国营商业则敞开供应粮食、纱布等重要物资。开始时投机资本还想放手一搏，借钱抢购粮布。但"第三天他们钱光了，买的人就少了。第四天他们一看不对，想出卖，我们不收。抢购了三天，他们资金用光了，国家还是敞开供应。他们慌了，开始向外抛存货，但是没有买主。"在这次波动中，投机资本遭受到毁灭性的打击，从此失去了操纵市场、左右物价的能力。国营经济控制了市场，掌握了物价主导权。[3] 到1950年3月份，全国物价开始回落，上海、天津等六大城市

① 苏星：《新中国经济史（修订本）》，中共中央党校出版社2007年版，第84页。

② 《陈云文选》第二卷，人民出版社1995年版，第59页。

③ 薛暮桥：《过渡时期经济领域中的两条道路斗争》，《光明日报》1977年7月4日。

物价3月份比2月份下降15%。第四次物价波动停止。为了彻底打垮投机资本，在1950年3月实行财政经济统一管理，整顿收支，平衡财政的同时，陈云同薄一波于1950年3月15日签发了中财委《关于抛售物资、催收公债、回笼货币、稳定物价的指示》，要求财经部门放手抛出物资，加紧催收公债、税款，务须使银根抽紧的情况遍及全国各中小城市，使物价进一步下降，待工商界叫喊时再增发通货，使物价恢复正常。这些措施的综合作用使全国市场物价逐月回落。以1950年3月为基期，4月降到75.1%，5月降到69.2%，6月降到68.3%。1950年下半年为配合调整工商业政策，刺激生产发展，国家增发货币，物价又逐步回升，但到年底仍然低于3月份最高水平。①

从1949年4月到1950年3月社会主义国营经济与私人投机资本在商业和金融战场上的殊死较量，以国营经济全面掌握物价控制权和市场主导权，投机势力基本出局而告终。正如陈云指出："一九五〇年三月以后，国内市场的性质已经改变，官僚资本操纵下的以投机和败坏国民经济为目的的市场，已经基本上改变为在国营经济领导下的以服务于人民生活与恢复及发展生产为目的的市场了。毫无疑问，从此以后，商业投机资本对于国内市场的领导权，永远不会存在了。"②这场斗争的胜利，为结束旧中国持续12年的恶性通货膨胀创造了必不可少的外部条件。彻底遏制和扭转了物价猛涨的势头，全国物价开始进入平稳阶段。陈云曾诙谐地用当时中财委三位同志的名字来形容这段时间物价波动的情形："杨（扬）波、薄（波）一波、吴（无）波。"③

① 薛暮桥：《我国物价和市场问题研究》，红旗出版社1986年版，第41页。

② 《陈云文集》第二卷，中央文献出版社2005年版，第174页。

③ 杨波回忆。

第二节　统一财经，实现财政收支平衡

一、统一财经的背景

1950 年 3 月第四次物价大波动平息后，作为恶性通货膨胀基本特征的物价普遍大幅上涨现象不复存在。但是，造成通货膨胀的主要原因——财政赤字并没有彻底消除。1950 年中央人民政府财政收支概算仍然有 18.7%的赤字，仍然需要依靠增发人民币和发行公债来弥补。而且从当年年初情况看，财政支出超过了概算中预定的数字，财政收入则未按概算收齐。如果这种趋势持续下去，新中国第一个财政预算有被冲破的危险。从另一方面看，到 1950 年 3 月除西藏以外的大陆已全部解放，全国基本上转入和平状态。新解放区的财政收入在逐步增加，全国城乡已经能够提供更多的财源，财政赤字也大大缩小，这时已经有可能实现财政收支的实际平衡。然而要把可能变成现实，还必须进一步解决全国财政经济统一问题。

从抗日战争开始直至 1949 年的 12 年间，各解放区的财政经济工作都是分散经营的。其中又分两个段落：1937 年至 1948 年这 11 年是一个段落，1949 年又是一个段落。前 11 年各解放区的财经工作，完全分散经营，各有货币，各管收支，统一的方面只有一项，即政策统一。仅仅最后一两年，在各解放区之间才有可能作少数军用品和物资的调拨。这种完全分散经营的政策，是适应当时解放区被分割的情况的，因此获得了极大成绩。1949 年，解放战争的胜利迅速扩大。一年之间，除西藏外，全国大陆全部解放，都成了解放区。适应这种情况，财经工作统一的范围和程度也随之增加。首先是货币的统一，除东北外，人民币已成为通货。在上海、武汉解放之后，像第一阶段那样仅限于政策上的统一，已经不够。全国各地财经机关一致要求对下列各项问题作出统一的规定、计划和管理。这些项目是：税则、税目、税率；国营工厂的生产计划、原料来源、产品推销；外销物资的

采购，外汇使用的分配；内地贸易物资的调拨，物价管理；铁道、轮船的合理使用，邮电的管理等等。所有这些，都需要统一，而且都陆续地统一了。但就财经工作的全部来说，基本上仍是分散经营的，因为财政的收入并未规定统一管理的办法，只统一支出，未统一收入。这种情况在当时是不可避免的。一方面，因为解放区的扩大极其迅速，新解放地区的财政收支，又只能由各地接管机关自行处理；另一方面，作为国家财政收入主要部分的秋征公粮，大部新区只在当年一二月才收起，不少地方尚未收齐，新解放区的税收整理也不是很快的。所以 1949 年这一年的情况是，继续分散经营，但分散经营中的统一程度迅速提高。[①]

二、统一财经的内容

陈云从 1949 年 5 月到京后，就在中共中央领导下着手对全国财政经济工作进行统一管理。在 1949 年 8 月举行的上海财经会议上他提出："我们不但要注意克服目前的困难，而且要从全国范围来考虑财经问题的解决。否则，就要影响到国计民生。"在第三次物价大波动初期，由于缺乏统一管理，各地各自应付，分散抛售物资，不但未能遏制物价猛涨，反而消耗了国营经济的物资储备，使其实力受到损失。治理物价波动的实践，使陈云更加深切地意识到统一财经工作的必要性和紧迫性。他一再强调财政经济工作必须适应全国统一的新情况，必须从全局的角度考虑经济问题。"除西藏外，中国大陆已全部解放，由通货膨胀而来的金融物价波动，已不能限于一地，而势必影响全国。过去国家支出的大部由中央人民政府负责和依靠增发通货，现在则公粮和税收大多尚由各区、省、市县人民政府管理。此种财政上的不统一和收支机关之间的脱节现象，如果任其继续下去，则势必额外增加通货的发行。""由于全国财政经济困难，收支机关脱节，金

① 《陈云文选》第二卷，人民出版社 1995 年版，第 69—70 页。

融物价不稳，要求我们必须有进一步的统一管理。”

陈云采取的第一个统一财经的措施是控制货币发行，确定人民币为本位币，在关内各解放区流通（群众称为长腿钞票），由中央集中统一发行。各地需要的货币量一律由中央决定，统一发行人民币解决，各地不得自行增发地方货币；原发行的地方币，与人民币规定合理的比价，只准在本地区流通（群众称为短腿钞票）。为了迅速解决货币统一发行问题，陈云指定曹菊如（原东北人民银行行长）专责掌管解放区货币流通的需要量，并要求分别计算新解放区的货币流通需要量和国营贸易公司收购工农业产品的货币需要量，依此及时计算出货币的发行量，以便既准确又及时地决定人民币的发行。

针对有人提出两广、西南可以另发钞票，以使后方物价稳定的建议，陈云指出：这样做对后方有好处，但前方受不了，如与人民币的比价不变，等于是一种票子；如比价常变，则前方的物资供应就要发生大问题。1949 年夏秋季节，解放战争战场进一步扩大，各路解放军向江南、西北、西南迅猛进军，但财政经济工作还很不健全，陈云首先将货币发行权集中于中央，不仅保证了庞大的军政开支，而且使人民币成为解放区的统一货币，给解放区工农业产品的流通创造了最根本的条件，使解放区长期分割的财政经济迈出了走向统一的第一步。①

在中央控制了人民币发行权之后，陈云开始考虑统一全国财政收支，把分散在各地区的财政大权集中到中央手中，为稳定市场物价创造有利条件。在 1949 年 8 月的上海财经会议上，为了稳定物价，控制物资，同时考虑到当时“思想尚未成熟”，决定统一税目、税率，加强中央税务总局统一征管工作，为统一财政收支做准备；建立统一的人民币发行库，由中央财委统一领导，进一步控制货币发行权；建立全国性的花纱布公司，与中纺公司同归中央纺织工业部领导，建立

---

① 李海等主编：《统一财经　为新中国奠基立业》，当代中国出版社 2008 年版，第 322—323 页。

全国性的土产公司，负责推销各地丝、茶、桐油等类特产，集中掌握重要物资，合理安排购销，稳定市场物价。1949 年 11 月以后，中财委相继召开了财经各部门的专业会议，陆续实现了税政、粮政、盐政、路政、水政等几个方面的初步统一，为财经工作实现全面统一准备了条件。①

1950 年 2 月 23 日至 25 日，中财委在北京召开全国财政会议。这是新中国成立以后财政经济工作的一次重要的会议。会前，中财委通过所管各部举行的一系列专业会议，摸清了基本情况，做了充分准备。会议经过详细讨论，决定节约支出，整顿收入，统一管理全国财政经济工作，以实现国家财政收支平衡、物资供求平衡和金融物价稳定。会议提出在统一财经工作方面达到以下目标：财政收支统一集中到中央；公粮统一，除 5%—15%作为地方附加外，均由中央统一掌握；税收统一，关税、盐税、货物税、工商税统一集中到中央，每月结算解缴国库；统一编制，改变编制过大、人浮于事的状况；贸易统一，各地贸易公司的资金、业务计划、商品调度统一由中央贸易部掌握，地方不能干预；银行统一，现金的调动统一于人民银行。②

1950 年 3 月 3 日，根据这次会议讨论的意见，中央人民政府政务院通过发表了陈云起草的《关于统一国家财政经济工作的决定》。其主要内容包括：

（1）成立全国编制委员会。各大行政区、省、大市均分设编制委员会，制订并颁布各级军政机关人员、马匹、车辆等编制。

（2）成立全国仓库物资清理调配委员会。各大行政区、省、市、县，各后勤部，各工商企业，均分设仓库物资清理调配委员会。在 6 月月底前查明所有仓库存货，逐级转报全国仓库物资清理调配委员会。所有库存物资，由政务院财政经济委员会统一调度，合理使用，以便减少今年的财政支出及向国外订货。

① 中共中央文献研究室编：《陈云传》（上），中央文献出版社 2005 年版，第 674 页。

② 中共中央文献研究室编：《陈云传》（上），中央文献出版社 2005 年版，第 677 页。

（3）厉行节约。所有机关和公立学校，必须规定工作人员的数量及每个人员的工作任务。所有国家工厂和企业，除规定职工人数及生产的质与量外，必须实行原料消耗的定额制度，铲除囤积材料的浪费行为。一切国营经济部门，均须提高资金的周转率，保护机器资材，建立保管制度，严惩贪污浪费人员。全国均应节省一切可能节省的开支，缓办应该缓办的事项，以便集中财力于军事上消灭残敌，经济上重点恢复。

（4）全国各地所收公粮，除地方附加粮外，全部归中央人民政府财政部统一调度使用。

（5）除批准征收的地方税外，所有关税、盐税、货物税、工商税的一切收入，均归中央人民政府财政部统一调度使用。

（6）为了调节国内供求，组织对外贸易，有计划地供售物资和回笼货币，各地国营贸易机构业务范围的规定和物资的调动，均由中央人民政府贸易部统一负责。一切部队机关，必须严遵毛主席命令，不得经营商业。

（7）国家所有的企业，分为三种：一是属于中央人民政府各部直接管理者；二是属于中央人民政府所有、暂时委托地方人民政府或军事机关管理者；三是划归地方人民政府或军事机关管理者。要制订对国有企业的投资贷款条例。一切公营企业及合作社，均须依照中央人民政府财政部的规定，按时纳税。所有中央政府或地方政府经管的企业，均须将折旧金和利润的一部分，按期解缴中央人民政府财政部或地方政府。

（8）指定人民银行为国家现金调度的总机构。国家银行应增设分支机构，代理国库。外汇牌价和外汇调度由人民银行统一管理。一切军政机关和公营企业的现金，除留若干近期使用者外，一律存入国家银行，不得对私人放贷，不得存入私人行庄，违者处罚。国家银行应尽量吸收公私存款，但国家银行本身业务上使用这些存款的限度，亦不能超过中财委的规定。

（9）中央人民政府财政部必须保证军队与地方人民政府的开支及

恢复人民经济所必需的投资。其原则是先前方、后后方，先军队、后地方。对地方经费的支付，照供给标准应发经费数额，扣除其地方税收及企业收入中归地方的部分。中央人民政府财政部为保证上述各项经费的支出，必须严格管理税款、公粮支拨、公粮实物变款、公债收入、国营企业上缴利润、折旧金等等，以保证这些收入按时入库。

（10）中央人民政府将制订适当的法律，对不执行、不遵守上述规定者予以必要的制裁，来保障上述各项规定的严格实行。①

陈云在1950年3月10日发表的《为什么要统一财政经济工作》一文中就统一财经的内容和目的进行了进一步阐述："主要内容是统一财政收支，重点在财政收入，即国家的主要收入，如公粮、税收及仓库物资的全部，公营企业的利润和折旧金的一部分统归国库。没有中央人民政府财政部的支付命令，不能动支。这样，就保证了国家收入的统一使用。在财政支出方面，则规定：军队供给统一于人民解放军总司令部的后勤部；政府机关、学校、团体则规定编制，规定供给标准，编外和编余人员由全国编制委员会统一调配，不经批准，不得自招新的人员。机关、学校和工厂企业，按照工作和生产情况，均须规定工作人员的数量和每个人员的工作额，一切可省和应该缓办者，统统节省和缓办，反对百废俱兴。要集中财力于军事上消灭残敌，经济上重点恢复。此外，全国国营贸易机构资金、物资的运用调拨，集中于中央人民政府贸易部一切军政机关、学校、团体和公营企业的现金，除留若干近期使用者外，一律存入国家银行。所有这些，是统一管理的主要内容。这些统一在今天已经必不可少。如果国家收入不作统一使用，如果国家支出不按统一制度并遵守节省原则，如果现有资金不加集中使用，则后果必然是浪费财力，加剧通货膨胀。这样，不但有害于对战争和军政人员的供应，而且有害于国家经济和人民生活。"②

---

① 《陈云文选》第二卷，人民出版社1995年版，第64—68页。

② 《陈云文选》第二卷，人民出版社1995年版，第70—71页。

在分析了统一财经的必要性和可能性后，陈云指出："目前到了新的时期。公粮大部已征收起；统一的税则、税目、税率已经公布；因为大陆已解放，税收也比去年多。放在面前的问题是，继续停留在去年那个阶段上，还是前进呢？全国财政会议讨论的结果，中央人民政府政务院的决定和中共中央的号召答复说：要前进，不能停留。就是说，财经工作要从基本上分散经营，前进到基本上统一管理。也就是说，虽然分散经营的成分仍然有，但主要的将是统一管理。这种改变，是适应目前在地域、交通、物资交流、关内币制等等方面已经统一的情况的。"①

1949 年 4 月到 1950 年 3 月打击投机、平抑物价的过程，是一场中共领导的公有经济与私人投机资本的经济斗争；而随后进行的统一财经，则是对中共党内和公有经济内部各方面利益的重大调整，特别是中央与地方利益关系的重大调整，中央要从地方手里集中大部分财权、物权和人权。要实现财经统一，首先要统一全党的认识，说服已经习惯于分散管理的各地党政领导忍小谋大，接受并执行统一财经管理的决策。针对财政收入划归中央统一支配后，可能给地方经费开支造成的困难，陈云强调指出："在公粮、税收划归中央人民政府统一支配以后，地方经费开支，比以前更困难的情况是可能发生的。这种困难，比之全国财政经济的管理继续不统一和金融物价大乱而来的困难，其范围、程度和后果都要小得多。因此，必须强调部分服从全体，地方服从中央，宁愿忍受若干较小的困难，以避免发生更大的困难。"②

关于统一财经的具体途径，陈云主张先由大区统一，再由中央统一；先统一富裕地区，再统一比较穷的地区。为了说服财力最强的华东、上海支持财经统一，陈云先提出一个问题：要统一，先统富的还是先统穷的？华东、上海的同志无保留地回答：当然要先统富的。富

---

① 《陈云文选》第二卷，人民出版社 1995 年版，第 69—70 页。

② 《陈云文选》第二卷，人民出版社 1995 年版，第 63、68 页。

的赞成统一，其他大区的阻力就不大了。[①]

三、统一财经的效果

在中共中央的坚强领导下，经过各地区、各部门的共同努力，中央人民政府政务院《关于统一国家财政经济工作的决定》在发布后得到迅速坚决的贯彻执行。到1950年年底就实现了平衡财政，稳定物价的基本目标。从财政收支方面看，在全国财经统一管理的基础上，财经部门努力整理收支，缩小赤字。国家财政收入迅速增加，全年财政收入比原概算增加了31.7%，支出相对减少，1950年一季度财政赤字占支出总数的43%，二季度占40%，三季度为9.8%，四季度降至6.4%，1950年全年财政收入65.19万亿元，支出68.08万亿元，赤字2.89万亿元，占支出的4.2%，财政收支已接近平衡。财政收支的基本平衡为稳定物价提供了坚实基础，为弥补财政赤字而发行货币的局面终于结束。[②]

由于统一了物资调度，使国家对关系国计民生的重要物资，如粮食、纱布、工业原料和机器等实现了集中管理，国营贸易在全国城乡市场占据了主导地位，不仅可以供应市场的正常需要，而且具备了战胜任何投机资本的实力。特别是由于统一了现金管理，使国营企业和部队、机关、团体手中的巨额资金迅速集中于国家银行，加之公债发行按期如数完成，国家银行存款大量增加，使货币回笼大增，投放减少，到1950年5月实现了现金收支平衡。国家银行存款总额经常保持在市场流通货币数量的3倍以上。货币流通速度渐次下降，据统计，上海市1949年物价比较平稳时期，每元人民币每月周转30—45次，1950年3月已降至15次，天津市从3月1日到20日的20天

---

① 李海等主编：《统一财经　为新中国奠基立业》，当代中国出版社2008年版，第346页。

② 李海、成丽英：《统一财经　立国之本——记建国初期统一财经管理》，《中国财经信息资料》2004年第22期。

里，每元人民币仅周转了8次。人民币流通范围日益扩大，1950年3月以后的几个月中，国家银行收兑了流通在各大城市的各种外币的75%以上，金银外币价格和外汇牌价下跌，人民币已经开始大量流向中小城镇和广大农村。到1950年年末，全国的市场流通货币量比年初缩减了20%，彻底摆脱了通货膨胀的困境，全国金融市场和物价水平出现了基本稳定的局面。① 以1950年3月批发物价指数为100，4月份降到75.1，5月份再降至69.2，即降低了30%。当年12月为85，1951年12月为92.4，1952年12月为92.6。②

对于稳定物价、统一财经的成果，刘少奇指出："这是人民解放军在前线上的胜利以外，从中央人民政府成立以来为人民做一件最大的工作。"③ 毛泽东曾经高度评价其意义"不下于淮海战役"，并借用诸葛亮《前出师表》中叙述刘备夸奖向宠的典故，赞扬陈云"能"（将军向宠，性行淑均，晓畅军事，试用于昔日，先帝称之曰能）。④

第三节　调整工商业和抗美援朝战争中的反通胀实践

一、调整工商业与治理经济萧条

1950年3月开始，我国经济领域出现了全国范围的市场萧条，商品滞销、工厂关门、商店歇业、失业增加。"这种现象带有普遍性，不仅发生在上海、天津等大城市，而且遍及许多中小城市。全国各大城市的失业人口约为38至40万人，全国失业人口总数已达

① 苏星：《新中国经济史（修订本）》，中共中央党校出版社2007年版，第90页。

② 《陈云文稿选编（一九四九——一九五六年）》，人民出版社1982年版，第313页。

③ 李海等主编：《统一财经为新中国奠基立业》，当代中国出版社2008年版，第336页。

④ 薄一波：《若干重大决策与事件的回顾（修订本）》上卷，人民出版社1997年版，第92页。

117 万人。”[①] 与此同时，在金融领域发生了严重的通货紧缩。“货币流通量在 4、5、6 月不但没有增加，而且略有下降，物价下降 30%。以 1950 年 3 月为基期，全国物价水平 4 月降到 75.1%，5 月降到 69.2%，6 月降到 68.3%。”[②] 在货币流通方面，人民币流通速度大幅减慢，上海、天津等大城市人民币每月流通速度从 1949 年的 30—45 次减低到 1950 年 3 月的 10—15 次左右；“贸易回笼减少，信贷回笼增加，信贷回笼大于贸易回笼。1950 年 3 月，发出票子 6 万亿元人民币（旧币），而贸易回笼仅完成计划的 40%，银行存款达到 9 万亿元。进入 4 月份，贸易回笼又有减少，信贷回笼增加。”[③]

随着物价水平的普遍下降，各地市场纷纷出现了粮食、纱布等重要消费品滞销的情况。3 月下旬，北京粮食交易所上市量 7000 万斤，成交量只有 1000 多万斤，仅占上市量的 14%，上海 4 月份大米和棉纱的批发市场交易量分别比 1 月份下降了 83%和 47%。[④] 由于商品滞销，资金周转困难，引起私营工商业亏损面扩大，倒闭歇业增多，城市失业人口增加。1950 年 1—4 月，在 14 个城市中有 2945 家工厂关门，在 16 个城市中有 9347 家商店歇业。3—4 月间全国新增加失业人口约 10 万人，全国失业人口总数达 117 万人。困难的程度是：大城市重于小城市，上海重于其他城市，工业重于商业。工厂越大困难越重。从行业来说，以粮食、布匹等批发业及高级消费品行业最重。[⑤]

造成私营工商业严重困难的原因是多方面的。其中主要是十二年来通货膨胀所造成的虚假购买力的迅速消失和社会经济结构变化导致的转型困难。“第一是通货和物价的稳定，暴露了同时又停止了过去

---

① 《陈云文选》第二卷，人民出版社 1995 年版，第 88 页。

② 薛暮桥：《我国物价和货币问题研究》，红旗出版社 1986 年版，第 41 页。

③ 薄一波：《若干重大决策与事件的回顾（修订本）》上卷，人民出版社 1997 年版，第 108 页。

④ 李成瑞主编：《陈云经济思想发展史》，当代中国出版社 2005 年版，第 120 页。

⑤ 《陈云文选》第二卷，人民出版社 1995 年版，第 88 页。

社会上的虚假购买力。这就是说，人们在过去十余年的通货膨胀时期，为了避免钞票跌价的损失，不愿存放钞票，宁愿竞购和囤积并不是为了消费的货物。现在这种情况已经起了变化，他们不但不再囤积货物，而且将过去囤积的货物吐到市场上来。这样就使市场上若干物资一时供过于求，生意不好，许多工商业者发生困难。这种情况是暂时的，原来囤积的货物一经销完，供求关系即将走向正常状态。第二是过去适合于半殖民地半封建经济发展起来的若干工商业，由于帝国主义的统治以及封建主义和官僚资本主义在中国的消灭，许多货物失去市场，另有许多货品也不合人民需求的规格。这种情况引起了一部分工商业的倒闭，从而发生一部分工人失业的现象，需要救济及转业。第三是许多私营企业机构臃肿，企业经营方法不合理，成本高，利润少，甚至还要亏本。这也引起许多工商业发生缩小营业，甚或停工歇店的现象。必须重新调整，才有出路。第四是经济中的盲目性，同一行业内部盲目竞争，地方与地方之间供求不协调，这也引起许多企业减产、停工和倒闭。至于因为长期战争，人民购买力大为降低，使得工商业不景气，则是人人共知的现象。”①

控制通胀“刹车”过猛过急，不仅造成经济上一时“后仰”，而且是导致通货紧缩的主要原因。在稳定物价斗争的后期，为了彻底打垮投机资本，中财委“多路进兵”：催缴税款和公债款，发放工人工资而且不准关厂，机关部队和公营企业现金一律存入国家银行，不准向私营银行和企业贷款。这些措施力度大且持续时间较长，银根收缩过紧，有些税收偏高，推销公债过紧。在政府的多方催收压力下，到1950年3月底，人民胜利折实公债款缴纳近90%，相当于当时人民币发行量的20%左右，使市场银根大大紧缩。②货币回笼过于集中，出现了货币紧缩的现象。上述这些措施固然对稳定物价起到了重要作用，但由于出台时机过于集中而且过于严厉，造成力度过大，导致通

---

① 《陈云文选》第二卷，人民出版社1995年版，第101—102页。

② 李海等主编：《统一财经为新中国奠基立业》，当代中国出版社2008年版，第123页。

货紧缩，市场物价大范围迅速下降，影响了工商业的资金周转和正常运营。对经济产生不利影响。“由于没有谨慎地区别投机资本的活动和正常的工商经营活动，采取区别对待的措施，而是简单地一棍子打下去，使得有益于国计民生的工商业活动也连带受到了打击。”①

私营工商业的困难引起了中共中央的高度关注。1949 年 12 月 30 日，正在苏联访问的毛泽东专电陈云询问上海工商业的实际情况。1950 年 5 月起，中财委先后召开了全国各省和各大城市劳动、工商、税务局长会议和一些重要行业的全国性会议，这些会议均邀请私营工商业的代表参加，讨论劳资关系、调整工商业和调整税收等问题。陈云还亲自与上海纱布业巨头荣毅仁、郭棣活、刘靖基等商量加工订货等解决困难的措施。②

在充分征求各方面意见的基础上，中央人民政府在工业、商业、金融、税收等方面采取了一系列调整工商业的有力措施。

在工业方面：“一、只要有可能，即由政府和国营企业委托私营工厂加工及向私营工厂订货。政务院财政经济委员会将统一组织各国营企业和机关部队所需要的加工订货的订单，希望做到一年分两次把这些订单分配给公私工厂，订立合同，以便公私工厂能够有计划地组织生产。二、政府收购一部分农产品，并给目前还难出口但是可能争取出口的工业品以便利条件，借以扩大工业品在国内外的市场。三、联合公私力量，组织工业资金的周转。四、号召私营企业改善经营方法，改善劳资关系，共同克服企业中的困难。五、为了调整公私企业的关系，政府准备有步骤地把国营企业以外各机关、各部队、各团体分散经营的生产事业统一起来，并加以调整，使之与私人企业、手工业和农民副业相协调而不相冲突。六、随时公告全国，哪些产业部门的生产暂时已经过剩，或已达饱和点，使人们知所趋避，减少盲目从

① 薄一波：《若干重大决策与事件的回顾（修订本）》上卷，人民出版社 1997 年版，第 99 页。

② 李成瑞主编：《陈云经济思想发展史》，当代中国出版社 2005 年版，第 125 页。

事的弊害。七、有重点地举办失业救济，尽量把失业者组织起来参加国家公共工程，例如兴修水利、修建市政工程等。”①

工业方面最核心的措施是增加加工订货和产品收购，即由政府和国营企业委托私营工厂加工及向私营工厂订货，收购包销他们的产品。以上海为例，从1950年下半年与1949年同期相比，私营棉纺、织染工厂为国营花纱布公司代纺棉纱的数量增加了17倍多，代织棉布增加了8倍多，国营百货公司收购私营企业的产品增加了40倍。1950年全国私营工业产值中，加工、订货、包销、收购部分所占的比重从1949年的11.5%上升到27.3%，占全国私营工业生产总值比重将近三分之一的棉纺业，1950年下半年为国家加工的部分占其生产能力的70%以上。②

在商业方面：“一、《共同纲领》第三十七条规定：‘国营贸易机关应负调剂供求、稳定物价和扶助人民合作事业的责任。’这里要求政府依照经济情况，随时规定一个适当的价格政策，即是要把批发价与零售价、地区与地区间的差价，保持一种适当距离。这种距离的限度，要使零售商人和远地商人有适当的利益可图，促使商业畅通，便利于恢复和发展生产。二、国营贸易机关所设的零售店和百货公司，其数量以能够稳定零售市场价格、制止投机商人扰乱市场为限度。零售店只卖粮食、煤炭、纱布、食油、食盐、石油六种人民日用必需品。国营批发公司的责任在于回笼货币，稳定批发价格。三、农产品有无销路和销得快慢，是一件有关民生的大事。目前国营贸易机关的收购范围，还只能是主要农产品、外销物资及主要农业副产品的一部分。其余部分，必须鼓励合作社和私商收购。四、必须维持农产品的适当价格，保护农民正当的生产利益，但又必须照顾销路和运销利润，以使农产品畅销，方于农民有利。五、为了加速城乡物资交流，使农民与城市人民都受其益，地方人民政府对于私商的运销手续及运

① 《陈云文选》第二卷，人民出版社1995年版，第104页。

② 苏星：《新中国经济史（修订本）》，中共中央党校出版社2007年版，第99页。

输条件，应给以充分的便利，并在税收政策和税收手续上给以适当的照顾。”①

国营商业企业收缩阵地，主要负责回笼货币、稳定价格，防止投机，给私商留出营业空间；通过规定适当的价格政策，使批发零售之间、地区与地区之间的价格保持一定的差距，给私营商业让出赢利空间；国家在农村大量收购土产，通过国营商业在农村大量收购农副产品，包括主要农产品、外销物资及主要农业副产品的一部分，同时给私商收购农产品提供运销便利和税收照顾，在全国范围内开展大规模的城乡物资交流。

得益于对中国经济的深刻了解和准确把握，陈云非常重视在广大农村蕴藏着巨大的购买力。根据他的测算，1950 年全国产粮约 2400 亿斤，公粮大概是 220 亿斤，而猪鬃、桐油、茶叶、鸡蛋、药材等项土产收入即相当于 240 斤粮食。如果帮助农民把土产推销出去，农民的收入就相当于交公粮的数量。② 农民的购买力对搞活全局非常重要。陈云强调指出：“在乡村收东西投放钞票，然后钞票又进城来买东西，就活起来了。所以，繁荣的重要之点又是收购农副产品。”③“扩大农副土产品的购销，不仅是农村问题，而且也是目前活跃中国经济的关键。”④

在金融方面：为解决银根紧缩问题，连续增发货币，保证收购物资和付加工费的需要。仅 1950 年 4 月内就发行人民币 5000 亿元，相当于当时人民币总发行量的8%⑤。通过停发公债、增加贷款等手段在资金上帮助私营企业。陈云 1950 年 6 月在谈到公债发行问题时指出：

---

① 《陈云文选》第二卷，人民出版社 1995 年版，第 105 页。

② 李成瑞主编：《陈云经济思想发展史》，当代中国出版社 2005 年版，第 127 页。

③ 薄一波：《若干重大决策与事件的回顾（修订本）》上卷，人民出版社 1997 年版，第 99 页。

④ 《陈云文选》第二卷，人民出版社 1995 年版，第 118 页。

⑤ 中共中央文献研究室编：《陈云年谱（一九〇五——一九九五）》中卷，中央文献出版社 2000 年版，第 48 页。

今年发了一万万分公债，对回笼货币、稳定物价，起了很好的作用。但是，这一次搞得太多了，如果分几次搞，也可能好一点。一下发这么多，而且和税收等挤在一起，这种办法不妥。根据现在的通货情况，这样集中的大量的回笼货币也不适宜。对于尾欠，能交者就收，不能交者就停。二期公债，今年不发。① 与此同时，中国人民银行逐渐增加了对私营工商业的贷款，1950 年 6 月底，在北京、天津、上海、武汉、重庆、广州、西安七大城市共向私营企业贷款近 3000 亿元（旧人民币），比 1949 年年底增加 3 倍以上。人民银行还继续赞助公私行庄联合贷款，并在已有基础上扩大业务。同时，适应物价稳定的情况，迅速降低利率，1950 年 6 月底比 2 月底下降 90%以上。②

在税收方面：“（甲）在农业税方面。一、只向主要农产品征税，凡有碍发展农业、农村副业和牲畜的杂税，概不征收。二、为着照顾目前农村经济的情况，鼓励农民的生产积极性，适当地减轻农业税。并按照规定的标准征收，不许提高，也不许降低。三、农业税应以通常产量为固定标准。对于农民群众由努力耕作而超过通常产量的部分不应加税，借以鼓励农民的生产积极性。四、农村中的交易税，应该规定一个恰当的起征点，只是对于比较大量的货物交易才征税，对于农民很小数量的交易则不应征税。”

“（乙）在工商税方面。一、继续执行工轻于商和日用必需品轻于奢侈品的征税政策。二、征收不得超过应征的税率。三、简化税目。准备减少的税目有二百余种，简化合并的有二百余种（例如各种棉织品统一于棉纱作一次征税，各种毛织品统一于毛纱作一次征税），两项共减去五百余种。四、减轻盐税，以便利广大的消费者。五、统一计税方法和估价方法，并按照实际情况作统一的解释。六、根据各地工商业发展及会计制度的差别状况，工商税分为三种方法依照税率征收。即：（一）工商企业有健全的会计制度可作为征收确据的，采用

① 《陈云文选》第二卷，人民出版社 1995 年版，第 97 页。

② 苏星：《新中国经济史（修订本）》，中共中央党校出版社 2007 年版，第 102 页。

自报实征、配合查账的办法征税；(二) 不合前项标准的，采用民主评议，但仍须根据税率去征税；(三) 小工商业及小城镇，用查账和民主评议两项办法都有困难的，采用定期定额的征税办法。七、各大城市设立税务复议委员会，由税务局、工商局、工商业联合会三方面派员组成，复议有关税额及处罚事项。”①

调整工商业从1950年5月份开始，到9月份基本结束。由于见事早，措施果断有力，从1950年下半年起，全国的私营工商业迅速恢复和活跃。据北京、天津、上海等十个大中城市统计，1950年私营工商业开业的共有32674户，比歇业户多出25223户。市场趋于繁荣，据北京、天津、上海、武汉4个大城市市场成交量统计，10月比4月相比较，面粉增加54%，大米增加2.9倍，棉纱增加1.3倍，棉布增加2.3倍。②“三、四月间工商业困难，经过五、六、七月情况变了，霓虹灯又亮了。为什么变化这么快？其中的道理之一是使社会力量转动起来，办法就是收购，城乡都是如此。我们大量收购农产品，农民卖出了产品，就增加了购买力，城市的工商业也就活了。失业现象跟着也会减少，继之又会推动城市购买力的提高，工商业又会进一步繁荣起来。”③ 随着工商业的恢复，城市就业情况逐渐改善，失业人数显著下降。“根据中央人民政府劳动部全国二十九个城市的统计，一九五〇年六月，失业半失业的工人、失业知识分子共有一百六十六万人；到一九五〇年九月底，全国失业人员降到一百四十万；④ 到一九五〇年年底，就只有六十一万人了；到一九五一年七月底，则仅余四十五万人了。未就业的大部分是年老体弱的和没有熟练技术的。”⑤

---

① 《陈云文选》第二卷，人民出版社1995年版，第108—109页。

② 苏星：《新中国经济史（修订本）》，中共中央党校出版社2007年版，第104页。

③ 薄一波：《若干重大决策与事件的回顾（修订本）》上卷，人民出版社1997年版，第112页。

④ 《中共中央关于失业救济问题的总结及指示》，《党的文献》2000年第4期。

⑤ 《陈云文集》第二卷，中央文献出版社2005年版，第316页。

1949 年 4 月到 1950 年 3 月，中国共产党和人民政府主要采用经济手段成功地遏制了恶性通货膨胀，1950 年 3 月全国物价刚刚趋于稳定。面对接踵而来的经济萧条和通货紧缩，陈云和他的同事们没有盲目地全面放松银根，而是通过政府定向采购，有针对性地向农民和城市工商业购买实物资产。特别是在农村收购农副产品，有效地解放了蕴藏在占全国人口 90%的农民手中的巨大购买力，进而撬动了整个市场。通过开展城乡交流和扩大加工订货，解决了社会总需求不足的问题。同时，由于政府采购刺激了市场繁荣，形成购销两旺的局面，商品流通需要更多的货币筹码，消化了因购买资产增发的货币，避免了由于大量增发货币所可能导致的通货膨胀。正如陈云所说："扩大农副土产品的购销，不仅是农村问题，而且也是目前活跃中国经济的关键。半年来的财经工作完全证明，城市的繁荣是农村经济转动的结果。农副土产品卖出去了，就增加了农民的购买力，促进城市工商业的发展，减少或消灭城市的失业现象，城市购买力也跟着提高。工商业繁荣，又增加了国家的税收，减少了财政上的困难，物价更趋稳定。这样，可以进一步促进正当工商业的发展，打击投机，使城乡交流更趋活跃。这是一连串的收获。因此我们说，扩大农副土产品的购销，是中国目前经济中的头等大事。"① 陈云的同事薄一波也指出："1950 年调整工商业的工作，总的看成效是大的，特别是把收购农副产品作为主要措施，抓到点子上了。"②"在乡村收东西投放钞票，然后钞票又进城来买东西，就活起来了。所以，繁荣的重要之点又是收购农副产品。这是主要的经验。农村这个 90%动了，10%（当时城乡人口比例是 1∶9）也就有办法了。基本动力是农村的力量，这一条道理我们摸到了。"③

---

① 《陈云文选》第二卷，人民出版社 1995 年版，第 118 页。

② 薄一波：《若干重大决策与事件的回顾（修订本）》上卷，人民出版社 1997 年版，第 112 页。

③ 薄一波：《若干重大决策与事件的回顾（修订本）》上卷，人民出版社 1997 年版，第 109 页。

在调整工商业的过程中，陈云不仅继续强调稳定金融物价，而且提前运筹对策，做好防范物价波动的准备。在1950年5月的七大城市工商局长会议上，陈云指出调整工商业的若干办法，应该在稳定金融物价的基础上进行，强调金融物价稳定对工商界和绝大部分人民是有利的。“帮助工商业渡过目前的难关，主要是要拿出一笔钱来。但是，目前的财政收支并不接近平衡。既然要扶助工商业，无别法可想，只好增发通货，发钞一多，虽然物资不缺，也还是有物价波动的危险，但是物价稳定的大政方针，是绝对不能大意动摇的。为了照顾工商业的关系，增发通货只有用尽办法来防止物价波动。”为了预防物价上涨，存户挤提存款导致银行大量增发通货，陈云提出四项办法：掌握足够数量的纱布；扩大人民币的流通面积；吸收定期存款；单靠上述办法还有危险时，最后一着就是把军政经费迟发20天，同时限制一切机关、国营企业及合作社在银行存款的提取数量，把大部存款作短期冻结。① 由于对形势的正确估计和准备充分，在调整工商业的过程中金融物价比较平稳，没有发生显著的波动。

陈云在总结1950年财经工作时指出：“去年在经济战线上，我们是税收、公债、货币回笼、收购四路‘进兵’，一下子把通货膨胀制止了。三月物价稳定，五月中旬全国各地工商业者都叫喊货卖不出去。于是我们发了两路‘救兵’，一为加工订货，一为收购土产。起决定作用的是收购土产，因为收购土产，就发出了钞票，农民有了钱就可以买东西。到九月全国情况就改观了，霓虹灯都亮了。”②“去年我们做了很多工作，只有两个重点，一是统一，二是调整。统一是统一财经管理，调整是调整工商业。统一财经之后，物价稳定了，但东西卖不出去，后来就调整工商业，才使工商业好转。六月以前是统一，六月以后是调整。只此两事，天下大定。”③

---

① 中共中央文献研究室编：《陈云传》(上)，中央文献出版社2005年版，第698—699页。

② 《陈云文选》第二卷，人民出版社1995年版，第128页。

③ 《陈云文选》第二卷，人民出版社1995年版，第138页。

二、抗美援朝战争中反通胀实践

正当国家财政经济状况进一步好转的时候，1950 年 6 月 25 日，朝鲜战争爆发。9 月 15 日，美军在仁川登陆，战火直逼中国东北边境。中国被迫卷入，10 月 19 日开始，中国人民志愿军跨过鸭绿江赴朝参战。这场战争持续了三年时间，到 1953 年 7 月才告结束。朝鲜战争给正在恢复的我国国民经济带来了巨大冲击和沉重负担，志愿军最多时达 135 万人，伤亡 36 万多人，消耗各种物资 560 多万吨，战费开支 60 亿元人民币（新币），几乎相当于 1950 年全国财政收入。①

朝鲜战争爆发及我国派出志愿军进行抗美援朝后，美英等资本主义国家加紧对我国实行经济封锁和禁运，部分进口工业原料来源困难，价格大幅上涨。如烧碱上涨 81.8%，黑铁坯上涨 112.6%，安尼林纳上涨 166.7%。如以 11 月平均价格和 10 月比较，上涨更大，二硝基上涨 172.6%，烧碱上涨 92.3%，橡胶上涨 105.6%。11 月工业器材类指数，比 6 月涨 87.1%，总指数亦涨 31.8%。随着工业原料品价格的上升以及朝鲜战争的影响，其他物价也开始不稳，11 月连续发生白煤、漂白粉、玻璃等商品抢购风潮，价格被哄抬至 1 倍以上②。纱布供应亦极度紧张。已进入基本稳定的物价局面，几乎有引起新的全面波动的危险。

为了应对朝鲜战争爆发后的严峻形势，陈云在客观分析战争发展态势的基础上，提出了在保证战争需要条件下稳定国内市场，继续恢复国民经济的策略。1950 年 11 月 15 日，陈云在第二次全国财政会议关于财经工作方针时指出："财政上的各项支出，必须分清主次，不能面面俱到。如果面面俱到，便会一事无成。我们要集中力量，把财力使用在主要方面，解决主要问题，这和作战是一样的道理。战争

---

① 何沁主编：《中华人民共和国史（第二版）》，高等教育出版社 1999 年版，第 40 页。

② 《上海解放前后物价资料汇编（1921 年—1957 年）》，上海人民出版社 1958 年版，第 380—381 页。

第一，这是无疑问的。一切服从战争，一切为了战争的胜利。没有战争的胜利，其他就无从说起。现在争执之点，在于何者是第二，何者是第三。这种争执，在过去各个时期未曾发生过，也不会发生。我以为第二应该是维持市场，求得金融物价不要大乱；第三才是其他各种带投资性的经济和文化的支出。”在分析维持市场稳定的重要性时陈云指出：“我们已占有全国大、中、小城市，全国交通已经恢复，财经已经基本上统一，而且城市经济已有了一些基础。半年来物价稳定，在政治上、经济上都起了好的作用。因此，凡是对于市场物价稳定有影响的，我们应该慎重地来考虑。我们的经济还无巩固的基础，还很脆弱，物资储存也很少。如果敌机来轰炸，可以随时引起物价风潮。我们手中无物资，平抑不了涨风，政治上很不利，而且会影响军事。这个弱点，如果被敌人看到、抓住，就会用此法欺侮我们。物价波动以后，税收便要减少，公营企业收入也要降低，逼着财政增加发行。发行一千亿元抵不上一亿斤小米，结果还要不断追加。去年的物价波动，使城市居民受到损失，城乡交流受到阻碍，财政、金融、贸易的周转失去正常，为害很大。今年三月，统一财政，收支接近平衡，金融稳定，工商业得到调整，加以秋后农业丰收，农民购买力提高，到今年九、十月，各城市都热闹起来，工商业开始活跃，税收增加，一个钱顶一个钱用，市场物价稳定，工人不需要救济了，工商业家又喊‘毛主席万岁’了。这说明，广大人民，大多数的工商业者，愿意市场物价稳定下来。从今年年初财经统一到调整工商业，由调整到现在的初步好转，证明了在一个统一的国家之内，力争市场物价稳定，非常重要。这是财政问题，也是经济问题。我们所用的方法是求得收支平衡，削减以至消灭赤字，而不是用多发钞票弥补赤字。这样，才能真正实现市场物价的稳定。”

在战争期间，军费增加很可能导致财政赤字，而为弥补赤字发行货币又很可能造成通货膨胀。为了保持市场物价的稳定，陈云特别强调财政平衡：“在战争中是否能够保持市场物价平稳呢？我们还没有把握。因为即使财政上求得平衡，金融稳定了，而物资的供应发生问题，运输发生问题，市场物价还要波动。这是生产与需要之间的矛盾，时间迟早之间的矛盾，在战争时期是很容易发生的。但是，财政金融平稳了，市场物价的平稳便有了基础。如果金融与物资都发生问题，物价波动程度将更大，更难以控制。所以我们应该尽力避免物价波动中的金融因素，也就是力求在财政概算上，尽量多收，尽量少用，使其没有赤字。如果赤字削减不了，也只能是因为军事上的紧急需要。除了万不得已的情况，不应该允许有赤字。没有钱可以不办，可以缓办。在财政收支不平衡时，虽然可以向外借款，但数量少而且困难。发行公债，根据上半年经验，也搞不了多少，而且工商业家意见很大。因此，只有靠发行钞票。在战争中大量发钞票是很危险的事，其后果在物价上立刻可见。因此，我们这种对支出用'削萝卜'的办法，对收入用'挤牛奶'的办法，在财政和经济上都会有利。"

"带投资性的支出列在第三，就是说，要在照顾第一、第二之后，剩有多少钱，便办多少事。总之，以没有赤字为原则。如果为了战争，为了军事，维持不了市场物价稳定怎么办？那也无办法，因为战争是第一。做了第一才可以做第二，做了第一和第二才可以做第三，而不是想做什么就做什么。"①

由于采取了正确的财政政策，在朝鲜战争期间虽然军费浩大，但国家财政收支实现收支平衡，并略有节余。党和政府还采取了一系列措施，如加强汇率、贸易管制，大力开展对苏联、捷克、波兰和东德等社会主义国家的贸易；扩大国家对工农业产品的收购数量，进一步提高国营贸易控制国内主要商品物资力量；冻结资金、加强现金管理；取缔投机，打击囤积居奇等。由于上述各种措施及时、正确、有力，保证了物价总趋势的稳定。1950 年 12 月批发物价指数，开始转为下降 1.3%，粮食、纱布、杂项等主要商品指数，均有不同程度

① 《陈云文稿选编（一九四九——一九五六年）》，人民出版社 1982 年版，第 99—102 页。

的降低，工业器材类上升趋势也有所缓和，部分进口物资价格出现下降。①

开展城乡贸易交流，是陈云在国民经济恢复时期的工作重点之一。新中国成立初期国民经济濒临崩溃，工农业生产大幅度下降，交通瘫痪，城乡物资交流阻塞，市场萧条，物资奇缺，人民生活十分困难。我国是一个农业人口占绝大比重的农业国，农业是国民经济的基础，农业和农民的状况对国民经济的全局关系极大。从这一基本国情出发，中共中央和主管财经工作的陈云决定恢复和发展农业生产，促进城乡物资交流，作为恢复和发展国民经济的头等大事来抓。陈云指出：城乡交流有利于农民，有利于城市工商业，也有利于国家……这是历史上没有一个政府提出过的，但却是关系全国人民经济生活的一件大事。我们如果不管，怎么能算人民的政府呢？②

从 1950 年 7 月到 1952 年，通过搞活运输环节，举办县、省、大区各级物资交流大会，国营贸易公司和供销社积极参与，鼓励和组织私商下乡收购土特产品，供应生产资料和工业品，充分发挥私商在人力和资金上的优势等项措施，基本扭转了市场呆滞的局面，促进了经济的繁荣，对全国经济的恢复和发展起到了极为巨大的促进作用。首先，它增加了农民的收入，大幅度地提高了农民的购买力，促进了农村生产的发展和农民生活的改善。据统计，自 1950 年秋到 1952 年止，通过各种形式的物资交流会，从农村推销出去的农副土特产品总值达 100 亿元以上。1952 年与 1949 年比，各地农民的收入一般增加 30%，平均每人消费水平约增长 20%。其次，它使旧有的商业渠道得到恢复，并且开辟了新的商业路线与商业活动方式，从而促进了全国各地区之间的横向经济联系，活跃了国内市场。再次，农民购买力的提高，为工业品下乡创造了条件，从而刺激了工商业的发展。据统计，1951 年全国工业总产值比上年增长 38.8%，轻工业由维持、恢

① 贺水金：《试论建国初期的通货膨胀及其成功治理》，《史林》2008 年第 4 期。

② 《陈云文选》第二卷，人民出版社 1995 年版，第 127 页。

复转向发展，机械工业由没活干到订货应接不暇；商业购销比上年大幅度增长。经济的繁荣，使就业人数显著增加，据各省市不完全统计，1951年1—6月职工人数增加了12万人。最后，全国经济的繁荣，也使国家的财政收支出现根本性的好转，连年结余，物价趋向稳定。1951年结余10.6亿元，1952年结余7.7亿元，有力地支持了抗美援朝战争。①

正如陈云所指出："扩大农副土产品的购销，不仅是农村问题，而且也是目前活跃中国经济的关键。半年来的财经工作完全证明，城市的繁荣是农村经济转动的结果。农副土产品卖出去了，就增加了农民的购买力，促进城市工商业的发展，减少或消灭城市的失业现象，城市购买力也跟着提高。工商业繁荣，又增加了国家的税收，减少了财政上的困难，物价更趋稳定。这样，可以进一步促进正当工商业的发展，打击投机，使城乡交流更趋活跃。这是一连串的收获。因此我们说，扩大农副土产品的购销，是中国目前经济中的头等大事。"②

财政、金融、贸易等方面政策的共同作用使朝鲜战争期间全国物价水平保持了基本稳定。1950年物价走势，以3月最高，6月最低，全年物价较上年12月仅涨77.4%③，物价已由1949年剧烈波动转向基本稳定。以1950年价格为100，1951年全国零售物价总指数为112.2，1952年为111.8。④但战争毕竟是沉重的经济负担，1951年国防费支出的绝对额比1950年增长78%，占财政支出的比例都也有所增加，零售物价指数上涨12.2%，这些都给国民经济建设和人民生活带来了不小的困难。⑤

---

① 杨基龙：《陈云与建国初期的城乡物资交流》，见《陈云和他的事业——陈云生平与思想研讨会论文集》（下），中央文献出版社1996年版，第1058页。

② 《陈云文选》第二卷，人民出版社1995年版，第118—119页。

③ 贺水金：《试论建国初期的通货膨胀及其成功治理》，《史林》2008年第4期。

④ 苏星：《新中国经济史（修订本）》，中共中央党校出版社2007年版，第118页。

⑤ 刘日新：《新中国建设简史》，中央文献出版社2006年版，第58页。

第四节　国民经济恢复时期的反通胀思想特征

成功地结束长达十二年的恶性通货膨胀，实现金融物价的稳定和全国财政经济的统一，是中国共产党人在夺取政权后在经济领域赢得的第一个伟大胜利。这个胜利是在以毛泽东为首的中共中央和新生的人民政府的领导下，在全党和全国人民的支持下取得的。正如刘少奇指出："中国的财政经济，在历史上没有统一过。国家财政收支，在过去数十年也没有平衡过，反动政府每年必须发行巨额的钞票和举借巨额的内外债才能过日子。中国的金融物价也是十二年来没有稳定过的，人民必须在通货膨胀的损失中付出巨额的资金。但是人民政府在战争尚未结束与发生灾荒及帝国主义封锁等情况之下，在很短的时间内，就实现了这些重大的措施，并达到这样的成绩。这是任何反动政府都不能做到的，只有真正的人民政府才能做到。"①

从国史的角度看，新中国成立前后的稳定物价和统一财经是中国共产党领导的，新中国历史上第一次全面的和成功的宏观调控实践。陈云作为新中国财经方面的主要负责人，具体部署、组织和实施了1949—1952年国民经济恢复时期治理和防范通货膨胀的各项工作和措施。他在这一时期的反通胀实践是最为人称道的。从这一时期的实践经验中总结提炼出来的思想理论成果是陈云反通胀思想的最重要的组成部分。由于1949—1952年国民经济恢复时期我国基本上处于市场经济的背景之下，所以认真回顾、梳理陈云在这一时期的反通胀思想特征不仅具有重要的历史意义，而且对社会主义市场经济条件下治理和防范通货膨胀也具有现实的借鉴作用。

---

① 《刘少奇选集》下卷，人民出版社1981年版，第15—16页。

一、多种宏观调控手段的综合运用

时任中财委秘书长的薛暮桥在谈到新中国成立前后稳定物价、治理通胀的经验时指出："在迫不得已发行货币过多时，为防止市场物价混乱，必须依靠社会主义国营经济的领导地位，对市场物价进行必要的控制。控制物价的主要办法是努力减少财政赤字和控制货币发行数量，其次是有计划地抛售物资和控制现金流通。财政、金融、贸易各方面要配合行动。但是，稳定物价的根本条件还在于实现财政收支的平衡，制止通货膨胀。"[①]治理通货膨胀是一项复杂的社会系统工程，在实际操作中需要多种宏观调控手段的互相配合，综合运用，各种相关措施是作为一个整体发挥作用。

（一）财政政策方面

新中国成立前后的通货膨胀主要是由于巨额财政赤字引起的，因此采取正确的财政政策、实现财政收支平衡也就成为治理通货膨胀的关键和根本所在。在财政工作中，陈云把保证战争和政治稳定的需要放在首位，强调必须保证军政经费等财政支出。1949 年 8 月，在上海财经会议上他首先强调："目前全国财政经济在困难中，这是胜利中的困难。从根本上解决这一困难，要靠军事上的彻底胜利。""军费不能减，减少了就不能保证部队的需要。"就是依靠发行钞票，也要保证作战费和几百万脱产人员的费用。1950 年 11 月第二次全国财政会议上陈云又强调要把保证抗美援朝战争的需要放在第一位。作为政治家的陈云深知只有取得战争的胜利才能真正实现经济的稳定。他始终从全局着眼，财政服从于政治、服从于党的中心任务，努力克服财政困难，坚定不移地全力支持解放战争和抗美援朝战争。

在保证财政支出的前提下，陈云主要通过集中财政收入、发行公债和增加税收等措施来解决财政收支平衡问题，同时发挥财政的分配

① 薛暮桥：《我国物价和市场问题研究》，红旗出版社 1986 年版，第 41 页。

功能，对不同地区和社会阶层进行收入调节。

1. 集中财政收入是平衡财政收支的关键措施

1950 年 3 月统一财经的核心是将分散于各地方的财政收入集中于中央，即将财政收入主要项目的公粮收入、税收收入和国营企业收入（占 1950 年财政概算收入的 97.4%）大部集中于中央财政，努力使中央财政收支趋于平衡，减少人民币的财政发行，从而在根本上消除通货膨胀。正如陈云所说，“统一国家财政经济工作的直接效果之一，就在制止通货膨胀。”①1950 年财政概算中用于弥补赤字的货币发行占财政赤字的 61.6%，占概算总支出的 11.5%。②1950 年中央财政收支实现基本平衡，财政赤字为当年总支出的 4%，按概算口径计算，用于弥补财政赤字的货币发行仅为总支出的 2.4%左右。③ 实际上，从 1950 年第二季度开始，就不再需要发行货币来弥补财政赤字了。④

2. 发行公债的主要目的是弥补财政赤字和回笼通货，同时也起到了调节分配的作用

陈云认为解决财政困难“无非是两条：一是继续发票子，二是发行公债。”“继续多发票子，通货膨胀，什么人都要吃亏。”⑤ 公债的主要发行对象是私营工商业者。陈云选择让资本家而不是劳动人民承担更多的国家财政负担。“从分配不公的角度来说，发行公债比发行钞票要好些。”⑥ 经过反复斟酌和周密测算，1950 年 1 月，第一期“人民胜利折实公债”开始发行。共发行 1 亿分，相当于 1.2 亿元银元，2400 亿元人民币（旧币），发行对象主要是城市工商业家，未经土改

---

① 《陈云文选》第二卷，人民出版社 1995 年版，第 73 页。

② 李海等主编：《统一财经　为新中国奠基立业》，当代中国出版社 2008 年版，第 66 页。

③ 苏星：《新中国经济史（修订本）》，中共中央党校出版社 2007 年版，第 117 页。根据相关数据计算。

④ 李海等主编：《统一财经　为新中国奠基立业》，当代中国出版社 2008 年版，第 335 页。

⑤ 《陈云文稿选编（一九四九——一九五六年）》，人民出版社 1982 年版，第 1、6 页。

⑥ 李海等主编：《统一财经　为新中国奠基立业》，当代中国出版社 2008 年版，第 101 页。

的新区之地主亦须推销。由于准备充分，这次公债发行比较顺利，第一期1亿分超额完成，达到了原定两期发行总额的70.4%。后因国家财政状况已基本好转，第二期公债未再发行。①1950年财政概算中公债发行弥补财政赤字的38.4%，每月发行公债相当于当月人民币发行的一半。②对弥补财政赤字，回笼货币，调节现金，稳定金融物价等，都起到了重要作用。1950年3月以后，随着公债款的上缴和其他一系列措施的实施，国家财政收支已接近平衡。

3. 加强税收管理，适当增加税收，不仅增加了财政收入，而且平衡了城乡负担

在整个解放战争时期，财政收入的主要来源是根据地的公粮收入。1949年12月2日陈云在中央人民政府第四次会议上指出："经过长期战争的老解放区，直到今天还在以很大数量的粮食和其他物资支援前线和新解放城市。在新解放区，仅仅有一部分地方开始征收公粮。新解放区因为战争结束不久，土匪尚待肃清，铁路修复不易，城乡交流需要有一个恢复过程，所以城市的税收也是很少的。"③薄一波也指出：财政收入中居第一位的是公粮收入，但当时农民平均负担已占农业总收入的19%强，老解放区更占到21%，居第二位的是城市税收，但城市解放不久经济尚未恢复，税收工作人员少，经验差。④1950年财政概算中公粮占财政总收入的41.4%，各项税收占38.9%。为了增加财政收入，平衡城乡负担，陈云特别强调税收工作，指出要解决财政困难，单靠发票子不行，主要应靠增加税收，过去农业税（公粮）占财政比重过大，农民负担很重，今后要努力增加城市税收，使之超过农业税。⑤1950年1月31日中央人民

① 孙业礼：《陈云与共和国第一期公债的发行》，《党的文献》1996年第2期。

② 李海等主编：《统一财经　为新中国奠基立业》，当代中国出版社2008年版，第47、67页。

③ 《陈云文选》第二卷，人民出版社1995年版，第34页。

④ 李成瑞主编：《陈云经济思想发展史》，当代中国出版社2005年版，第92页。

⑤ 李海等主编：《统一财经　为新中国奠基立业》，当代中国出版社2008年版，第13—14页。

政府政务院颁布全国税政实施要则，增强税务工作，建立统一的税收制度。到1950年年底，城市税收已占当年财政总收入的48.1%，超过公粮居总收入之首位，农牧业税公粮占总收入的比例下降到30.7%。①

（二）货币金融政策方面

在新中国成立前后的反通胀实践中，货币金融方面的政策措施主要是配合财政等其他方面的工作，尽量减轻通货膨胀压力，努力维持金融物价的稳定。虽然处于辅助和从属的地位，但仍然发挥了独特和不可或缺的作用。

1. 努力扩大人民币流通范围，稀释通货膨胀压力

陈云在新中国成立初期治理通胀的实践中，不仅对面临的困难有足够的估计，也充分利用了有利条件。随着解放战争的全面胜利，人民政权控制的地区迅速增加，为扩大人民币流通范围提供了基本的政治条件。虽然国民政府发行的金圆券已经完全失去信用，但银元、外汇占领了城市的金融市场，在广大的农村，银元和物物交换大行其道。由于多年的恶性通货膨胀，城乡人民对纸币缺乏起码的信任，人民币进不了城，下不了乡。陈云一方面在人民币发行时考虑解放区增加的因素，另一方面充分发挥执政优势，运用政府的强制力，采取多种法律、政策措施扩大人民币的流通和使用范围。在上海解放初期，针对人民币遭到排斥的情况，陈云主持起草了《中共中央关于打击银元使人民币占领阵地的指示》，明令税收和铁路交通、市政公用事业一律收人民币，酌发实物公债，开放各解放区之间的汇兑，同时颁布法令，禁止黄金、银元、外汇流通，查封从事银元投机的上海证券交易所。使用政权的力量，让人民币打进上海等新解放的大中城市，占领货币流通阵地。在广大的农村，则采取多种措施推动人民币下乡。这方面的具体措施包括除公粮以外的各项税收用人民币交纳，农贷用

① 李海等主编:《统一财经　为新中国奠基立业》，当代中国出版社2008年版，第335页。

人民币发放，工业品下乡和收购农副产品用人民币结算等。1950 年 3 月统一财经管理以前，在新解放区农民还很少使用人民币，老解放区农村的流通量也很有限，人民币即使到了农村也很快回流城市。及至 1952 年年底，据人民银行总行估算，农民持有的人民币已达 11 万亿元，约占当时人民币流通总量的40.4%①。人民币流通范围的扩大，不仅有利于国家货币流通的统一，而且增加了流通中货币容量，对稀释通货膨胀的压力起到了很好的作用。

2. 灵活运用市场机制的调节手段，稳定货币流通，避免加剧通货膨胀

在长期领导经济工作的实践中，陈云始终非常重视市场机制的作用，关注价格波动及其影响。在新中国成立初期的反通胀实践中，陈云在金融方面特别重视市场银根的松紧情况，不仅把它作为市场变化的信号，而且作为制定对策和采取行动的依据。根据市场银根的松紧，及时灵活地运用所掌握的资源，逆市而为，尽量对冲市场波动的影响，避免流通中货币量大起大伏。1949 年在中央汇报公债和钞票发行计划时，他就提到我们应该重视银根松紧的不同情况。掌握三种工具，一是银行收兑黄金、美钞的数量依银根松紧而定。二是银根紧时公债催收得松些，松时催收得紧些。三是银根紧时贸易部可以多买一些主要物资，松时可以少收买一些。② 这些对冲操作都是各国政府和货币当局在治理通货膨胀或平抑货币市场剧烈波动时的通用手段，陈云在实践中娴熟地运用这些市场经济的调节措施，反映出他对市场经济的深刻认识和从容把握。

3. 作为应对危机的手段，直接控制通货供给，紧缩银根。

流通中货币的多寡直接影响到物价水平的高低，控制货币供给是应对通货膨胀的重要手段。在发达的市场经济国家通常是运用利率、

① 中国人民银行：《关于目前货币流通情况与一九五三年货币发行问题的报告》，1953 年 3 月 18 日。

② （记者）付平：《周小川：陈云经济思想对央行工作有深刻指导意义》，《金融时报》2005 年 5 月 23 日。

贴现率和公开市场操作等间接手段来调节货币供应量。在新中国成立初期的高通胀条件下，上述常规手段已很难发挥作用。为了抑制物价的剧烈波动，陈云果断地采取了一系列直接控制货币供给、紧缩银根的措施。1949 年 11 月，政务院和中财委指令人民银行总行及各地分行，除特殊批准外，一律暂停贷款，以往贷款按约如期收回，投资及收购资金一律暂停支付，缓发地方经费，所有国有企业收入现金必须当日存入中国人民银行。同时还采取了起征和催收税款，推广折实储蓄等措施以紧缩银根。如果说国营经济向市场抛售紧缺物资对控制物价，治理通胀起到了扬汤止沸的作用，那么严格控制货币供给，紧缩银根则收到釜底抽薪的效果。上述措施使人民银行存款总额迅速增加，很快就达到了全国存款总额的 80%，① 基本控制了全国的现金供给。这使投机势力失去了继续囤积物资的资金来源，为国营经济在市场上的全面进攻做好了准备。

作为一种应对危机的手段，直接控制货币供给不仅行之有效，而且立竿见影。但它有很大的副作用，可能造成严重的通货紧缩，导致经济的“硬着陆”。陈云在使用这些措施时十分谨慎，把它作为“最后一着”，强调“非到危机时决不轻用。”②

（三）价格和贸易政策方面

善于运用价值规律和货币流通规律，通过价格机制调节社会总供给和总需求，是陈云经济思想的特色之一。在新中国成立前后以市场经济为背景的反通胀实践中，这一特色得到了充分体现。

1. 实事求是，合理释放通货膨胀势能；量力而行，避免硬性控制物价水平

新中国成立前后的通货膨胀就其程度而言是非常严重的。“自人民币发行（1948 年 12 月 1 日）以来，到目前（1950 年 2 月 1 日）为

① 苏星：《新中国经济史（修订本）》，中共中央党校出版社 2007 年版，第 83 页。

② 《陈云文选》第二卷，人民出版社 1984 年版，第 86 页。

止，共发 41000 亿元。每月发行的新钞票，依当时的物价计算，总值是 214 亿斤小米。这 41000 亿元钞票，因为贬值，现在只值 49 亿斤小米。即是说，通货膨胀中，人民损失了 165 亿斤小米，等于抗战前银洋 82500 万元。为时只有 1 年即损失这么多，这是一个极大的数字。这是人民生活水平降低的一个具体材料。这样下去，人民将很难支持。”①

广大人民群众饱受通货膨胀之苦，新生的人民政权面临财政经济方面的严峻挑战，甚至危及政治稳定。如何遏制物价大幅上涨，保持人民币币值稳定，是新中国成立前后陈云和他的同事们面临的主要难题。陈云充分意识到通货膨胀的严重性和危害性，但在具体应对时始终保持清醒的头脑，从实际出发，量力而行，制定现实可行的目标，努力使物价根据人民币发行增幅稳步适度上涨，并根据客观情况的变化，及时调整策略和目标，顺势而为，不盲动蛮干。

在战争仍然继续，生产尚未恢复，财政收支不能平衡，巨额军政经费不得不依靠货币发行来解决的背景下，陈云没有采取硬性控制物价的措施，而是继续容忍物价适度上涨，努力使物价上涨的幅度低于人民币增发的幅度。他的基本思路是：首先确定财政支出的规模——进而确定货币发行的增幅——最后制定物价上涨的控制目标。

1949 年 7—8 月间举行的上海财经会议在研究了物价上涨和通货膨胀、通货膨胀和财政赤字的关系后确定了适度控制物价上涨的目标。以 1949 年 7 月底货币发行总量 2800 亿元为基数，根据财政支出和经济需要，确定每月货币发行增幅为 58%；考虑人民币流通领域扩大等因素，物价上涨指数可能低于货币发行指数 20%，即物价每月上涨 38%。根据上述两个指数测算，到 1949 年年底，预计人民币发行总量将达 27580 亿元，比 7 月月底增加 8.8 倍，实际发行量为 26700 亿元，比 7 月月底增加 8.5 倍；预计物价将上涨 4 倍，实际上华北、华东、华中等地物价上涨了 3.5 倍，平均每月上涨率为

① 李成瑞主编：《陈云经济思想发展史》，当代中国出版社 2005 年版，第 93 页。

35%。[①]

通过一定幅度的物价上涨用以释放大量财政发行带来的购买力，而不是采取冻结物价、抛售物资等行政和市场手段来达到物价的暂时稳定，这是陈云治理通货膨胀的一条重要经验，也是经过实践证实的有效经验。1949 年 11 月第三次物价大波动发生时，货币发行量已达 16000 亿元，是 7 月底的近 6 倍。“我们手内绝无回笼或抵销此巨大数量货币的物资。不估计到这一情况，想以少量物资，稳住物价，必然消耗了实力，物价仍不能稳住。”中财委在具体分析了市场上商品和流通中货币的情况后，预计物价综合指数要比 7 月底上升 2.2 倍，才能使两者大体平衡，在此之前，物价难以稳定。[②] 陈云一方面下令停止抛售物资，放任物价继续上涨；另一方面抓紧向主要城市调集物资，同时收紧银根。11 月下旬各地物价达到峰值并出现回落迹象，这时通货膨胀的能量已经得到比较充分的释放。根据中财委的命令，从 11 月 25 日开始，各大城市统一行动，趁市场高价大量抛售物资，一举击溃私人投机资本，初步实现了全国物价的相对稳定。仍以 1949 年 7 月为基期，11 月 24 日为物价高点，上海、天津、汉口、西安四大城市物价平均上涨了 3.7 倍。到 12 月 10 日已基本稳定在 3.2 倍的水平上。[③]

2. 加强国有经济的实力，掌握重点物资，控制中心城市，夺取稳定市场和物价的主动权

在新中国成立前后复杂的市场经济背景下，如果没有强大的社会主义国营经济，很难想象如何稳定物价。国营经济只有掌握足够数量的物资，才能在市场上战胜私人投机资本，抑制物价大幅波动。到 1950 年年初，国营贸易公司已掌握了大部分商品粮并控制了煤炭

① 李海等主编：《统一财经　为新中国奠基立业》，当代中国出版社 2008 年版，第 264—265 页。

② 薛暮桥：《我国物价和市场问题研究》，红旗出版社 1986 年版，第 32 页。

③ 《中华人民共和国经济档案资料选编 · 商业卷（1949—1952）》，中国物资出版社 1996 年版，第 545 页。

供应量的70%、棉纱的30%、棉布的50%、食盐的60%。从1949年7月至1950年2月国营贸易公司仅在上海抛售的米、面、纱、布，合计回笼货币约5000亿元。① 国营经济有了这样的实力，才具备领导市场和稳定物价的必要的物质手段。正如陈云指出："公私两方面要同时发展，国家必须占一个相当的比重。五种经济成分同时存在，但是要在国营经济领导之下。要使私人经济跟着走，有一个条件，就是国营经济有相当的力量，你有力量它就跟着你走，你没力量它就不听你指挥。"②

在国有经济实力不断充实的同时，为了应对市场物价的剧烈波动，陈云借鉴毛泽东"集中兵力打歼灭战"的军事思想，将国有经济的干预重点集中于对国计民生具有全局意义的重点紧缺物资和中心城市。前者主要是指"两白一黑"，即粮食、棉纱和煤炭以及朝鲜战争爆发后的进口物资；后者主要是指上海及天津、武汉、西安等全国和地区中心城市。在不断的实践摸索中，政府逐渐积累了经验，根据所掌握的物资丰欠程度，进行区别对待，灵活运用。"手中实物充足力量雄厚的商品"，粮、布、煤、盐、糖等，市场价格一有波动，"采取坚定不移的稳定方针……即坚决大量出售以资平抑达到稳定"。对新粮登市，如市价低于牌价，则坚决大量收购；如市价稍高于牌价，则适当吞吐，保持市价与牌价的平衡；如市价超过牌价5%以上，即坚决大量出售平抑。在局部地区，政府"掌握力量很不充足的个别商品"，如棉纱、煤油、工业器材及其他进口物资，则"采取有计划有步骤地上提价格，以避免后力不继，造成物价波动"，特别是棉纱，在出售时，"采取集中使用力量，稳定主要市场的办法，将力量摆在主要市场上出售；对中小市场，暂时停止在市场供纱"。③

---

① 薛暮桥：《我国物价和市场问题研究》，红旗出版社1986年版，第39页。

② 《陈云文选》第二卷，人民出版社1995年版，第136页。

③ 贺水金：《试论建国初期的通货膨胀及其成功治理》，《史林》2008年第4期。

3. 对社会游资因势利导，稳定活跃市场

社会游资是投机势力重要的资金来源，也是造成物价波动的重要原因。合理地引导和利用社会游资，对稳定市场作用明显。新中国成立初期陈云在强调城乡交流的同时，还特别注意对社会游资的因势利导。1950 年 7 月，陈云针对市场存在大量游资的情况提出：“过去集中在城市的商业游资，找不到出路，转向股票及进口物资投机。拟今后组织他们向农村收购粮食、棉花、土产品，帮助他们打开出路”，“组织游资下乡，收购土产，对于解决城市公私关系，解决农民出售土产品的要求，巩固物价的继续稳定，均属十分必要”。①

4. 运用行政和法律手段严格市场管理，打击投机势力

在新中国成立前后治理通货膨胀的实践中，陈云还注重运用行政手段和法律武器，这段期间中央和地方政府先后颁布了一系列法律法规和行政命令，严格市场管理，如禁止金银、外汇流通，统一现金管理，制定各种交易规则，对主要商品禁止场外交易，统一交易时间，规定现款当日交割，禁止栈单买卖，禁止兼做业外生意，实行议价等，以限制私商的投机活动。这些措施对整顿市场秩序，健全市场规则，限制、打击投机势力都起到一定的作用。

二、政治手段与经济手段互相配合运用，充分发挥共产党的执政优势和政治优势

根据面临的实际情况和所掌握的实力资源，灵活有效地运用政治手段和经济手段，是陈云反通货膨胀思想的一大特点。在新中国成立前后治理通货膨胀的实践中，特别是在与私人投机资本的斗争中，这一特点表现得尤为充分。1949 年 5 月上海解放时，由于长期恶性通货膨胀形成的私人投机资本的势力非常强大，在金融领域占有支配地位，国民党和日本人使用市场手段在上海抑制金融投机的努力都是以

① 《陈云文集》第二卷，中央文献出版社 2005 年版，第 150 页。

失败而告终。当投机资本掀起银元投机风潮时，国有经济掌握的银元、黄金和外汇等金融资源无法与之相匹敌。在客观分析现实情况和总结汲取历史经验的基础上，陈云坚决支持上海军事管制委员会的建议，宣布禁止金银、外币流通，出动军警查封上海证券大楼，依法逮捕、惩处投机分子。果断地使用政权强制手段制止了金融投机活动。1949 年 11 月，投机资本再一次掀起投机风潮，造成第三次物价的大波动时，由于主战场是在商业领域，国有经济已经具备了与之较量的实力。陈云主要采用的是经济手段：当通货膨胀势能没有充分释放，国有经济掌握的资源不足以回笼增发的货币时，暂时容忍市场物价的适度上涨，抓紧向上海等重点城市调集物资；当国有经济已经掌握了足以控制市场的棉纱、粮食等物资后，就统一行动开始大肆抛售，通过市场博弈一举击溃私人投机资本。不仅成功地遏制了物价上涨，而且把资本家打得心服口服。

需要特别指出的是，在 1949—1952 年治理通货膨胀的过程中，中国共产党的政治优势发挥了决定性的作用。党政一心，全国一致，令行禁止。必要时牺牲局部利益，确保党中央目标的实现。为了保证城市供应和集中力量对付投机资本，很多地区不讲条件、不计成本地向上海等大城市调运粮食、棉纱等物资。当时调运粮食的费用是很大的，平均计算运费等于粮价。“四川粮用人力搬运，运十一亿斤粮即得用十一亿斤。”① 中财委下令军政机关的经费一律存入人民银行，军费不得投入商业活动，甚至迟发地方经费，各党政军机关都能遵照执行。统一财经，将原来分散各地的财政收入大部集中于中央，是中央和地方之间的巨大而深刻的利益调整。在统一财经的过程中，各地特别是华东等比较富裕的地区能够忍小谋大，克服局部困难，将财政收入集中于中央。这些在国民党统治的旧中国是不可想象的，表现出中国共产党的强大政治优势，为迅速消除长达十二年的恶性通货膨胀做

---

① 中共中央文献研究室编：《陈云传》（上），中央文献出版社 2005 年版，第 672 页。

出了决定性的贡献。正如陈云所说："共产党好就好在有铁的纪律。"①

三、治理通胀与发展生产的平衡

治理通货膨胀的根本目的是稳定物价金融环境，为国民经济运行与生产恢复和发展创造有利的宏观条件。毛泽东在1949年3月的中共七届二中全会就已指出："从我们接管城市的第一天起，我们的眼睛就要向着这个城市的生产事业的恢复和发展。"②新中国成立伊始，百业凋敝，国民经济各个行业和部门由于遭受长年战争的破坏亟待恢复和发展，但通货膨胀的威胁又迫在眉睫。抑制通胀需要采取紧缩的财政和货币政策，而刺激生产发展、增加就业又需要增加财政支出和货币供给，如何在治理通货膨胀和恢复发展经济之间取得平衡，是陈云等新中国财经领导者面临的主要难题之一。

在新中国成立前后治理通货膨胀的不同阶段，根据不同的客观环境，陈云对稳定物价和恢复发展生产是有不同侧重的。1949年下半年到1950年3月，主要把反通胀放在首位；1950年6月到9月，重点在刺激经济，制止通缩；1950年10月抗美援朝战争爆发后，又以保证战争需要和维持金融物价稳定为主。陈云始终注意保持二者的平衡，在治理通胀时强调保证生产恢复和发展的需要，在调整工商业时注重维持金融物价的稳定，但反通胀是这一时期陈云坚持的主线。

在1949年7月的上海财经会议上，陈云指出在确定货币发行规模时要区分财政发行和经济发行。收购粮食、棉花等农产品投放票子，可以掌握物资，保证上海的粮食供应和纱厂的棉花供应，有利于工农业生产的恢复。生产出纱布可以供应城乡市场，也是稳定市场、回笼货币的物资力量。收购桐油、丝、茶等重要土产出口，可以换回我国所需要的物资。因为收购农产品的投放是发展经济的需要，属于

① 中共中央文献研究室编：《陈云传》（上），中央文献出版社2005年版，第753页。

② 中共中央文献研究室编：《陈云传》（上），中央文献出版社2005年版，第592页。

经济发行，这种货币投放没有危险。对这部分资金的运用不要搞得太死，该收购的要保证资金供应，及时收购。①在面临巨大通货膨胀压力的情况下，陈云仍然要求保证经济和生产恢复的重点支出，在上海财经会议安排财政支出和货币发行时，陈云要求在保证部队作战的需要和数百万脱产人员的费用外，还要加上修复现有铁路的费用。

1949 年年底第四次物价风波被平息后，特别是 1950 年 3 月中央统一财经及紧缩通货的措施贯彻执行后，通货膨胀得到了有效抑制，市场物价趋于稳定。但是由于多种主客观因素的共同影响，出现了全国范围的市场萧条、生产下降、私营工商企业经营亏损乃至歇业倒闭和城市失业人口大量增加的情况。社会上投机囤积的商品大批出笼，竞相脱货求现，市场缺乏买主，商品成交量日益萎缩。在金融领域则发生通货紧缩，货币流通量在 4—6 月不增反降。物价由停止上涨转为全面下降，3 月上海批发物价指数仅涨 6.9%，4 月下降 16.6%，5 月继续下降 3.4%。中小城市的物价较上海下降更大，一度形成销地价低于产地价，售价低于成本，市价低于牌价，零售价低于批发价等物价倒挂现象。②

面对这种局面，中共中央及时调整工商业政策。毛泽东在 1950 年 6 月召开的七届三中全会上指出："对民族资产阶级，我们要通过合理调整工商业，调整税收，改善同他们的关系，不要搞得太紧张了。"③调整工商业的政策包括政府扩大对私营企业的加工订货和产品收购，国营商业调整批零差价并适当收缩经营范围，减轻私营企业税收负担，调整劳资关系等内容。在金融方面，果断地增发人民币，以抵消过度紧缩的影响，中国人民银行逐渐增加对私营企业的贷款，同时，适应物价稳定的情况，迅速降低利率；在财政方面，除了减轻私营企业的税收负担，考虑到财政情况好转和工商业的实际困难，停止

① 李海等主编：《统一财经　为新中国奠基立业》，当代中国出版社 2008 年版，第 264 页。

② 贺水金：《试论建国初期的通货膨胀及其成功治理》，《史林》2008 年第 4 期。

③ 《毛泽东文集》第六卷，人民出版社 1999 年版，第 75 页。

发行第二期公债；在贸易方面，开展了全国范围的大规模城乡物资交流，为滞销的工业品和土特产品迅速打开了销路。

在治理经济萧条和通货紧缩的过程中，陈云多次指出调整工商业应该在稳定金融物价的基础上进行，强调金融物价稳定对工商界和绝大部分人民是有利的。“物价平稳，对正当的工商业有好处。反之，物价波动大，任何人也不愿意拿出钱去经营工业，资金都囤积在物资上，或放在家中不用，劳动者也跟着没有活干了。这样，势必造成资金和劳动力的浪费，使生产受到严重影响。有人说‘温和的’物价上涨，是可以刺激生产的，这种说法我们认为是不妥当的。物价的波动，只能打击生产，使经济停滞。这是后退的办法。”① 由于正确估计了可能发生的金融物价波动，并预筹对策，准备充分，在调整工商业的过程中金融运行平稳，物价没有发生明显波动。陈云和他的同事们成功地做到了防通胀之患于未然。

1950 年 6 月 25 日朝鲜战争爆发后，中财委在陈云的主持下于 6 月 29 日下发了《关于稳定金融物价的指示》，决定放手抛售物资，打击投机分子，继续稳定物价。在 1950 年 11 月召开的第二次全国财政会议上，陈云基于战争可能波及境内的审慎估计，果断提出了国防第一、稳定市场第二、其他第三的财政工作方针，又一次调整了财经工作的重点，把争取财政收支平衡，维持市场物价稳定放在投资性经济文化建设的前面。陈云强调：“我们确定的金融市场力争不乱这一条，不仅是为了财政打算，首先还是为了经济打算，因为只要市场不乱，全国的经济就可以保持正常运行。如果市场波动，使囤积的利益高出生产的利益，就会助长市场投机的现象，这对于老百姓的生活是不利的。” ②

由于执行了稳健的财政政策，缩减经济、文化投资；在价格上扩大工农业产品的剪刀差，在贸易方面采取抛售和统购统销及配售禁卖

---

① 《陈云文选》第二卷，人民出版社 1995 年版，第 58 页。

② 中共中央文献研究室编：《陈云传》（上），中央文献出版社 2005 年版，第 726 页。

相结合的办法；尽管军费开支大幅增加，但 1951 年和 1952 年国家财政均保持了平衡，并略有节余；全国物价也实现了基本稳定。由于土地改革完成，国民经济恢复以及军需订货大增的刺激，全国工农业生产大幅度上升，以上海为例，1951 年和 1950 年相比，工业总产值增长 54%，农业总产值增长 7.6%。①

从 1949 年 10 月新中国成立，到 1952 年年底，仅仅用了 3 年时间，就胜利完成了恢复国民经济的历史任务。全国工农业生产达到历史最高水平，全国工农业总产值 810 亿元，比 1949 年增长 77.5%，比新中国成立前最高水平的 1936 年增长 20%，三年平均年递增 21.1%。工农业主要产品产量已超过新中国成立前最高水平。② 与此同时，在中国共产党的正确领导下，中国人民还取得了终结长期恶性通货膨胀，实现市场物价稳定的伟大成就。作为财经工作的主要领导人，陈云居功厥伟。中共中央和中央人民政府在国民经济恢复时期提出并实施的财经方针政策，都和陈云的名字连在一起。从这一时期实践经验中总结提炼出来的思想理论成果，奠定了陈云经济思想，特别是反通胀思想的基础。

---

① 苏星：《新中国经济史（修订本）》，中共中央党校出版社 2007 年版，第 118 页。

② 胡绳主编：《中国共产党的七十年》，中共党史出版社 1991 年版，第 285 页。

第 三 章

陈云在计划经济时期（1953—1962）防范和治理通货膨胀的实践及思想特征

从 1953 年起，以“一五计划”为标志，我国全面开始社会主义工业化建设，同时开始全面实行计划经济体制。陈云主持了“一五计划”的编制和实施，通过在实践中运用综合平衡思想，采取“统购统销”等政策措施，有效地保持了社会总供给与总需求在总量和主要结构上的平衡，保持了物价总水平的基本稳定，避免了通货膨胀的发生。治理“大跃进”引起的严重通货膨胀，是在计划经济体制下陈云主要的治理通货膨胀实践。他在 1962 年年初提出了国民经济调整的总体方案，把制止通胀放在突出位置。强调恢复综合平衡，大力加强农业，压缩基建规模；投放高价商品，努力回笼货币；严格集中管理，实现信贷平衡。虽然 1962 年 8 月后陈云实际上被取消了参与财经决策的权力，但按照陈云的思路，通过 1962—1964 年的国民经济调整，全国物价恢复稳定，通货膨胀被又一次成功地遏止。

1953—1962 年，是陈云综合平衡思想的形成时期。综合平衡思想是陈云在这一时期宏观调控经验教训的概括总结。综合平衡主要是总量平衡，主导是实物平衡，重点是短线平衡。物价稳定与综合平衡互为前提，互为因果，物价稳定既是综合平衡的前提，又是综合平衡的结果和标志。综合平衡思想不仅是陈云经济思想的主要组成部分，也是陈云反通胀思想的核心内容。

第一节 “一五”时期防范通货膨胀的实践

经过 1949—1952 年为时三年多的艰苦努力，新生的人民共和国迅速完成了稳定物价、统一财经和调整工商业等恢复国民经济的任务，实现了国家财政经济状况的根本好转；成功地进行了全国范围的土地改革、镇压反革命和“三反”、“五反”运动，抗美援朝战争也取得了伟大胜利；为国家开始大规模社会主义经济建设奠定了相当的物质和制度基础。

从 1953 年起，以实施第一个“五年计划”为标志，我国全面开始社会主义工业化建设。在 1953—1957 年即“一五”时期，大规模的工业化建设与建立社会主义经济体制同时进行，我国生产力发展水平、经济体制和所有制结构以及经济运行方式都发生了重大而深刻的变化。在这一时期，通过领导全国财经工作和经济建设的实践，陈云努力探索社会主义经济建设过程中如何防止通货膨胀，控制物价总水平，保持社会总供给与总需求在总量和主要结构上的平衡，为国民经济运行和大规模工业化建设提供稳定的宏观环境，逐步总结形成了以综合平衡为核心的宏观调控思想。回顾陈云在“一五”时期防范通货膨胀的实践，对这一时期的历史事实进行全面考察，有利于全面深入地理解陈云综合平衡思想，也有利于历史客观地评价“统购统销”等当时采取的一系列维持物价稳定的政策措施。

一、在“一五计划”编制过程中，提出“四大比例、三大平衡”

“一五计划”是我国第一个国民经济发展和国家工业化建设中期规划。是根据国家在过渡时期的总任务提出的。过渡时期的总任务简称“一化三改”，即实现社会主义工业化，完成对农业、手工业和资本主义工商业的社会主义改造。由于实现工业化的标准比较高，所需时间比较长，所以“一五计划”被认为是我国实现工业化的初步规划，其基本任务是：“集中力量进行以苏联帮助我国设计的156个建设单位为核心的，由限额以上694个建设单位组成的工业建设，建立我国社会主义工业化的初步基础；发展部分集体所有制的农业生产合作社，并发展手工业合作社，建立对于农业和手工业的社会主义改造的初步基础；基本上把资本主义工商业分别纳入各种形式的国家资本主义轨道，建立对于私营工商业的社会主义改造的基础。”① 从1951年开始，到1955年7月一届人大二次会议批准，这一计划先后经过五次编制。前三次由中财委编制，后两次由国家计委编制。除了1953年6月由高岗任主任的国家计划委员会进行的第四次编制外，陈云先后在1951年2月、1952年8月、1952年年底到1953年年初和1954年年初到1955年3月四次主持编制“一五计划”。②

“一五计划”首先体现了优先发展军重工业的方针。在苏联援建的156个建设单位中，“一五”期间实际实施的有150项。这些建设单位中有147个是重工业项目，其中军事工业44项；轻工业和医药工业只有三项。③ 五年内全国经济建设和文化教育建设总投资为766.4亿元（新人民币，下同），折合7亿两黄金。④ 其中基本建设投资为427.4亿元，占总投资的55.8%。按1953—1957年官方汇率1∶2.46折合美元173.7亿美元。相当于马歇尔计划的1.3倍，远远超过当年苏联和印度“一五”计划的投资额。⑤ 在基建投资中，工业占

---

① 薄一波：《若干重大决策与事件的回顾》上卷，中共中央党校出版社1991年版，第288—289页。

② 李成瑞主编：《陈云经济思想发展史》，当代中国出版社2005年版，第153—154页。

③ 薄一波：《若干重大决策与事件的回顾》上卷，中共中央党校出版社1991年版，第297页。

④ 李成瑞主编：《陈云经济思想发展史》，当代中国出版社2005年版，第159页。

⑤ 朱佳木：《中国工业化与中国当代史》，中国社会科学出版社2009年版，第110页；[美]唐·帕尔伯格：《通货膨胀的历史与分析》，孙忠译，中国发展出版社1998年版，导言。

58.2%，重工业占 36.2%，重工业与轻工业的比例为 7.3∶1。[1]

“一五”时期我国财政收入总计 1354.9 亿元，基建投资占财政收入的 31.5%。如此巨额的建设资金从何而来？根据“自力更生为主，争取外援为辅”的方针，“一五”计划所需建设资金主要靠自身积累，苏联和东欧社会主义国家也提供了适当支持。“一五”时期我国财政收入中，国外贷款 36.4 亿元，占 2.7%，本国自己积累 1318.5 亿元，占 97.3%。[2]

如何既保证大规模工业化建设的资金需求，又保持国民经济运行和市场物价的稳定，陈云在 1954 年 6 月 30 日向中共中央政治局汇报的《关于第一个五年计划的几点说明》中，第一次明确提出了“四大比例，三大平衡”的思想。即农业与工业、轻工业与重工业、重工业各部门之间、工业发展与铁路运输之间要按比例发展，财政收支、购买力与商品供应、主要物资供需之间必须平衡。[3]

在谈到财政收支时他强调增加财政收入不能影响物价稳定，要保有一定的机动财力。“五年内财政收入可否再增加？我看会有某些增加，企业利润和税收可能超收一些，但大量增加的可能性不大。如果税收再增加四五十万亿元（旧人民币），将会使物价大涨，实际工资降低，所以是办不到的。”“在财政上必须反对两种倾向：一种是冒进，即将财政收入全部分出去，搞到中途预算破裂。一种是保守，即有钱不用，妨碍建设。为了在财政上避免这两种错误，就必须一方面保有一定数目的预备费，另一方面又准备在年度计划中增加可能增加的投资。”[4]

陈云特别注重社会购买力与商品供应之间的平衡，因为它直接影

---

① 李成瑞主编：《陈云经济思想发展史》，当代中国出版社 2005 年版，第 154 页。

② 刘日新：《新中国经济建设简史》，中央文献出版社 2006 年版，第 123—124 页。根据相关数据计算。

③ 中共中央文献研究室编：《陈云年谱（一九〇五——一九九五）》中卷，中央文献出版社 2000 年版，第 216 页。

④ 《陈云文选》第二卷，人民出版社 1995 年版，第 242—243 页。

响到市场物价的稳定。针对 1957 年生活消费品和农业生产资料供应总额与社会购买力存在 40 亿元即 8%的差额问题，陈云指出："在短期内要完全消灭商品供应与社会购买力之间的差额是不可能的。但这种差额不能过大，过大了就可能发生市场上的抢购现象，或农民不出卖农产品。应该说，四十亿元这个差额是不算小的。解决这个差额的办法：一是农业、工业和手工业的增产，这是最根本的；二是努力在农村中推销工业品；三是增加农产品出口，进口轻工业原料，如毛条、人造丝、橡胶等，经过加工向农村推销，这对回笼货币的作用很大；四是发行公债和提倡储蓄；五是适当调整工农业产品的价格，如烟、酒、糖等消费品可以涨点价，而某些农产品可以降点价。我们的原则是，人民虽多出一些钱但不影响基本生活，并要使生活水平微微上升。采用这些措施，虽不能完全解决四十亿元的差额，但一定可以解决很大一部分。只有这样，才可以保持市场的平稳。解决商品供应量与社会购买力之间的差额，应该采取各式各样的、适合各地具体情况的不同的办法，并且分开在几年内解决，不要挤在一年里面来搞。我看，提高农产品收购价格，降低工业品价格，提高工资，这三条应该说都是好事，都应该做，但是，都不能做得太早，要极其慎重，要量力而行。"①

二、"一五"实施过程中，注重控制基建规模，防范物价波动

1953—1957 年"一五计划"期间，我国市场物价水平保持基本平稳，没有发生明显的波动。在国民经济以每年 11.3%的高速增长的条件下，1957 年零售物价指数为 1952 年的 108.5%，平均每年仅上涨 1.6%。② 这一时期由于国家全面开始大规模工业化建设，基建投资较大，资金十分紧张；加之城市人口激增，农业剩余有限，都给市

① 《陈云文选》第二卷，人民出版社 1995 年版，第 244 页。

② 刘日新：《新中国经济建设简史》，中央文献出版社 2006 年版，第 127 页。

场物价稳定带来了巨大的压力。在这种背景下能够保持物价平稳，是很不容易做到的。

在“一五计划”实施过程中，陈云始终坚持“三大平衡”的原则，努力保持财政收支、购买力与商品供应和主要物资供需的平衡，防范市场物价发生大的波动，警惕通货膨胀的苗头，并把这个问题提高到事关“一五计划”成败的高度。1954 年他在大区财委副主任会议上强调指出：“五年计划成败的标志，一是一百四十一项能不能建成；二是社会主义改造成功不成功；三是物价稳不稳。物价稳不稳的问题已成为一个主要的问题，应该把它看作五年计划的重要问题，如果这个问题解决得不好，可以破坏五年计划。”①

1953 年一些部门和地方开始在经济建设出现急躁冒进的倾向，当年基建投资达 90.44 亿元，比 1952 年增长 107.6%，远远超过财政收入增长 21.3%的幅度。② 中共中央和国务院对基建投资计划曾进行过三次削减，规模依然偏大。同时，1953 年编制国家财政预算时，因为缺乏经验，将 1951 和 1952 年预算节余全部列入预算收入，并用于当年投资。造成预备费不足和结余资金重复使用，加剧了财政的紧张状况。在商业方面，由于年初对市场的需求量估计不足，对物资积压估计太高，提出“泻肚子”的口号，并减少了加工订货，使市场出现了脱销现象。市场物价也有所反映，1953 年全国零售物价总指数上升了 3.4%，是“一五”期间最高的一年。

陈云和他的同事们很快发现了基建规模过大引起的财政收支不平衡问题，1953 年 6 月至 8 月，政务院连续开了两个月全国财经工作会议，及时批评、纠正财经工作中的缺点。③ 8 月，中共中央发出《关于增加生产、增加收入、厉行节约、紧缩开支、平衡国家预算的紧急通知》，要求全国通过增加生产，扩大收购和销售，加速资金周

① 中共中央文献研究室编：《陈云传》（下），中央文献出版社 2005 年版，第 918 页。

② 苏星：《新中国经济史（修订本）》，中共中央党校出版社 2007 年版，第 169 页。

③ 《薛暮桥回忆录》，天津人民出版社 2006 年版，第 178 页。

转和做好税收工作等增加收入；厉行节约，削减或推迟军政文教事业拨款，节约行政经费，节约粮食；坚决保证财政部解决赤字方案的实现。该通知下达后，在全国开展了一个群众性的增产节约运动，国家计委也对1953年计划进行了调整，压缩支出，增加收入，由于上述措施的共同作用，使经济情况迅速好转，1953年财政收支达到平衡，并略有节余。①

由于记取了1953年发生的小冒进经验教训，在编制1954和1955年国家年度计划时更加注意留有余地。这两年基建总投资的增幅均低于财政收入增幅。经济稳步发展，计划超额完成。1956年经济形势较好，财政节余、农业丰收、物资储备增加，农业、手工业和资本主义工商业的社会主义改造高潮到来，加上苏联援建的设备集中到货，更重要的是经济建设中再次出现急躁冒进倾向，基建投资陡然增至155.28亿元，比上年增长54.7%，更远高于财政收入5.7%的增幅。由于基建规模过大，带来了很多问题。一是财政和信贷方面多支出了近30亿元，造成资金供应紧张；二是基建投资增长速度超过了生产资料生产的增长速度，引起钢材、木材、煤炭和机械设备供应紧张；三是职工人数增长过多和职工工资总额增长过多，助长了消费品的供不应求；四是出现了财政赤字18.3亿元。财政赤字引起银行货币投放增加，市场货币流通量比上年年底增加17亿元。货币流通量增加，需动用相应的物资来保证，当年商业库存比上年减少17亿元。②

面对“各方面千军万马，奔腾而来”的基建高潮，陈云始终保持着清醒的认识。他在1956年4月10日国务院常务会议上指出，“订计划应该遵循按比例发展的原则，基建和生产的比例是最重要的。如果基建规模超过生产发展，就会出问题。生产与基建的关系，首先决定于原材料而不是财力的多少。以后订计划应该首先进行物资平

① 苏星：《新中国经济史（修订本）》，中共中央党校出版社2007年版，第170页。

② 苏星：《新中国经济史（修订本）》，中共中央党校出版社2007年版，第171、175页。

衡，然后再进行财力平衡”。陈云特别重视由于基建规模过大使财政预算不能平衡，进而导致增发货币，引起物价波动的问题。他在6月12日国务院第三十次全体会议上指出：“今年预算不但没有结余，还要动用上年十亿元结余。预算不平衡造成现金不平衡，现金不平衡就要多发钞票。”“如果钞票发出去，消费品生产跟不上，物价就要上涨。”[①]“物价涨百分之五，等于把增加的工资涨光，猪肉、鸡、鸡蛋会紧张。”[②]1956年12月27、30日陈云作为国务院代总理主持国务院常务会议，决定将1957年基建投资从243亿元削减至114亿元。实际执行结果为143亿元，比1956年减少7%。[③]

经过周恩来、刘少奇和陈云等人的共同努力，中共中央决定我国经济建设要实行既反保守，又反冒进，坚持在综合平衡中稳步前进的方针，强调：“生产的发展和其他事业的发展都必须放在稳妥可靠的基础上。在反对保守主义的时候，必须同时反对急躁冒进的倾向，而这种倾向在过去几个月中，在许多部门和许多地区，都已经发生了。急躁冒进的结果并不能帮助社会主义事业的发展，而只能招致损失。”[④]1956年6月20日《人民日报》发表了题为《要反对保守主义，也要反对急躁情绪》的社论。全国基建投资被削减，财政支出被压缩，急躁冒进的势头得到遏止。1957年中共中央根据周恩来和陈云的意见，采取“重点发展，适当收缩”的方针，基本实现了财政、信贷、物资平衡，保持了市场物价的基本稳定。

三、适时换发新人民币，消除通货膨胀痕迹

经过新中国成立前后打击投机势力的斗争和全国统一财经工作，

---

① 中共中央文献研究室编：《陈云年谱（一九〇五——一九九五）》中卷，中央文献出版社2000年版，第301、308页。

② 中共中央文献研究室编：《陈云传》（下），中央文献出版社2005年版，第1013页。

③ 李成瑞主编：《陈云经济思想发展史》，当代中国出版社2005年版，第197—198页。

④ 苏星：《新中国经济史（修订本）》，中共中央党校出版社2007年版，第174页。

自 1950 年 3 月以后，我国市场物价水平基本保持稳定。但是这种结果是在经历了大幅度通货膨胀之后取得的。流通中货币还遗留着明显的严重贬值的痕迹。人民币票面金额过大，单位币值过低。统计上多以万元为基本计价单位，市场商品的最低标价也在百元以上。面值过大的人民币不时唤起人们对通货膨胀的痛苦记忆，在国内外都造成不良影响。另外，人民币纸币的质量不好，经过几年的使用已经破损严重。基于以上原因，需要发行一种面值适当，印制精良的新人民币来替换流通中的旧人民币。

用换发货币来治理和消除通货膨胀的影响，是信用货币条件下各国货币当局通行的做法，二战后的苏联、联邦德国都采用过类似措施，1948 年中国国民政府也通过发行金圆券替换极度贬值的法币。陈云在 1944—1945 年主持陕甘宁边区财经工作时，也曾用发行贸易公司流通券来替换边币。然而，换发货币的时机选择非常重要，只有在原币币值稳定或趋强，市场物价稳定时才能达到消除通胀的效果；如果在原币大幅贬值，市场物价波动剧烈时，企图用换发货币来转嫁通胀，结果往往适得其反。陈云主持的两次换发货币，都是在原币（边币和旧人民币）币值趋强和市场物价稳定的条件下进行的，都取得了较好的效果。

进入 1953 年以后，我国国民经济已完成恢复时期的任务，朝鲜战争停战协议的签署使财政状况进一步改善，市场物价保持了三年的基本稳定。在这种有利条件下，陈云主持的中央财经委员会向中共中央和毛泽东提交《关于发行新人民币的请示报告》，就换发货币有关政策措施提出了符合我国实际情况的具体方案。

首先，陈云明确提出，发行新人民币的目的是“整理筹码，缩小票面额。”因此，“发行新币的措施，可名副其实地叫做‘发行新币’，而不称之为‘货币改革’，以免引起误会。”在兑换政策方面，“不宜采用苏联一九四七年的货币改革方式，而应采取等价划一的兑换方式（即换得新币后，仍一律保持原有价值），并避免与发行新币同时调整物价和外汇牌价，使发行新币在风平浪静中进行。除提高货币单位价值、缩小票面额外，其他一切均以不变动为宜。”①

苏联在 1947 年货币改革时，由于卫国战争期间发行了过多的货币，当时的货币流通量与配给价衡量起来，是不相适应的，而这些货币又掌握在少数投机者手里，因此就采取了十比一兑换，即贬值十分之九的办法，来收回多余的货币。同时，对银行存款也采取了差别兑换的方法，即在规定限额内的储蓄存款一比一兑换外，其余均贬值兑换，数目越大，贬值越多。对国营企业和合作社的存款也有不同程度的贬值。按照苏联办法，目前在我国实行起来，就会形成紧缩通货，降低物价，提高实际工资，实现货币财富再分配的结果。

陈云从四个方面对我国与苏联国情的不同进行了对比分析：一是中国没有远离市价的配给价，因此也就不像苏联那样，有多余的货币必须收回。如果采取苏联办法，就要收缩市场必需的货币流通量，而造成物价下降。二是目前我国工农群众生活尚不优裕，而现钞持有者多为职工、农民、市民及小商人，如采用贬值兑换方式，将使职工、农民、市民受到损失，势必引起他们不满。三是如采用苏联一九四七年货币改革方式，其措施本身就是对私人资本的一种打击，加上物价下跌的结果，将招致私营工商业萧条、倒闭，职工失业。四是对国家工资政策、物价政策、财政计划，亦将由此引起很大变动。

其次，如何确定新旧币比值。陈云认为：新币一元比人民币一万元较为合适。理由有以下几点：一是货币价值习惯上都是以金银和外汇作为衡量的标准。抗战前（一九三六年）上海金价每市两合法币一百一十余元，与目前国际和国内金价比较，约上涨八千余倍至一万一千余倍。目前每一银元值人民币一万至一万二千五百元，比抗战前上涨一万至一万二千五百倍。抗战前法币与美金的比值为三比一，按现在我们的美汇牌价计算，上涨八千多倍。因此，新旧币比值定为一比一万，是接近于战前币值的水准的。二是现在流通的人民币，其票面额最大的为一万元，最小的一般是一百元，恰合新币最小

① 《陈云文集》第二卷，中央文献出版社 2005 年版，第 170 页。

单位一分。这样，新币一元比人民币一万元，是符合当前国内经济情况和市场流通习惯的。三是一九五一年以人民币收回东北币时，按当时牌价以人民币一元兑换东北币九元五角，在折算上引起很大麻烦，不少群众因此受骗吃亏。接受东北经验，新旧币比值以一比一万的整数为最好。

经过一年多的精心准备，中财委向中央建议在 1955 年 1 月开始发行新人民币，考虑到 1 月份正处于节日期间和城乡物资交流的旺季，为了避免对生产流通和人民生活造成不便，最后改在淡季的 3 月 1 日起发行。1955 年 2 月 20 日国务院发出了《关于发行新币，防止发生物价波动的指示》，规定各种商品折价一律按新币一元等于旧币一万元的比率，不得上调或下舍，国营企业自一月底到四月底不得调高货物价格，各地工商行政管理部门加强对私营工商业的监督管理，防止不法私商趁机抬高物价，确保市场稳定。2 月 21 日，国务院发布命令，责成中国人民银行自 1955 年 3 月 1 日起发行新的人民币，收回现行的人民币。由于准备充分，措施周密，换发新币工作进展顺利。到 6 月 10 日，新人民币在流通中全部取代旧人民币。换发过程中市场繁荣，物价稳定，人民生产生活没有受到不利影响。①

换发货币是一项非常复杂的系统工程，稍有不慎，就可能造成市场物价的动荡。由于发行新人民币实行了正确的兑换政策，规定了适当的新旧币兑换比率，选择了良好的发行时机，只用 100 天的时间就顺利完成了换发工作。这在我国这样一个人口众多、幅员辽阔的大国，是一项了不起的成就。陈云在晚年谈到此事时还特别强调：1955 年，新币换旧币是我们经济生活中的一件大事，搞得好坏，直接关系到人民生活的稳定。我们没有学苏联，部分阶级，工农一个比价，都是一万比一；不限时间，允许新币、旧币在一定时间内同时流通，收旧发新，直到将旧币全部收回。实践证明，这个办法比苏联的办法好，既完成了货币更换的任务，又稳定了人民生活。所以能够采取这

① 李成瑞主编：《陈云经济思想发展史》，当代中国出版社 2005 年版，第 165 页。

个办法，与我们在陕甘宁边区用贸易公司的流通券替换边币时取得的成功经验有很大关系。这种做法，得到了全国人民的一致拥护，提高了人民币的威信和稳定性，无疑是我国财政金融工作的一个成功。①

第二节　提出、实施、坚持和完善“统购统销”政策

1953 年至 1992 年实行的“统购统销”政策是贯穿我国计划经济时期始终的一项重要经济政策。它对于推动实现国家工业化和城市化进程，保障城乡生活必需品和轻工业原料供应，维持市场物价稳定都发挥了决定性的作用；对国民经济运行和人民生活也产生了巨大而深刻的影响。“统购统销”政策是由陈云首倡并在领导财经工作的实践中予以贯彻，并根据不断变化的实际情况加以坚持、调整和完善的。可以说“统购统销”是和陈云的名字紧密联系在一起的。认真梳理、总结实行“统购统销”政策的背景，实施和完善过程以及当期效果和历史作用，有利于历史客观地评价这一政策；对全面深入地理解陈云经济思想，特别是他的反通货膨胀思想也具有重要意义。

一、实行“统购统销”的背景

虽然粮食统购统销政策是在 1953 年开始实施的，但实际上在此之前，陈云和他的同事们就已开始酝酿实行粮食的统购。早在 1952 年年初在安排当年财经工作时陈云就提出：“由于今后若干年内我国粮食将不是宽裕的，而且城市人口将逐年增加，政府还须有粮食储备（备荒及必需的对外贸易），因此征购粮食是必要的。只要使人民充分了解征购意义，又能做到价格公平合理，并只购农民余粮中的一

① 中共中央文献研究室编：《陈云年谱（一九〇五——一九九五）》下卷，中央文献出版社 2000 年版，第 294 页。

部分，则征购是可能的。目前先做准备工作，在一九五二年夏收时，采取合作社动员收购和地方政府下令征购的方式，重点试办，以观成效。如试验成功，即于一九五二年秋后扩大征购面，逐渐在全国实行。”①

由于人口众多的基本国情，粮食问题始终是制约我国经济发展的重要因素。1952 年粮食产量虽然比 1949 年增加 44.8%，但按全国人口平均也只有 571 斤。随着大规模工业化建设的展开，我国城市化的速度也随之加快，1949 年我国城市人口为 5765 万人，1953 年为 7826 万人，增加了 2061 万人，增幅为 35.7%。1949、1952 和 1953 年城镇人口占全国总人口比例分别为 10.6%、12.5%和 13.3%。城市人口的迅速增加，使商品粮的需求量急剧攀升。同时，随着经济作物区的扩大，种植棉花、油料等经济作物的农民和其他缺粮农民需要政府供应的粮食也在增多，到 1953 年已达 1 亿人口，返销到农村的粮食 317 亿斤。国家承担的粮食供应量越来越大。据国家粮食部当时的统计，1953 年，需要国家供应商品粮的人口为 24788 万人，需要商品粮总数为 659 亿斤，此外还有军粮和出口粮食。1953 年，国家征购粮食 721 亿斤，和 1952 年相比，产量只增加 1.44%，而征购数量却提高了 20.1%。②

另一方面，由于农民生活水平的提高，粮食消费增加，商品率下降。1949 年农村人均消费粮食 370 斤，1952 年增加到 440 斤，华北山区农民过去一年只吃上 10 顿白面，此时则每个月可以吃上 4、5 顿，7、8 顿。③ 根据粮食部门的计算，1952 年与 1949 年相比，农民人均增加粮食 74 斤。有些农民为了防备灾荒，将余粮储备起来，有的则囤积惜售，待价而沽。国家所需要的商品粮不仅没有随着粮食增产而增加，反而在下降。粮食上市量及征收公粮占粮食总产量的比重，

① 《陈云文选》第二卷，人民出版社 1995 年版，第 160 页。

② 粮食部计划司统计资料，粮食部资料室，1954 年。

③ 李成瑞主编：《陈云经济思想发展史》，当代中国出版社 2005 年版，第 168 页。

1951年为28.2%，1952年降为25.7%。①1952年7月1日到1953年6月30日粮食年度，国家收入粮食547亿斤，支出587亿斤，收支相抵，赤字40亿斤。国家收入粮食比上年度增加8.9%，而支出却增加了31.6%，1953年6月30日国家粮食库存从上年同期的145亿斤减为105亿斤。②

粮食紧张直接影响到市场物价的稳定。在受灾地区和粮食脱销地区，小城市和集镇已开始发生混乱现象。粮贩子大肆活动，特别是粮食少的地方，粮贩子的活动更厉害。从事这种活动的，有的是农民，有的是集镇上的小贩，数量达几十万人。有些原来不做粮食生意的，也收买囤积粮食。只要粮价一波动，搞粮食投机的人一个晚上就可以增加几十万；如果波动两三个月，粮贩子就可以增加几百万。这种情况反过来又助长了农民不肯卖粮的情绪。地区之间互相封锁，也造成了粮食的抢购和抬价。③"当1953年粮食市场需求明显大于供给时，一方面农民出于惜售心理，国家无法按合理价格大量收购到粮食；另一方面由于当时湖南、江西、山东、河北等主要产粮区市价已高于牌价30%—50%，私商参与抢购和囤积，私商出售粮食价格一般高于牌价20%—30%。"④

针对上述情况陈云指出："粮食混乱的后果是什么呢？过去我们说物资充足，物价稳定，一个是指纱布，一个是指粮食。纱布和粮食相比较，粮食更重要。粮食波动就要影响物价。一九五〇年和一九五一年，纱布提价四分之一，对市场物价有影响，但是不大。粮食波动就要影响物价。如果粮价上涨四分之一，那对劳动者的影响就大了。他们的收入，用在吃的方面的占百分之六十到七十，用在穿的方面的只不过占百分之十左右。而吃的东西，如蔬菜、猪肉和鸡蛋

① 杨少桥等：《陈云与粮食工作》，见《陈云与新中国经济建设》，中央文献出版社1991年版，第252页。

② 李成瑞主编：《陈云经济思想发展史》，当代中国出版社2005年版，第167页。

③ 《陈云文选》第二卷，人民出版社1995年版，第204页。

④ 董志凯：《共和国经济风云回眸》，中国社会科学出版社2009年版，第202页。

等，价格统统是跟着粮价走的。粮价涨了，物价就要全面涨。物价一涨，工资要跟着涨。工资一涨，预算就要超过。这样一来，就会造成人心恐慌，人民政府成立以后老百姓叫好的物价稳定这一条，就有丢掉的危险。从这里也可以看出，粮食的情况是严重的，必须采取坚决的措施，加以解决。”①

二、“统购统销”政策的提出和实施

1953 年，我国粮食供需矛盾十分突出。受小麦减产、上年收购工作不力、城乡粮食供应面扩大和农民自己消费增加等因素的共同影响，1953—1954 年粮食年度购销差额较大。根据陈云的保守估计，粮食销售量将比收购量多 87 亿斤，是前一粮食年度收购量的 15.9%。是否可以减少粮食支出？陈云依次分析了减少支出的途径：“市场上的粮食销售量能不能减少？不能。城市和集镇人口的吃粮必须按数供应，农村灾民和缺粮户的口粮也必须供给。出口粮能不能减少？这个主意不能打。在三十二亿斤的出口粮中，有二十亿斤是大豆，这主要是用来跟苏联等国换机器的，五亿四千万斤是跟锡兰换橡胶的，还有一些是向其他国家的出口。所有这些出口，都是必要的。军队和机关人员的口粮能不能减少？除了他们在市场上买的以外，公家还发给三十三亿斤，这是不能少的。能不能减少储备粮，少增加库存粮呢？也不能。本粮食年度的储备粮为二十三亿斤，增加库存粮为五十四亿斤，共七十七亿斤。即使把这两项全部用来弥补八十七亿斤差额，也还差十亿斤。就是说，要从老库里面再挖掉十亿斤。这样，本粮食年度库存就由一百九十四亿斤减为一百八十四亿斤。如果这样做的话，明年的情况比今年还要紧张，波动的面比今年还要大。因为如果库存减到了一百八十四亿斤，其中根本不能动的是一百七十九亿斤，剩下来的只有五亿斤。结果，就是吃净卖光，扫地出门，再来接收新粮，

① 《陈云文选》第二卷，人民出版社 1995 年版，第 207 页。

这是十分危险的。”①

减少支出的办法行不通，只能在增加粮食收入方面寻找出路。从新中国成立到 1953 年实行“统购统销”以前，国家掌握粮食的手段是以征收公粮（农业税）为主，以市场收购粮食为辅。公粮征收与市场收购的比例，1951—1952 年粮食年度为 61∶39，1952—1953 年粮食年度为 56∶44。② 我国没有效法苏联实行的义务交售制，陈云指出公粮的收入只有减，难得加。实际上“一五”时期的农业税一直稳定在 1952 年的水平，1957 年全国农业税额为 29.67 亿元，占当年农业总产值的 5.5%，比 1952 年 5.9%减少 0.4 个百分点。③

如何增加粮食收入，解决粮食供需矛盾？陈云反复比较了各种可能的方案：

又征又配。农村征购，城市配给，硬性办法。实行这种办法，我有点担心，因为跟每一个人都有关系，问题太大。如果在这件事上出了毛病，比新税制的后果要严重得多。新税制只是我们跟资产阶级的关系，而这是我们跟广大农民的关系。

只配不征。就是只在城市配给，农村不征购。在农村工作的同志一听到“征”字就害怕，说是不是可以慢一点征；至于城市配给，他是赞成的。实行这个办法，那只是关了一道门，就是说，我们在城市里面只准一个人买多少，不准囤积，也不准拿到乡下去。但是农民也有眼睛，也有耳朵，看到城市在配给，他就会不卖粮食。所以，只在城市配给，不在乡村中征购，我们就会买不到粮食。

只征不配。在城市工作的同志欢迎这种办法，他们说，农村征购是要的，城市配给可以慢一些。日本帝国主义在它侵占的地方搞过配给，国民党也搞得天翻地覆，现在人们一听到配给就头痛。我说，如果只在农村征购，在城市里面不配给，结果一定会边征边漏。你在农

---

① 《陈云文选》第二卷，人民出版社 1995 年版，第 205—207 页。

② 李成瑞主编：《陈云经济思想发展史》，当代中国出版社 2005 年版，第 168 页。

③ 《中华人民共和国经济档案资料选编 · 农业卷（1953—1957）》，中国物资出版社 1998 年版，第 3 页。

村中征购，换给他钞票，他拿到钞票以后，转一个身就可以再跑到城市的粮食公司里去买，结果，你征购到的粮食便会统统漏掉。所以，只征不配不行。

原封不动。所谓原封不动，就是照现在这样做下去，自由卖出，自由买进。结果必乱无疑。有的同志说，就准备乱它一年，看一看再说。但是，如果在乱了一年以后再来征购，那就要比今年就开始征购困难得多。

“临渴掘井”。就是说，先自由购买，到实在没有办法的时候，再来抓大头，到占农村人口百分之十五至百分之二十的主要产粮区去征购。要这样做，必须考虑到两点：一是自由购买能不能完成收购计划？如果完不成，那就要多加小心。二是到明年二、三月或三、四月间粮食已经不够的时候，再搞征购，是否比现在就征购好一些？我说，那时候临渴掘井，还不如现在搞好。

动员认购。东北在一九五一年实行过认购，就是上面有一个控制数字，交到省，省到县，县到区，区到支部，支部开一个会，号召大家认购，认购不足就不散会。这个办法，可以称为强迫而不命令。不达目的不散会，还不是强迫？征购是要下命令的。我说，强迫而没有命令，还不如有命令而不强迫好。不强迫就要对农民做说服工作。

合同预购。就是订预购合同，按合同购粮。这个办法也好，但是今年来不及了。有人说，棉花订了预购合同，就买到了。我看，棉花之所以买到，主要原因是去年收获了两千多万担。如果棉花收成不好，订了预购合同，他也不会卖。现在粮食产量恰好不是多，而是不足。我们并不完全放弃预购，预购还是一个办法，但是有一个数量的问题。

各行其是。就是说，这个地方可以实行这个办法，那个地方可以实行那个办法。只要不妨害旁的地方而且能够完成任务，这种做法也可以试一试，但是要考虑到互相之间的影响。①

① 《陈云文选》第二卷，人民出版社 1995 年版，第 208—210 页。

在比较了又征又配、只征不配、只配不征、原封不动、临渴掘井、动员认购、合同预购等八种方案的利弊得失后，陈云认为只能采取在农村实行征购，在城市实行定量配给，同时严格管制私商以及调整内部关系的基本办法。陈云充分考虑到这一政策的各种影响："我们的需要量一天一天地增加，但是粮食来源不足，需要与来源之间有矛盾。前几年，我们搞城乡交流，收购土产，农民增加了收入，生活改善了，没有粮食的要多买一点粮食，有粮食的要多吃一点，少卖一点。结果我们越是需要粮食，他们越不卖。有的同志提出，去掉商人，我们可以多买一点粮食。我看去掉商人并不等于农民的粮食一定可以多卖给国家。鉴于粮食供应紧张的状况，必须采取征购的办法。如果继续采取自由购买的办法，我看中央人民政府就要天天做'叫花子'，天天过'年三十'。这个办法是不是太激烈了一些？可不可以采取自由购买的办法把粮食买齐呢？如果能够买到的话，那当然是求之不得。我这个人不属于'激烈派'，总是希望抵抗少一点。我现在是挑着一担'炸药'，前面是'黑色炸药'，后面是'黄色炸药'。如果搞不到粮食，整个市场就要波动；如果采取征购的办法，农民又可能反对。两个中间要选择一个，都是危险家伙。现在的问题是要确实把粮食买到，如果办法不可行，落空了，我可以肯定地讲，粮食市场一定要混乱。这可不是开玩笑的事情。""如果不这样做又怎么办？只有把外汇都用于进口粮食。那么办，就没有钱买机器设备，我们就不要建设了，工业也不要搞了。现在只有两种选择，一个是实行征购，一个是不实行征购。如果不实行，粮食会出乱子，市场会混乱；如果实行，农村里会出小乱子，甚至出大乱子。我们共产党在长期的革命斗争中，跟农民结成了紧密的关系，如果我们大家下决心，努一把力，把工作搞好，也许农村的乱子会出得小一点。而且，这是一个长远的大计，只要我们的农业生产没有很大提高，这一条路总是要走的。"①

---

① 《陈云文选》第二卷，人民出版社 1995 年版，第 208、211 页。

陈云提出实行对粮食“统购统销”的建议，立即得到周恩来、邓小平等中央领导人的大力支持。在1953年国庆之夜，又得到毛泽东的首肯，毛泽东要求陈云代中央起草《关于召开全国粮食紧急会议的通知》，邓小平负责起草《中共中央关于粮食统购统销的决议(草案)》。在10月10日至13日召开的全国粮食会议上，陈云作了主题报告和总结，分析介绍了粮食购销形势和中央的决策。10月16日，中央政治局召开扩大会议，讨论通过了《中共中央关于粮食统购统销的决议》。《决议》指出：粮食统购统销政策包括计划收购、计划供应、由国家严格控制粮食市场和中央对粮食实行统一管理四个组成部分。所有方针政策的确定，所有收购量和供应量，收购标准和供应标准，收购价格和供应价格等，都必须由中央统一规定或经中央批准，地方则在既定的方针政策原则下，因地制宜，分工负责，保障其实施。①11月19日，政务院第194次政务会议通过了《关于实行粮食的计划收购和计划供应的命令》，并于11月23日发布。该命令内容包括：

为了保证人民生活和国家建设所需要的粮食，稳定粮价，消灭粮食投机，进一步巩固工农联盟，特根据共同纲领第28条“凡属有关国家经济命脉和足以操纵国民生计的事业，均有国家统一经营”的规定，决定在全国范围内有计划、有步骤地实行粮食的计划收购（简称“统购”）和计划供应（简称“统销”），并规定办法如下：

一、生产粮食的农民应按国家规定的收购粮种、收购价格和计划收购的分配数量将余粮售给国家。农民在缴纳公粮和计划购粮以外的余粮可以自由存储和自由使用，可以继续售给国家粮食部门或合作社，或在国家设立的粮食市场进行交易，并可在农村间进行少量的互通有无的交易。

二、开始实行粮食供应时，可先规定一些简便易行的办法，逐步研究改进，使之趋于完善：(甲）在城市，对机关、团体、学校、企

① 中共中央文献研究室编：《陈云年谱（一九〇五——一九九五）》中卷，中央文献出版社2000年版，第181页。

业等的人员，可通过其组织进行供应；对一般市民，可发给购粮证，凭证购买，或暂凭户口本购买。（乙）在集镇、经济作物区、灾区及一般农村，则应采取由上级政府颁发控制数字并由群众实行民主评议相结合的办法，使真正的缺粮户能够买到所需要的粮食，而又能适当控制粮食的销量，防止投机和囤积。（丙）对于熟食业、食品工业等所需粮食，旅店、火车、轮船等供应旅客膳食用粮，及其他工业用粮，应参照过去一定时期的平均需用量，定额给予供应，不许私自采购。

三、计划收购和计划供应的控制数字，应国家及人民需要和农村粮食情况作适当的规定。计划收购的粮食种类、规格，由省（市）人民政府拟定计划草案报大行政区批准，转报政务院财政经济委员会备案。

四、今年秋粮计划收购的价格，基本上按照现行的收购牌价；计划供应的价格，目前基本上按照现行的零售牌价。现行收购牌价及零售牌价有畸高畸低而且显著突出者，应做适当调整。

五、一切有关粮食经营和粮食加工的国营、地方国营、公私合营、合作社经营的粮店和工厂，统一归当地粮食部门领导。

六、所有私营粮商一律不许私自经营粮食，但在国家国家严格监督和管理下，由国家粮食部门委托代理销售粮食。

七、所有私营粮食加工厂及营业性的土碾、土磨，一律不得自购原料、自销成品，只能由国家粮食部门委托加工或在国家监督和管理下，代消费户按国家规定的加工标准从事加工。

八、城市居民购得国家计划供应的粮食，如有剩余或不足，或由于消费习惯关系，须做粮种间的调换时，可到指定的国家商店、合作社卖出，或到国家设立的粮食市场进行相互间的调剂。

九、为加强市场管理，取缔投机，各级政府应组织有关部门进行经常的检查和监督。对于违反国家法令的投机分子必须严予惩处；对进行投机和勾结、包庇投机分子的国家工作人员，应加重惩处；对破坏计划收购和计划供应的反革命分子，应依照中华人民共和国惩治反革命条例治罪。[①]

11 月 19 日，政务院第 194 次政务会议还通过了《粮食市场管理暂行办法》，其主要内容包括：(1) 所有私营粮商，在粮食实行统购统销后，一律不许私自经营粮食，但在国家严格监督和管理下，得由国家粮食部门委托代理销售粮食的业务。跨行跨业兼营粮食的私商，除少数大城市经国家特许代销者外，一律禁止兼营粮食。(2) 所有私营粮食加工厂及营业性的土碾、土磨，得由国家粮食部门视需要与可能委托加工，或在国家监督和管理下，代消费户按国家规定的加工标准从事加工，一律不得自购原料、自销成品。(3) 由国家粮食部门委托代销粮食和办理粮食加工的私营店厂，必须严格遵守政府法令，不准有掺杂、掺假、使潮、降低品质、短秤、抬价等损坏国家、人民利益的不法行为。(4) 城市中熟食业、食品工业等所需粮食，旅店、火车、轮船等供应旅客膳食用粮，及其他工业用粮，一律由国家粮食部门有计划地予以供应，不准私自采购或转售粮食。集镇中的旅店、熟食业、复制业等所需粮食，得视当地具体情况，由国家粮食部门予以调剂供应，或准其到指定的国家粮食市场进行采购。(5) 城市和集镇中的粮食交易场所，得视需要，改为国家粮食市场，在当地政府统一领导下，以工商行政部门为主会同粮食部门共同管理之。凡进行粮食交易者，均须入场交易，严禁场外成交。(6) 城市居民购得国家计划供应的粮食，如有剩余或不足，或由于消费习惯关系，须做粮种间的调换时，可到指定的国家商店、合作社卖出，或到国家设立的粮食市场进行相互间的调剂。(7) 农民向国家缴纳公粮和计划购粮以外之余粮，可以自由存储，自由使用，可以售给国家粮食部门或合作社，或至国家设立的粮食市场进行交易，并可在农村间进行少量的互通有无的交易，但严禁投机倒把、扰乱市场。(8) 为切实贯彻国家对粮食的统购统销政策，各级人民政府应组织有关部门切实进行经常的检查和监督，并应发动群众性的监督和检举；对投机取巧、扰乱市场、造谣

① 《中央人民政府法令汇编·1953》，法律出版社 1955 年版，第 129—131 页。

破坏，违反本办法规定者，必须严予议处。①

随着一系列统购统销政策的贯彻实施，到 1953 年 12 月初，除西藏和台湾外，全国城乡开始实行粮食统购统销。针对食用植物油和棉花、棉布的供需紧张情况，国家在 1953 年年底和 1954 年分别对食用植物油和棉花、棉布实行了全国范围计划收购和计划供应。② 至此，国家将粮、棉、油等主要农产品的购销基本纳入统一计划体制。

三、妥善处理“统购统销”中的利益关系

实行统购统销政策是新中国成立后我国经济社会生活中又一次重大的利益调整，牵涉到所有国民，特别是占人口绝大多数的农民。在统购统销政策的设计和实施过程中，陈云始终秉持非常谨慎的态度，“又征又配。农村征购，城市配给，硬性办法。实行这种办法，实行这种办法，我有点担心，因为跟每一个人都有关系，问题太大。如果在这件事上出了毛病，比新税制的后果要严重得多。新税制只是我们跟资产阶级的关系，而这是我们跟广大农民的关系。”他提出要处理好四种关系：“国家跟农民的关系；国家跟消费者的关系；国家跟商人的关系；中央跟地方、地方跟地方的关系。这四种关系中，难处理的是头两种，而最难的又是第一种。处理好了第一种关系，天下事就好办了。只要收到粮食，分配是容易的。”③

陈云特别强调处理好国家和农民的关系。完成粮食统购的两个决定性因素一是数量，二是价格。关于统购数量，毛泽东提出，“余下来的不要都收购来，还要留下一点给他”④。统购统销政策规定：“我们是统购种粮农民留足口粮、种子、饲料之后的余粮，而且只统购余粮

① 《中央人民政府法令汇编·1953》，法律出版社 1955 年版，第 132—133 页。

② 李成瑞主编：《陈云经济思想发展史》，当代中国出版社 2005 年版，第 169—171 页。

③ 《陈云文选》第二卷，人民出版社 1995 年版，第 207 页。

④ 《陈云文集》第二卷，中央文献出版社 2005 年版，第 462 页。

的 80%—90%，粮农还有一定的余粮可以自由处理。”[①] 在 1953 年 10 月决定粮食统购数量时，陈云根据农民的实际情况进行测算后指出：“两年来，农民实际拿出来的粮食，每年都在六百亿斤以上，我们现在要征购的是三百四十亿斤，从数量上说，完全有可能实现。另外，只要我们的价格定得公道，完成征购任务也是有可能的。一个数量，一个价格，这是两个决定的因素。况且，农民每年拿出的六百多亿斤粮食中，有四分之一左右要回到农村，主要是经济作物区和灾区。实际上这部分粮食起了调剂的作用。”[②] 至于价格，陈云提出：“征购要采取公道的价格。什么是公道的价格？并不是统统跟着黑市走，而是既对农民合适，也对我们有利。中农和富裕农民，所以常常不肯把粮食卖出来，就是为了等季节差价。毛泽东同志要我们想一想，是否可以想一个办法，使他们得一点季节差价。我想，可以采取这样的办法，即农民把粮食卖给我们，把卖粮食的钱存到银行里，等四个月或五个月以后再拿钱，我们除还本以外，要多付一点利息。”[③] 当时储蓄存款的最高利率是月息一分二（1.2%），陈云指示提高售粮储蓄利率，存款期限在一个月以上到六个月者，月息均为二分（2%）；同时扩大售粮储蓄的限额，可以控制到售粮任务的百分之三十到四十，某些余粮较多，经济富裕的地区还可以超过百分之四十。[④]

在国家与消费者的关系方面，陈云首先强调，“配给要迅速地在全国实行。”但同时指出：“我们的配给不同于日伪时代的配给，那时是油、盐、酱、醋都配给，现在配给的只是粮食。那时的配给量是填不饱肚子的，我们现在的配给量可以吃饱。种类不同，数量不同，至于性质那更是完全相反的。”“实行配给以后，黑市的出现是免不掉的。为什么呢？因为有的人不够吃，有的人吃不完；南方人要吃大米，北

① 李成瑞主编：《陈云经济思想发展史》，当代中国出版社 2005 年版，第 172 页。

② 《陈云文选》第二卷，人民出版社 1995 年版，第 214 页。

③ 《陈云文选》第二卷，人民出版社 1995 年版，第 212 页。

④ 中共中央文献研究室编：《陈云年谱（一九〇五——一九九五）》中卷，中央文献出版社 2000 年版，第 186、188 页。

方人要吃面粉。这样就会出现买卖。我们要允许有一个地点作为交易场所，在我们的领导和监督之下进行交易。这并不可怕，比起因为我们在市场上没有东西，投机商人在那里搞黑市，要好得多。最大的好处是人心定了，也可以防止粮食向外流，制止城市有人囤积粮食。”①

如何处理国家与商人的关系，是统购统销政策的突出特点。统购统销的实质是国家垄断粮食供销，实行粮食专卖。对从事粮食买卖的私商实行严格管制，防止他们进行粮食投机。陈云提出：“一个是堵住他们粮食的去路，使他们卖不出去；另一个是群众发动起来之后，斗上几个。要禁止粮商跨行跨业。囤积粮食者要严惩。粮食加工厂，只准加工，不准做粮食买卖。非主粮也由国家经营，步骤可以缓一点。粮食零售店，特别是大城市的零售店，第一个步骤是要使它变成我们的代理店，叫他们给我们代售。他们会不会把粮食压起来待价而沽呢？现在是配售，买粮的人要按时向他们买，所以他们不能压起来。会不会在粮食的质量上搞鬼呢？会搞鬼的，但是我们也有办法对付。让商人搞代理店，还可以使城市中不致有许多人失业。”②

如何处理中央与地方在粮食管理方面的关系，是统购统销政策的又一重点。陈云在分析了粮食由中央和地方分管的利弊后，提出七条具体措施：

（一）由国家计划委员会每年发布收购和供应粮食的数字（以后全国所有数字统统由国家计划委员会发布）。地方根据这一控制数字作出计划，把计划报告中央批准后实行。地方负责征购粮食（包括公粮、征购、收买的粮食）和粮食的供应及保管。

（二）按照中央批准的计划，将大区供应的粮食拨给大区掌握。

（三）除了拨给各地区的粮食以外，其他如出口粮、军需供给粮、储备粮、灾民救济粮，统归中央掌握调动。

（四）如果地方上发生了自己不能克服的困难时，中央负责援助

① 《陈云文选》第二卷，人民出版社 1995 年版，第 213、214 页。

② 《陈云文选》第二卷，人民出版社 1995 年版，第 215 页。

解决。

（五）中央认为某一个地方需要而且可能调出粮食时，经过慎重考虑，发出命令以后，各地应当服从。

（六）价格。中央跟地方的分工，粮食价格由中央规定，中央规定的是中心点和中心点以下定粮价的原则。

（七）计划供应的标准，即每一个人每一天多少粮食。各地可以提供意见，经中央批准实行，但是大体上要全国差不多。

在正确处理各方面关系的同时，陈云还非常关注统购统销对货币流通和物价稳定的影响。针对由于增加购粮而需增发 12 万亿（旧人民币）通货的问题，陈云进行了预先测算：他判断农民在售粮后不会马上再出售其他农副产品，可以减少三万亿的货币需求；通过发行公债可以吸收两万亿；用优厚利息吸收农民存款，估计可能吸收三万亿元；国营商业和合作社准备了四万亿元的货；农贷多还一点，少借一点，或者迟借一点，这里也可以有万把亿元。经过上述测算，陈云认为由于购粮而增加十二万亿元货币，在市面上不算太多，市场不会发生大问题。①

由于筹划得当，措施有力，1953—1954 年粮食年度国家共收入粮食（含公粮）784.5 亿斤，超过计划 75.5 亿斤，比上年度多收 177.9 亿斤，增长 29.3%；国内销售粮食 596.4 亿斤，比上年多销 135.3 亿斤，也增长了 29.3%。购销相抵，国家粮食库存有了较大幅度的增加。②

三、坚持和完善统购统销

1954 年，由于江淮流域发生百年不遇的洪涝灾害，为了满足灾区的粮食需要，1954—1955 年粮食年度国家除了在灾区减免购粮外，

① 《陈云文选》第二卷，人民出版社 1995 年版，第 212、213 页。

② 李成瑞主编：《陈云经济思想发展史》，当代中国出版社 2005 年版，第 170 页。

在非灾区多收购了约70亿斤粮食，全国总计比计划多收购了23亿斤。大灾之年多购粮，加剧了农村粮食供需矛盾，加之统购统销中存在强迫命令和收购“过头粮”的问题，导致国家与农民的关系趋于紧张。到1955年春，许多地方出现“家家谈粮食，户户要统销(买粮)”，农民纷纷要求供应粮食的现象。中共中央和国务院针对上述情况及时发出了《关于迅速布置粮食购销工作，安定农民生产情绪的紧急指示》，核减了1955—1956年度粮食征购任务，同时决定在全国实行粮食“三定”，即定产、定购、定销。让农民预先知道自己全年生产多少，国家收购多少，农民留用多少，缺粮户供应多少。此外还派出大批干部到农村和城市整顿粮食统销工作，努力减少销粮数量。

上述问题出现后，是否坚持统购统销政策成为议论焦点。陈云态度坚决，强调粮食统购统销必须坚持。他在1955年3月21日为中共全国代表会议所作《关于发展国民经济的第一个五年计划的报告》中指出：粮价稳定是物价稳定的核心，为此，统购统销政策必须坚持，但收购的方法应不断完善，收购数量要根据实际情况适当减少，以便消除农民的不满，提高农民的生产热情，巩固工农联盟，同时要严格控制销售量，纠正浪费现象。①

在1955年7月21日一届人大二次会议上陈云首先全面地分析了粮食的生产和统购统销的情况，认为今年春季一些地方粮食供应紧张，固然同去年粮食统购工作中的缺点错误即多购了几十亿斤粮食有关，但更重要的原因，是农民还不习惯于粮食统购统销办法。农民是个体小生产者，千百年来他们的习惯是除交租、交税以外，形式上是自由处理余粮的。实行粮食的统购统销政策以后，农民虽然把粮食卖给了国家，但因为他们是私有者，有些农民又想买回去，并且还想买得更多。针对有人提出可否停止粮食的统购统销，或者政府减少统购粮食的数字，只管城市供应，不要去供应农村，让农民中的余粮户和

① 中共中央文献研究室编：《陈云年谱（一九〇五——一九九五）》中卷，中央文献出版社2000年版，第242页。

缺粮户自行调剂？陈云再次强调："我们认为，粮食统购统销政策必须坚持，停止统购统销的主张是错误的。大家知道，解放以后的头三年并没有实行粮食统购统销，一九五三年十一月开始实行统购统销，是为了解决全国粮食供需之间的矛盾。那个时候，一方面，城市、工矿区和农村技术作物区的粮食需要量都在扩大；另一方面，国家收购不到必需的粮食。我国是在小农经济基础上开始大规模的工业建设的。小农经济是分散的半自给的经济，生产水平不高，商品率很低。土地改革以后，粮食产量是增加了，但是农民的粮食消费也增加了，而且也不急于出卖余粮了，因此，商品率反而下降。在这样的情况下，粮食商人和别的行业的商人就囤积粮食，存有余粮的富裕农民等待高价，不卖粮食。很显然，政府为了掌握必需数量的粮食来保证供应，使私商和富裕农民不能够操纵粮食市场，就必须实行粮食统购统销政策。我们认为粮食统购统销政策，不但有利于粮食消费者，同时，因为收购价格是合理的，对于全体出卖粮食的农民也是有利无损的，因此是有利于国家和人民的。过去我们是这样做的，今后仍然需要这样做。""农村中需要买进粮食和卖买周转粮的农业人口就有二亿以上。如果对这二亿多人口的粮食供应和周转粮的卖买，政府不去管，听任私商、富裕农民去操纵，那么，使广大农民倾家荡产的资本主义就必然在农村中泛滥起来，国家关于各种作物面积按比例播种的计划就必然要被破坏。随之而来的，首先是集镇和小城市的粮价，接着就是中等城市和大城市的粮价发生波动，全国物价也就不能稳定。我们不应该采取这种办法，道理是很清楚的。"①

我国人口多，农业落后，在这样的基础上进行大规模的工业化建设，粮食问题处于关键的位置。粮食定，天下定；粮食紧，市场紧。对待粮食问题陈云始终保持"临事而惧"的严肃态度。②1953 年实行统购统销后，陈云曾多次针对这一政策的实施效果和存在的问题进行

---

① 《陈云文选》第二卷，人民出版社 1995 年版，第 274—276 页。

② 中共中央文献研究室编：《陈云传》（下），中央文献出版社 2005 年版，第 949 页。

不同层次的调查研究。

1955 年 1 月和 5 月陈云先后两次回到自己的家乡青浦县小蒸乡，深入了解基层农村统购统销政策的执行情况和研究农业发展的途径。在充分调研和吸收各方面意见的基础上，陈云提出了完善统购统销的一系列政策措施："第一，规定一九五五年七月到一九五六年六月这个粮食年度连征带购粮食的数字是八百六十五亿斤，这个总数三年不变。第二，要求各地方政府对于粮食产量必须估得确实，定产不准超过实际产量；按照各地现有的消费水平规定留粮标准，留粮必须留够；不购买农民的全部余粮，使农民在国家统购以后，还能保有一定数量的余粮，力求消灭购'过头粮'的现象。第三，划清余粮户、自给户和真正缺粮户的界限，减少一些人为的缺粮户，使每个乡村能够弄清楚真正缺粮户的确实数字。第四，改善购粮证和粮票的管理制度，消灭舞弊行为。改善粮食的储运工作，减少损耗。第五，在城市中采取必要的严格措施，切实整顿粮食的统销工作，反对浪费，压缩一切不应销的粮食。同时，必须保证城市居民必需的粮食消费。"①

由于上述措施的迅速贯彻，1955—1956 年粮食年度粮食征购任务不仅超额完成，而且"三定"的办法得到了广大农民的拥护，征购工作进展顺利。对统购统销政策的坚持和完善不仅保障了国家工业化建设的实施，为稳定市场物价提供了坚实的基础；而且通过协定方式界定和保护了农民利益，稳定了国家与农民的关系、工农关系和城乡关系。有的农民说："三定是四定"，定产、定购、定销以后也就定心了。②

五、统购统销的当期效果

统购统销是一项实行了三十余年的长期政策，本节限于叙述的需

---

① 《陈云文选》第二卷，人民出版社 1995 年版，第 277—278 页。

② 李成瑞主编：《陈云经济思想发展史》，当代中国出版社 2005 年版，第 174 页。

要，仅就统购统销在“一五”时期，即1953—1957年的执行效果进行简要评价。

首先，统购统销政策的实施保证了国家工业化建设和城乡缺粮人民和各行业用粮的供应，对稳定市场物价起到了决定性的作用。粮食统销的范围不仅包括城市、工矿区的所有居民口粮和工业、商业用粮，而且包括农村的经济作物区、渔盐林牧区、贫困地区和灾区的缺粮农民，平均总人口大约一亿人。统销粮食的供应量可以保证这一亿人吃饱，并满足基本的营养需要。从1953年实行统购统销政策到1957年的5年中，国家粮食收支节余450多亿斤，1957年的粮食产量比实行统购统销前的1952年增长了19%，城乡人民的口粮和农、工、商各业用粮基本得到保证。[①] 粮食统销价格控制在城乡人民可以接受的范围内并基本稳定，粮食价格的稳定使“一五”期间全国市场物价也保持了基本稳定。统购统销对国家工业化的成功起步居功厥伟。

其次，统购统销政策比较妥善地处理了国家与农民的关系和工业化建设与农业发展的关系。1956年4月25日，毛泽东在中共中央政治局扩大会议上发表的《论十大关系》讲话中指出:“苏联的办法把农民挖得很苦。他们采取所谓义务交售制等项办法，把农民生产的东西拿走太多，给的代价又极低。他们这样来积累资金，使农民的生产积极性受到极大的损害。”“我们对农民的政策不是苏联的那种政策，而是兼顾国家和农民的利益。我们的农业税历来比较轻。工农业品的交换，我们是采取缩小剪刀差，等价交换或者近乎等价交换的政策。我们统购农产品是按照正常的价格，农民并不吃亏，而且收购的价格还逐步有所增长。我们在向农民供应工业品方面，采取薄利多销、稳定物价或适当降价的政策，在向缺粮区农民供应粮食方面，一般略有补贴。但是就是这样，如果粗心大意，也还是会犯这种或那种错误。鉴于苏联在这个问题上犯了严重错误，我们必须更多地注意处理好国

① 杨少桥等:《陈云与粮食工作》，见《陈云与新中国经济建设》，中央文献出版社1991年版，第254页。

家同农民的关系。”①

与苏联的义务交售制相比，我国实行的统购统销政策有两个重要特点：一是价格兼顾国家和农民的利益，大体按市场价格确定，基本实行等价交换。而苏联 1952 年粮食征购价格仅为采购价格（市场价格）的 7%—8%，1953 年粮食征购价格仅为生产成本的 10%。二是统购范围控制得当。我国粮食统购的对象是农民留足口粮、种子粮、饲料粮之后的余粮，而且控制在余粮的 80%—90%，粮农在完成统购任务后还有一定的余粮可以自由处理。而苏联 1933—1940 年的粮食收购率为 37%—41%，大大超过 1909—1913 年 26%的实际粮食商品率。②

再次，在“一五”期间，我国实行的统购统销政策还在一定程度上缩小了工农业产品价格的剪刀差，对提高农民购买力，改善农民生活和稳定城乡市场价格发挥了有利作用。正如董志凯教授所指出：在物价基本稳定的形势下，这个时期农副产品的价格上升略高于农村工业品零售价格的上升，从物价指数来看，所谓工农业产品剪刀差是缩小的。这种情况表明，简单地认为“一五”期间工业建设的资金来自在价格上人为压低农产品抬高工业品，从而对农村和农民的剥夺是不够准确也难以服人的。③ 据统计，从 1953 年到 1957 年，农副产品收购价格总指数由 132.5 上升到 146.2，明显高于同期农村工业品零售总指数由 108.2 上升到 112.2 的速度。④ 全国工业品同农产品的交换比价（农产品收购价格与工业品零售价格之比），以 1952 年为 100，1957 年为 87，缩小了 17%；从 1950 年到 1958 年，工农业商品比价共缩小了 1/4。1952—1957 年农民人均消费品购买力从 24.6 元增加到

① 《毛泽东文集》第七卷，人民出版社 1999 年版，第 29—30 页。

② 王守海主编：《苏联东欧国家经济体制比较》，中国社会科学出版社 1984 年版，第 397 页。

③ 董志凯：《共和国经济风云回眸》，中国社会科学出版社 2009 年版，第 201 页。

④ 《中华人民共和国经济档案资料选编 · 农业卷（1953—1957）》，中国物资出版社 1998 年版，第 3 页。

35 元，增幅为 42%；农村人均生活粮食消费从 496 斤增加到 515.3 斤，增幅为 3.9%。①

1952—1957 年全国粮食产量增幅为 19%，而同期农村人均生活粮食消费增幅不到 4%，这一方面说明通过统购统销政策的实施，农民的粮食消费被抑制，农产品增量的大部分被国家收购，主要用于支持工业化建设；另一方面也说明农民粮食消费的存量部分基本没有发生变化，随着粮食产量的增加，农民粮食消费还略有增加。在"一五"期间，实行统购统销政策体现了毛泽东、陈云等中共领导人处理好国家和农民的关系，兼顾国家与农民的利益的思想。通过对这一政策的调整完善，基本实现了国家工业化建设与维护农民利益，调动农民生产积极性和促进农业发展之间的双赢。

统购统销政策是一种由政府执行的具有强制性的对农产品的计划分配措施，是在农业生产水平不能满足国家工业化和城市化要求情况下所采取的不得已的办法。不如此就无法实现从落后农业国向先进工业国转变的目标。正如刘少奇所指出："现在国家对粮食的需要量，同农民愿意交售的数量之间，是有矛盾的，而且矛盾相当尖锐。如果按农民的意愿，他只愿意在自己吃饱了以后才把多余的粮食卖给国家。假如让农民统统吃饱了，然后国家才征购，那么，我们这些人就没有饭吃了，工人、教员、科学家以及其他的城里人都没有饭吃了。这些人没有饭吃，工业化也搞不成了，军队也要缩小，国防建设也不能搞了。"②

需要特别指出的是，为了实现国家的工业化，中国农民勒紧腰带，贡献了数以千亿斤计的粮食以及其他农产品和数以千亿元计的建设资金。没有中国农民的节衣缩食，中国就不可能如此迅速地建立独立完整的工业体系，也不可能如此迅速地奠定国家工业化的基础。

---

① 李成瑞主编：《陈云经济思想发展史》，当代中国出版社 2005 年版，第 174—175 页。

② 《刘少奇选集》下卷，人民出版社 1985 年版，第 441—442 页。

第三节 国民经济调整中的治理通货膨胀的实践

一、“大跃进”引起的通货膨胀

从 1957 年 9 月份召开的中共八届三中全会开始，毛泽东从批评周恩来、陈云等人在 1956 年采取的“反冒进”措施入手，经过 1958 年 1 月的杭州会议、南宁会议和 3 月的成都会议等一系列会议，逐步完成了“大跃进”的准备。1958 年 5 月召开的中共八大二次会议通过了毛泽东在成都会议上提出的鼓足干劲、力争上游、多快好省地建设社会主义的总路线。这条总路线就是“大跃进”的指导方针。刘少奇在工作报告中要求我国工业在 15 年或者更短的时间内，在钢铁和其他主要工业产品的产量方面赶上和超过英国；我国农业在提前实现全国农业发展纲要的基础上，迅速地超过资本主义国家；我国科学技术在实现《十二年科学发展计划》的基础上，尽快地赶上世界上最先进的水平。1958 年 6 月 21 日《人民日报》社论指出：“用最高的速度来发展我国的社会生产力，实现国家工业化和农业现代化，是总路线的基本精神。”强调“速度是总路线的灵魂。”①

从 1958 年到 1960 年连续三年的“大跃进”，集中表现在农业和钢铁生产两个领域。在农业领域，主要是以过高的指标，求成过急的要求和严重的浮夸作风为显著特征。1957 年，我国粮食产量 3700 亿斤，棉花产量 3280 万担。中共八届六中全会宣布 1958 年粮食产量达到 7500 亿斤，棉花产量达到 6700 万担，分别增加一倍以上；要求 1959 年全国粮食产量达到 10500 亿斤，棉花产量达到 1 亿担。工业方面的“大跃进”，最具典型性的是全党全民大办钢铁。1957 年全国钢产量为 535 万吨，毛泽东要求 1958 年钢产量翻一番，达到 1070 万吨，1959 年达到 3000 万吨，1962 年达到 8000 万吨到

---

① 苏星：《新中国经济史（修订本）》，中共中央党校出版社 2007 年版，第 313 页。

1 亿吨。①

1958—1960 年期间进行的钢产量翻番和粮食产量翻番为中心内容的“大跃进”运动，由于无视客观条件，超越实际可能，不仅没有达到设想的目标，反而严重破坏了社会生产力，给国民经济和人民生活造成巨大损失和困难。为了完成上述不切实际的高指标，全国上下正常的生产生活秩序被打乱，国民经济重大比例关系发生严重失调，工农业生产大幅度下降；市场供应紧张，物价上涨；城乡人民基本生活条件恶化。

首先，主要农产品及轻工产品大幅度减产，同时城市人口猛增，导致全国范围的食品短缺和市场紧张。1958 年全国实际粮食产量为 3827 亿斤，1959 年降为 3225 亿斤，1960 年仅为 2742 亿斤，1960 年比 1957 年减少 1/4 以上；棉花实际产量 1958 年为 3938 万担，1959 年为 3418 万担，1960 年仅为 2126 万担，1960 年比 1957 年减少 35%以上；油料产量 1960 年只有 1957 年的一半不到，1960 年年底猪的存栏数比 1957 年减少 56%。主要农牧产品的产量大都倒退至 1951 年的水平。由于农业提供的原料因歉收而减少，加之轻工业发展缓慢，1960 年棉纱、棉布、卷烟、糖等轻工业产品的产量也均低于 1958 年，造成市场商品匮乏。②

农业接连两年的大幅度减产使农产品及轻工产品供应日趋紧张，而为满足工业和基建高速增长的需要，职工人数猛增。1958 年全民所有制和城镇集体所有制职工人数比 1957 年增加近 2000 万人，1959 年又增加 80 多万人，1960 年进一步增加 690 万人，从 1957 年的 2450 万人猛增到 5000 多万人，三年期间增加了一倍多。1960 年全国城镇人口比 1957 年增加了 3124 万人，从 1957 年的 9900 万增加到

① 薄一波：《若干重大决策与事件的回顾》上卷，中共中央党校出版社 1991 年版，第 712—715 页。

② 薄一波：《若干重大决策与事件的回顾》上卷，中共中央党校出版社 1991 年版，第 913—915 页。

1961 年的 1.3 亿人，比 1951 年增加近一倍。[①] 职工人数和城镇人口的大幅增加导致城镇商品粮及轻工产品需要的急剧增长，加剧了市场商品的供求矛盾。另一方面，1960 年工资总额比 1957 年增加了 100 多亿元，[②] 也大幅提高了社会购买力，加剧了货币流通量与商品供应量之间的不平衡，为通货膨胀积蓄了能量。

其次，基本建设投资增速过快，积累率过高，积累和消费的比例关系严重畸形。1958 年基建投资增至 267 亿元，比 1957 年的 138 亿元增长近一倍，1958 年一年的基建投资就接近“一五”基建总投资的一半。1959 年基建投资比 1958 年又增长 29.2%，1960 年继续增长 11.2%。“大跃进”也使积累率骤升，从 1957 年 24.9%，上升至 1958 年的 33.9%，1959 年达到创纪录的 43.8%，1960 年仍高达 39.6%。而且基建投资的配置很不合理，重工业过重，轻工业过轻。工农业增长严重脱钩，甚至背道而驰，工业增速过快，农业反而大幅下降。1958 年工业增速为 54.8%，农业为 2.4%；1959 年工业增速为 36.2%，农业为 –13.5%；1960 年工业增速为 11.2%，农业为 –12.7%。[③]

再次，“大跃进”的三年中，为了支持基建和工业，特别是钢铁工业的高速增长，财政支出大幅度增加，每年增加百亿元以上。财政每年都收不抵支，连续三年出现赤字。1958 年为 21.8 亿元，1959 年为 65.8 亿元，1960 年达到 81.8 亿元。三年赤字总额为 169.4 亿元，相当于 1958 年财政总收入的近一半。1958 年仅弥补小高炉生铁亏损财政就补贴 40 亿元，超过当年财政收入的 1/10。[④] 由于财政赤字基本由信贷资金弥补，因此造成信用膨胀。1960 年信贷总额比 1957 年增长了两倍多，达到 950 多亿元，其中工业贷款增长了十二倍左右。

---

① 《薛暮桥回忆录》，天津人民出版社 2006 年版，第 207 页。

② 薛暮桥：《我国物价和货币问题研究》，红旗出版社 1986 年版，第 45 页。

③ 刘日新：《新中国经济建设简史》，中央文献出版社 2006 年版，第 190—193 页。

④ 薄一波：《若干重大决策与事件的回顾》上卷，中共中央党校出版社 1991 年版，第 915、737 页。

为了弥补信贷差额，银行不得不增发货币，1958—1961 年共增发货币 72.89 亿元。其中，1958 年增发 15.05 亿元，1959 年增发 7.29 亿元，1960 年增发 20.78 亿元，1961 年增发 29.77 亿元。四年之间货币流通量从 1957 年的 52.8 亿元，上升到 1961 年的 125.7 亿元，增加了 1.4 倍。①

流通中货币增加，市场商品供应减少，过多的货币追逐较少的商品，必然导致物价上涨。1960 年年末货币流通量为 95.9 亿元，比上年增加 27.7%，而当年社会商品零售总额仅比上年增加了 9.2%。尽管政府对粮、布、肉、蛋、糖等生活必需品采取了凭票证供应等配给性措施，努力维持按计划供应商品物价的基本稳定，但集市贸易的商品价格剧烈上涨，许多商品国营商店有价无货，自由市场上价格高于国营牌价几倍甚至十几倍。粮食价格比计划价格高十到二十倍。②1960 年下半年起，由于计划供应的商品价格也纷纷上调，全国物价开始猛涨。1961 年国营商业所供应商品的计划价格比 1960 年上升了 5.7%，包括高价、市价等各种价格的零售物价总指数，1961 年比 1960 年上升了 16.2%。③ 通货膨胀的势头已经非常明显。

二、国民经济调整中治理通货膨胀的实践

（一）提出经济调整总体方案，把制止通胀放在突出位置

历时三年“大跃进”基本上把国民经济搞到崩溃的边缘。严酷的现实迫使中共中央决定进行大幅度调整。在 1962 年 2 月 21—23 日举行的中央政治局常委扩大会议（即“西楼会议”）和 2 月 26 日举行的国务院扩大会议，以及 3 月召开的中央财经领导小组会议上，陈云系统地提出了进一步调整国民经济的总体方案和主要措施。

---

① 薛暮桥：《我国物价和货币问题研究》，红旗出版社 1986 年版，第 45 页。

② 苏星：《新中国经济史（修订本）》，中共中央党校出版社 2007 年版，第 364—365、368 页。

③ 《薛暮桥回忆录》，天津人民出版社 2006 年版，第 210—211 页。

陈云首先分析了当时财政经济领域面临的主要困难：一是农业在近几年有很大的减产。一九六一年的产量同一九五七年相比，粮食大约减少八百多亿斤，棉花等经济作物和畜牧产品也减产很多。粮食不够吃，去年进口一百多亿斤，今年还要进口八十亿斤。肚子里缺少油水，身上缺少衣着，这都是农业减产直接带来的后果。二是已经摆开的基本建设规模，超过了国家财力物力的可能性，同现在的工农业生产水平不相适应。基本建设规模过大，农业负担不了，工业也负担不了。三是钞票发得太多，通货膨胀。现在的通货膨胀，虽然根本不同于国民党垮台前那种恶性通货膨胀，但是，毫无疑义，也是一种通货膨胀。这几年挖了商业库存，涨了物价，动用了很大一部分黄金、白银和外汇的储备，在对外贸易上还欠了债，并且多发了六七十亿元票子来弥补财政赤字，这些都是通货膨胀的表现。原因很简单：一方面支出钞票多；另一方面，农业、轻工业减产，国家掌握的商品少，这两方面不能平衡。四是城市的钞票大量向乡村转移，一部分农民手里的钞票很多，投机倒把在发展。五是城市人民的生活水平下降。吃的、穿的、用的都不够，物价上涨，实际工资下降很多。①

在分析了面临的主要困难后，陈云提出了进行国民经济调整的主要措施：首先要把十年经济规划分为两个阶段。前一阶段是恢复阶段，后一阶段是发展阶段。十年规划的第一个阶段主要是恢复。这一阶段的任务，是克服困难，恢复农业，恢复工业，争取财政经济情况的根本好转。恢复是为了发展。有了前一阶段的恢复，才有后一阶段的发展。把十年规划明确地分为两个阶段，并且确定前一阶段是恢复阶段，对我们妥善部署财经各部门的工作很有好处。如果不是这样，笼统地要大家执行十年规划，又想发展，又要下马，又想扩大规模，又要"精兵简政"，就会彼此矛盾，举棋不定。而分成两个阶段，基本建设和若干重工业生产的指标先下后上，任务就比较明确。②

---

① 《陈云文选》第三卷，人民出版社 1986 年版，第 192—197 页。

② 《陈云文选》第三卷，人民出版社 1986 年版，第 200—201 页。

其次是下决心减少2000万城市人口。陈云一贯坚持限制农村劳动力盲目流进城市的政策。早在1959年4月他就提醒中央财经小组注意精简1958年多招收的工人。1961年5月他在中共中央工作会议上专门作了《动员城市人口下乡》的讲话，系统阐述了精简职工和动员城市人口下乡的迫切性，建议全党把这作为一项关系全局的大事来抓。在1962年2月26日的国务院扩大会议上，陈云再次强调：减少城市人口，“精兵简政”。这是克服困难的一项根本性的措施。无论从临时之计看，还是从长久之计看，都必须如此。

作为经济调整的核心措施之一，陈云把治理通货膨胀放在突出位置，要求采取一切办法制止通货膨胀。他提出四种办法：一是严格管理现金，节约现金支出。银行要把钞票管理好，能不用的钱一定不用。要恢复银行严格管理现金的制度，严格的程度要超过第一个五年计划时期。二是尽可能增产人民需要的生活用品。要从重工业方面转移一部分原料、材料给轻工业，再进口一部分原材料，增产日用品，回笼货币。人民有了钱，总要使他们能够买到东西，才能心情舒畅。没有这一条，只搞高价商品，老百姓是要骂娘的。三是增加几种高价商品。高价商品品种要少，回笼货币要多。不要星星点点地搞，这也高价，那也高价，所得不多，弄得名誉不好。应该是不搞则已，一搞就要确能收回一大批钞票。我们增加几种高价商品，首先是为了把在自由市场上高价出售商品的人的钞票收回来，同时也利用它来平衡商品供应量同购买力之间的差额。去年搞高价商品，重点是在城市；这次搞高价商品，重点是在农村。哪里钞票多，就在那里投放高价商品。这个办法要先试点，看一看，听一听反映，步子稳一点，看准了以后再推广。卖高价商品，实际上是货币贬值，群众会有些不满意。但是，只要基本生活资料不涨价，就不会出大问题。如果不采取这个办法，多余的货币不能回笼，到处冲击市场，更不好办。四是坚决同投机倒把活动作斗争。这种斗争应该有三方面的对策。首先是经济斗争。你按牌价卖给我鸡蛋，我也按牌价卖给你糖果；如果你卖高价鸡蛋，我就卖高价糖果，你多赚了钱，我就想办法拿回来。这就是说，不仅要有低价对低价，而且要有高价对高价，否则办法不完全。其次是业务经营。在农村建立供销社，在城市建立消费社，互相配合，经营三类物资和一部分工业品。供销社、消费社经营这些东西，价格可能会高一点。但是，如果不要它们经营，搞投机倒把的人会经营，人民的损失更多。让供销社、消费社得利，比让投机倒把的人得利好得多。再次是行政管理。要通过市场管理、税收、运价等办法把自由市场管起来。这些工作，都要反复考虑，进行试点，取得经验，然后铺开。①

为了维持吃、穿这些基本的生存必需，陈云想方设法尽力保证城市人民的最低生活需要。一是逐步做到城市每人每月供应三斤大豆，用以满足最基本的蛋白质需要；二是进口尼龙生产袜子，每年供应几千万双尼龙袜子；三是把全国各地的山珍海味等高级副食品，用于高价馆子，价钱卖贵一点。这些措施既可以部分缓解粮棉等农产品短缺，人民缺食少衣的矛盾，国家也可以回笼货币，减轻通货膨胀压力。

作为解决国民经济和人民生活困难的根本大计，陈云要求把一切可能的力量用于农业增产。一是除增产粮食外，要重新考虑保证经济作物增产的办法。经济作物不恢复，国家就没有商品来保证城市和乡村的供应，国家同农民也不可能有真正的等价交换，工农联盟就不能巩固。国家用一块钱收购棉花，纺成纱，织成布，就可以卖四块钱。如果用来生产针织品，回笼的钞票就更多。但是，要鼓励农民种棉花，就必须保证棉农有足够的口粮。现在，棉农向国家交售一百斤皮棉，只奖三十五斤粮食。这个办法，棉农吃不饱，他们只好把棉田改种粮食。这样下去，棉花不但不能很快增产，而且还可能继续减少。如果棉农交售一斤皮棉，供应二斤粮食，那么，农民就会积极种棉花。按照这个办法，我们每年收购二千五百万担棉花，就要用五十亿斤粮食。其他经济作物的情况也是这样，要增产就要供应足够的口

---

① 《陈云文选》第三卷，人民出版社 1986 年版，第 201—203 页。

粮。现在，国家必须进口粮食来补充口粮，如果要保经济作物，还要多进口一些粮食。二是对不同的产粮区，研究出不同的增产办法。对商品粮的主要产区，应该多供应化肥。进口化肥比进口粮食合算。只要外汇有可能，就应该多进口一点化肥。三是拨出一部分钢铁、木材，制造中小农具。目前工业支援农业的重点，不是拖拉机，而是中小农具。要切实计算化肥和农业机械可能供应的程度，要确实能够办到，不要做不切实际的计划。①

作为组织上的保障措施，陈云要求主导资源配置的计划机关的主要注意力，应该从工业、交通方面，转移到农业增产和制止通货膨胀方面来，并且要在国家计划里得到体现。他认为，增加农业生产，解决吃、穿问题，保证市场供应，制止通货膨胀，在目前是第一位的问题。年产七百五十万吨钢，二亿五千万吨煤，也是重要的，但这是第二位的问题。在不妨碍增加农业生产和制止通货膨胀的前提下，能搞到这么多钢和煤，当然很好；如果有所妨碍，搞不到这么多也可以。要增加农业生产和制止通货膨胀，只靠国务院的农林办公室和财贸办公室是不行的，主要要靠计委、经委等综合机关，在国家计划中把这些事情摆到头等重要的位置。陈云要求计划机关按照毛泽东提出的国民经济的发展必须以农业为基础，必须按照“农轻重”的次序来安排计划。

（二）强调综合平衡，大力支援和发展农业，压缩重工业和基本建设指标

“大跃进”造成的直接后果之一是重工业和基建投资过大，农业生产则出现幅度显著的倒退，国民经济重大比例关系严重失调。农业产出已经不能满足城乡人民的基本生活需要，而重工业和基本建设方面由于战线过长，建设项目长期拖延，工厂半成品大量积压，又造成严重浪费。针对这些沉痛的教训，陈云在开始调整时就反复强调计划

① 《陈云文选》第三卷，人民出版社 1986 年版，第 203—204 页。

机关要把工作重点从工业交通方面，转移到农业增产和制止通货膨胀方面；从过去主要抓基本建设，转移到抓生产的综合平衡为主；从开步走就要搞综合平衡，而不是等有条件了再搞综合平衡；从长线平衡转向短线平衡。①

在中央财经小组会议上谈到计划安排次序时陈云指出：现在调整计划，实质上是要把工业生产和基本建设的发展放慢一点，以便把重点真正放在农业和市场上。材料的分配，要先满足恢复农业生产的需要。必须尽可能先照顾农业。材料的分配，第二要满足市场的需要，主要是日用工业品生产的需要，根据实际可能，能多给一点就多给一点。这两项定下来，再考虑其他。管年度计划，首先就要安排好农业和市场。农业问题，市场问题，是关系五亿多农民和一亿多城市人口生活的大问题，是民生问题。解决这个问题，应该成为重要的国策。为了农业、市场，其他的方面“牺牲”一点，是完全必要的。今年的计划，特别是材料的分配，要先把农业、市场这一头定下来，然后再看有多少材料搞工业。工业也要首先照顾维修、配套，维持简单再生产。满足了当年生产方面的需要，再搞基本建设。有多大余力，就搞多少基本建设。陈云特别强调大幅度压缩重工业和基本建设指标：要准备对重工业、基本建设的指标“伤筋动骨”。重点是“伤筋动骨”这四个字。要痛痛快快地下来，不要拒绝“伤筋动骨”。

在谈到如何实现综合平衡时陈云指出：首先要弄清楚两点：一点是，从什么时候开始搞综合平衡？一点是，从什么“线”出发搞综合平衡？开步走就要搞综合平衡。不能说在达到了多少万吨钢以后再去搞平衡。要从现在综合平衡的经济水平出发，经过切实的研究和计算，看远景规划能达到什么水平，而绝不能采取倒过来的办法。所谓综合平衡，就是按比例；按比例，就平衡了。按短线搞综合平衡，才能有真正的综合平衡。所谓按短线平衡，就是当年能够生产的东西，

① 参见《陈云文选》第三卷，人民出版社 1986 年版，第 207—215 页。

加上动用必要的库存，再加上切实可靠的进口，使供求相适应。①

（三）大规模进口粮食，缓解国内粮食短缺

作为弥补国内粮食供应短缺的重要手段，1960年年底，陈云经过考察，提出了进口粮食的意见。他要求尽可能多地进口粮食，把有出口市场的农副产品，比如核桃、瓜子、红枣等，都集结起来，换粮食进来。如果有四百万吨粮食进来，那我们今年（1961年）的日子就比较好过一些了。明年、后年如果再多进一点，那我们就能够稍微有点存粮了。根据陈云的意见，李先念于1960年11月29日给毛泽东、周恩来等写信，正式提出进口粮食的建议，提出“考虑进口12亿斤（60万吨）粮食或者更多一些的粮食是必要的。拿到这些刀口上粮食，对争取国内粮食局势的基本稳定，度过灾荒大有好处。”毛泽东于12月12日晨批示：“完全同意。能进口20亿斤（100万吨），更好。”

进口粮食计划的规模迅速扩大，1960年年底，周恩来、陈云、李先念商议，进口150万吨粮食。1961年3月20日，中共中央在广州会议上正式作出了1961年进口粮食500万吨、翌年进口350万吨至400万吨的决定。对于粮食进口，中央下了很大决心，不仅向加拿大、澳大利亚等西方主要粮食生产过剩的国家求购粮食，还通过第三国转口美国粮食，并主动向苏联提出购买粮食的要求。

据统计，1961年我国实际进口了580多万吨粮食（折合约116亿斤，相当于当年全国粮食产量的3.93%②），净进口440万吨以上，其中小麦进口388万吨，占当年世界小麦进口总量的12.3%。按当时大致人均一年360斤的口粮标准计算，这批进口粮食，维系了超过2400万人一年的口粮。③

---

① 《陈云文选》第三卷，人民出版社1986年版，第208、210—211页。

② 苏星：《新中国经济史（修订本）》，中共中央党校出版社2007年版，第393页。

③ 京文：《三年困难时期中国进口粮食秘闻》，《作家文摘》2014年8月22日。

1961 年进口粮食需要 4 亿美元的外汇，加上购买古巴糖约 1 亿美元，合计约为 5 亿美元，占当年国家进口总额的三成多。而当年的国家外汇储备仅 1.02 亿美元。为了进口粮食，尽力保证人民的最低生活需要，国家出售了大量贵金属储备。1961 年中央决定共出售黄金 81 万两，白银 1.4 亿两。① 人民银行甚至把储存的首饰银器交到冶炼厂炼成银块出口。②

（四）灵活运用市场机制，投放高价商品，努力回笼货币

“大跃进”后期，食品和其他消费品供求矛盾十分突出：一方面，流通中货币过多，社会购买力膨胀。1960 年全国工资总额达到 263 亿元，比 1956 年增加近一倍，还有领取定息收入的资本家以及领取高工资的高级知识分子。另一方面，农业和轻工业产出大幅下降，商品可供量减少。此外，由于部分农民高价向城镇地区出售农副产品，使城市的钞票大量向农村转移，一部分农民手中的钞票很多。根据估算，当时社会上大约有三四十亿元的货币购买力不能实现。政府为了保证城镇人口的最低生活需要，采取了凭票证供应的配给政策，有钱也不能多买。一些收入较高的资本家和高级知识分子对此很不满。③ 对于大批流向农村的货币，由于国家没有足够的工业品回笼这些货币，农民手中的钞票越来越多，这不仅加剧了市场紧张和物价上涨，导致投机倒把迅速蔓延，而且还存在着农民不愿意继续向国家出售农副产品的危险。④

为了缓解供需矛盾，回笼货币，减轻通货膨胀压力，陈云在 1961 年 1 月 19 日中央工作会议上，提出了“安排市场要网开一面”的建议，其主要内容包括进口粮食和向市场投放高价食品。

---

① 尚长风：《三年困难时期粮食进口实情》，《百年潮》2010 年第 4 期。

② 乔培新：《心中时刻装着人民群众》，见《陈云和他的事业——陈云生平与思想研讨会论文集》（上），中央文献出版社 1996 年版，第 91 页。

③ 李成瑞主编：《陈云经济思想发展史》，当代中国出版社 2005 年版，第 333 页。

④ 参见《陈云文选》第三卷，人民出版社 1986 年版，第 196—197 页。

关于投放高价食品，陈云指出：“按人口凭证分配，这是一个方法。这个方法，社会主义国家在必要的时候可以采取，在战时则必须采取。现在供应紧张，应该‘两条腿走路’，即有些商品可以实行凭证分配的办法，有些商品应该是只要有钞票就可以买。我们现在出售糕点，就可以同时采取这两种办法。一种是便宜的，五角或者六角钱一斤，凭证供应。另外一种是高价的，你有钱就可以买。”在谈到投放高价食品的意义时陈云认为：“一是可以缓和人心，二是可以增加点营养，三是可以回笼货币。在供应紧张的时候，总要网开一面。网开一面好办事，不能都搞平均主义。这样，既可以使人们能吃到一些东西，增加一点热量，又可以多收回一点钞票。用这个办法回笼货币，实在是打了一个大主意。”陈云对如何充分利用进口的糖和粮食可谓精打细算：“现在要先把进口糖用于制作高级糖果和高级糕点。有了猪肉，也可以采取开馆子的办法，卖炒肉片、炒肉丝。进口的麦子，面粉可以做高级糕点，麸皮是养猪的好饲料。把卖高价糕点、炒肉片和养肥猪这些办法联系在一起，可以解决不少问题。总之，现在进口的糖也好，麦子也好，以后的猪肉也好，要集中使用在机动的方面，自由买卖的方面。”①

在 1962 年 2 月 26 日的国务院扩大会议上，陈云又提出扩大投放高价商品的范围，强调增加几种高价商品，“首先是为了把在自由市场上高价出售商品的人的钞票收回来，同时也利用它来平衡商品供应量同购买力之间的差额。去年搞高价商品，重点是在城市；这次搞高价商品，重点是在农村。哪里钞票多，就在那里投放高价商品。”“你按牌价卖给我鸡蛋，我也按牌价卖给你糖果；如果你卖高价鸡蛋，我就卖高价糖果，你多赚了钱，我就想办法拿回来。这就是说，不仅要有低价对低价，而且要有高价对高价。”②

---

① 《陈云文选》第三卷，人民出版社 1986 年版，第 141—143 页。

② 《陈云文选》第三卷，人民出版社 1986 年版，第 202 页。

（五）严格集中管理，努力实现信贷收支平衡

与新中国成立初期由财政赤字直接导致的通货膨胀有所不同，“大跃进”中通货膨胀的直接原因是信贷膨胀。1960 年信贷资金总额比 1957 年增长了两倍多，达到 950 亿元，其中工业贷款增长了 12 倍左右。信贷收支不平衡迫使银行增发货币，1961 年货币流通量比 1957 年增加了 1.4 倍。造成这种情况是因为“大跃进”中信贷管理权下放过多，各地又层层加码，使信贷发放失控。从 1959 年起，人民银行开始实行“存贷下放，计划包干，差额管理，统一调度”的信贷管理办法，将存贷款管理权下放给地方，实行差额包干：贷款大于存款的差额由中央补助，多吸收存款可以多发放贷款，即存差可以多贷，贷差中央补助。存款被重复作为贷款的资金来源，使货币乘数提高。此外，各地还根据“大跃进”的需要，提出“需要多少，就贷多少，什么时候需要，就什么时候贷给”，几乎没有限制地提供信贷支持，加剧了社会总需求和总供给的失衡，成为通货膨胀的主要原因。此外，信贷资金的膨胀还掩盖了企业的大面积亏损和财政高达 170 亿的真实赤字。

陈云非常重视信贷收支失衡的问题，他提出的制止通货膨胀措施的第一条就是“严格管理现金，节约现金支出。银行要把钞票管理好，能不用的钱一定不用。要恢复银行严格管理现金的制度，严格的程度要超过第一个五年计划时期。”他要求“一九六二年和一九六三年，必须千方百计做到财政、信贷收支平衡，制止通货膨胀。”1962 年 3 月 10 日，中共中央和国务院发出《关于切实加强银行工作的集中统一，严格控制货币发行的决定》（即“银行工作六条”）。中共中央和国务院认为，必须采取断然措施，实行银行工作的高度集中统一，把货币发行权真正集中于中央，把国家的票子管紧，而且在一个时期内，要比 1950 年统一财经时管得更严更紧，才有利于国民经济的调整和发展。该决定包括以下主要内容：1. 收回几年来银行工作下放的一切权力，银行业务实行完全的彻底的垂直领导。2. 严格信贷管理，加强信贷的计划性，非经人民银行总行批准，任何地方、部门和

企业、事业单位，不得在计划外增加贷款。3. 严格划清信贷资金和财政资金的界限，不许用银行贷款作财政支出。4. 加强现金管理，严格结算纪律。5. 各级人民银行必须定期向当地党委和人民委员会报告货币流通、信贷收支、工资基金、企业亏损及违反制度情况。6. 严格财政管理，财政银行都要按计划办事，谁的支出谁安排，谁的漏洞谁堵塞。

在发布"银行工作六条"后不久，中共中央和国务院又于 1962 年 4 月 21 日发出了《关于严格财政管理的决定》(即"财政工作六条")。《决定》要求"各地区在加强银行工作的同时，必须严格控制财政管理，任何单位都不许乱挤财政资金"，"既把银行信贷的漏洞堵住，又把财政的漏洞堵住，才有利于国民经济的调整，有利于促进企业裁并单位，精简人员，挖掘潜力，改善经营管理"。①

"银行工作六条"和"财政工作六条"的制定和实施，有效加强了财政金融领域的集中统一管理，克服了资金分配上的无政府状态，发挥了财政信贷对建设规模的制约作用。为收缩信贷、回笼货币、稳定物价、压缩基建、整顿企业（关、停、并、转）等一系列经济调整工作的深入开展，提供了有力的制度、纪律和组织保障；为重新组织财政信贷平衡奠定了坚实的体制基础。

三、国民经济调整和治理通货膨胀的效果

由于陈云在领导财经工作方面的实绩和声望得到党和国家各方面人士的广泛认可，"大跃进"所造成的困难局面也从反面再次验证了他对经济形势的正确判断。因此，陈云在深刻总结"大跃进"经验教训基础上提出的国民经济调整总体方案，被普遍认为是符合客观实际和非常必要的，得到了毛泽东、刘少奇、周恩来等中共中央主要领导人的支持，并在实际工作中得以比较完整的贯彻执行。虽然从 1962

① 李成瑞主编：《陈云经济思想发展史》，当代中国出版社 2005 年版，第 325—329 页。

年8月以后陈云实际上被停止了中央财经小组组长的工作，但正如苏星教授所指出："从1962年开始的大规模调整，基本上是按照陈云的思路进行的。"①

首先，大幅度压缩基本建设规模，降低重工业产品指标，大刀阔斧地对工业企业进行关、停、并、转。根据中央的调整方针，1962年全国基建投资缩减至67.6亿元，是1961年的54.8%，仅为1960年的17.6%。1962年计划指标同1960年实际相比，工业总产值降低46.8%，重工业产值降低57.3%，钢产量调至600万吨，比1960年的1866万吨降低67.8%。到1962年10月，共减少工业企业4.4万个，保留5.2万个，只相当于1960年的54.2%。②对工业特别是重工业的坚决调整，成为国民经济摆脱困境的转折点。陈云提出的一系列关于大力发展农业、大幅度压缩重工业和基本建设，恢复和完善综合平衡，调整国民经济重大比例关系的措施，不仅对我国国民经济比较快地从"大跃进"所造成的严重困境中摆脱出来，实现好转、恢复和发展，具有根本性和全局性的重要意义；而且为迅速制止通货膨胀势头的恶化和重新恢复市场物价的稳定，提供了有力的实体经济支持和坚实的物质基础保障。

其次，大幅度精减职工和城市人口。根据中共中央批转中央精简小组《关于精减任务完成情况和结束精减工作的意见的报告》：自1961年1月到1963年6月，全国职工减少1887万人，城镇人口减少2600万人，吃商品粮的人口减少2800万人。③这一措施不仅增加了农业的人力投入，更重要的是减少了商品粮需求，减少了工资支出引起的货币投放，对改善市场物资供求和财政信贷收支起到了显著的作用。

投放高价商品，增加市场供应，大量回笼货币，是陈云在这次调

---

① 苏星：《新中国经济史（修订本）》，中共中央党校出版社2007年版，第389页。

② 刘日新：《新中国经济建设简史》，中央文献出版社2006年版，第207—209页。

③ 余建亭：《陈云与第二个五年计划期间的经济调整》，《陈云与新中国经济建设》，中央文献出版社1991年版，第287页。

整中的得意之笔。它包括在城镇地区投放高价食品和在农村地区投放高价工业品两个部分。这一措施通过灵活运用市场机制，用涨价的办法实现多余的货币购买力，对削减通货膨胀压力，稳定市场物价发挥了直接而主要的作用。根据时任国家统计局局长的薛暮桥的计算：高价商品销售了三年，实际净回笼货币 45 亿元，使市场货币流通量从 1961 年年末的 125.7 亿元降至 1964 年年末的 80 亿元，减少了 36%。回笼了“大跃进”期间多发行货币 60%以上。[①]

在财政方面，1962—1965 年，财政收支每年都基本平衡，并略有节余。在货币流通方面，1962—1964 年均为货币净回笼，货币流通与商品流通的比例关系也趋于正常。1964 年市场平均货币流通量与社会商品零售总额的比例，从 1961 年的 1∶5.5 上升为 1∶8.5，已接近 1957 年 1∶9.5 的水平；市场平均货币流通量同商品库存总额的比例，由 1961 年的 1∶3.2 上升为 1∶5.3，也接近了 1957 年 1∶5.5 的水平；市场平均货币流通量同农副产品采购总值的比例，由 1961 年的 1∶1.85 上升为 1∶3.61，与 1957 年的 1∶4.4 的水平相比，差距大大缩小。[②] 在市场物价方面，尽管提高了部分职工的工资和部分农副产品的销售价格，但随着商品供应的增加，全国零售物价和集市贸易价格仍然大幅度回落。包括计划价格、高价商品、集市贸易价格在内的消费品价格总指数，1962 年比 1957 年上升了 25.8%，1964 年比 1962 年下降了 9.4%，1965 年比 1962 年下降了 12%。[③]

1964 年 12 月，周恩来总理在第三届全国人大上所作的《政府工作报告》中宣布：“调整国民经济的任务已经基本完成”。“经过调整，工业和农业的关系比较协调了，工业内部的关系也比较协调了，工业支援农业的能力进一步加强了，企业内部的生产能力绝大部分已经填平补齐、成龙配套，设备损坏和失修的情况已经改善。”统计资

① 参见薛暮桥：《我国物价和货币问题研究》，红旗出版社 1986 年版，第 44、47 页。

② 李成瑞主编：《陈云经济思想发展史》，当代中国出版社 2005 年版，第 331 页。

③ 薛暮桥：《我国物价和货币问题研究》，红旗出版社 1986 年版，第 53 页。

料显示：工农业总产值的比例从1960年的78.2：21.8改变为1964年的61.8：38：2，轻重工业的产值比例从1960年的33.4：66.6，改变为1964年的44.3：55.7，积累率从1960年的39.6%下降到1964年的22.2%。国民经济重大比例关系基本实现协调和正常。[①]到1965年，我国的工农业总产值（按1957年不变价格计算）为1984亿元，已经达到1957年的160%。[②]

经过三年艰苦切实的努力，到1964年年末，我国基本完成了大规模经济调整。在恢复国民经济正常运行和发展的同时，迅速有效地遏止了"大跃进"造成的通货膨胀，实现了全国范围的物价基本稳定。这是陈云和他的同事们继新中国成立前后成功治理恶性通货膨胀之后，在计划经济背景下，在国民经济总量和结构严重失衡的条件下，迅速恢复物价稳定又一范例。

第四节　计划经济时期反通胀思想的主要特征

随着计划经济体制的建立和完善，陈云的反通胀思想也得到了进一步发展，其特点是理论与实践相辅相成，理论指导实践，实践丰富理论。而这一时期主要的思想理论成果就是综合平衡思想的形成。

一、综合平衡思想的形成

关于综合平衡思想的形成时间，学术界存在着不同的看法。经济学家、中国人民大学前校长黄达认为："1953年，关于财政结余、银行信贷和商业库存三者关系的探讨，是研究这一问题的开端。正式把它作为指导经济建设的一个重大理论问题提出的，则是1957年年初

① 苏星：《新中国经济史（修订本）》，中共中央党校出版社2007年版，第401—404页。

② 刘日新：《新中国经济建设简史》，中央文献出版社2006年版，第225页。

陈云同志的一篇报告：《建设规模要和国力相适应》。”[①] 经济学家，国家统计局前局长李成瑞则认为：综合平衡“这一理论是新中国成立七八年的经济建设经验，包括1950年平衡财政收支、1953年纠正‘小失误’、特别是1956年纠正小冒进的实践经验的高度概括。”[②] 财政部财政科学研究所资深研究员李海持相似观点，认为综合平衡“是随着新中国的诞生而产生的，后来经过三年恢复和四年建设的实践，特别是总结了1956—1957年的冒进与反冒进的经验教训，才明确提出了三大平衡，形成了比较完整的经济指导思想。”[③]

上述几种观点既有相同之处，也存在着明显的分歧。相同之处在于：他们都认为是陈云在1957年前后系统地提出了综合平衡思想。具体地说，陈云在1957年1月18日所作《建设规模要和国力相适应》的报告，被研究者们公认为陈云综合平衡思想成形的标志性文献。分歧和不明之处在于：综合平衡思想是何时发端的？是如何发展的？是怎样形成一个具有完备成熟的理论内涵和实际操作指导意义的经济思想的？

为了回答这些问题，让我们先追根溯源，重温陈云关于综合平衡的有关论述：

能找到的最早关于综合平衡的文献是1954年6月30日向中共中央汇报第一个五年计划编制情况时，陈云提出安排好工业和农业、重工业和轻工业、重工业各部门之间、工业发展与铁路运输之间的比例关系，同时提出了财政收支、购买力与商品供应、主要物资之间必须平衡，技术力量的供需也要平衡。并强调：“按比例发展的法则是必须遵守的，但各生产部门之间的具体比例，在各个国家，甚至一个国家的各个时期，都不会是相同的。一个国家，应根据自己当时的经济

---

① 黄达：《财政信贷综合平衡导论》，中国金融出版社1984年版，第1页。

② 李成瑞：《持续稳定协调发展经济的锐利思想武器》，《陈云与新中国经济建设》，中央文献出版社1991年版，第385页。

③ 李海：《三大平衡思想的历史发展》，《陈云与新中国经济建设》，中央文献出版社1991年版，第515页。

状况，来规定计划中应有的比例。究竟几比几才是对的，很难说。唯一的办法只有看是否平衡。合比例就是平衡的；平衡了，大体上也会是合比例的。我国因为经济落后，要在短时期内赶上去，因此，计划中的平衡是一种紧张的平衡。计划中要有带头的东西。就近期来说，就是工业，尤其是重工业。工业发展了，其他部门就一定得跟上。这样就不能不显得很吃力，很紧张。样样宽裕的平衡是不会有的，齐头并进是进不快的。但紧张决不能搞到平衡破裂的程度。目前我们的计划是紧张的，但可以过得去，不至于破裂。”①

1956 年 4 月 10 日，陈云在国务院常务会议上指出：“订计划应该遵循按比例发展的原则，基建和生产的比例是最重要的。如果基建规模超过生产发展，就会出问题。生产与基建的关系，首先决定于原材料而不是财力的多少。钱是用来买材料的，如果买不到材料，钱又有什么用？以后订计划应该首先进行物资平衡，然后再进行财力平衡。”②

1956 年 11 月 19 日，陈云在商业部部务会议上谈到平衡问题时指出：“经济建设和人民生活必须兼顾，必须平衡。看来，在相当长的一段时间内，这种平衡大体上是个比较紧张的平衡。建设也宽裕，民生也宽裕，我看比较困难。我们的耕地只有这么些，但人口多，吃的、穿的都靠它。如果不搞建设，失业半失业照旧，社会购买力很低，商品供应当然一时可以不紧张，但不搞建设更不行。搞建设，增加就业，一部分农村人口转入城市，就要多吃、多穿、多用，社会购买力就要提高，商品供应就会紧张。但是，绝不能紧张到使平衡破裂，而应是紧张的平衡。所谓紧张的平衡，就是常常有些东西不够。”③

1956 年 12 月 11 日陈云在商业部部长办公会议总结当年冒进教

---

① 《陈云文选》第二卷，人民出版社 1995 年版，第 241—242 页。

② 中共中央文献研究室编：《陈云年谱（一九〇五——一九九五）》中卷，中央文献出版社 2000 年版，第 301 页。

③ 《陈云文选》第三卷，人民出版社 1995 年版，第 29 页。

训时指出：1. 预算和现金要平衡，不能有赤字，并应有结余；2. 物资平衡决定于物资的分配方法，要首先保证生产和市场的最低需要，然后再搞基本建设，否则就是只顾建设，不要人民；3. 购买力与物资必须平衡，不平衡就要出毛病；4. 工资的增加要适应消费品增长的速度；5. 消费资料的多少决定于农产品生产、进出口的多少和重工业交给轻工业的东西的多少；6. 要研究农业生产对工业生产是否有约束力，农业生产发展慢工业能否快；7. 工业内部、重工业内部都有一定的比例关系，现在还没有形成这个比例。①

1956 年 12 月 18 日，陈云主持第 41 次国务院全体会议。在讨论国务院关于 1956 年国家预算调整和预算执行的报告时，陈云指出：把建设和民生摆平衡需要注意些什么问题？从财政、金融、贸易方面看，应该得出这么几条：

（一）财政预算和现金收支都必须是平衡的，不平衡就会出毛病。财政不能有赤字，应该略为有点结余，因为投资和流动资金每年都要逐步增加。过去六年的情况是，财政有余，市场稳定。今年是财政、现金不足，供应紧张。过去六年是一种情况，今年又是一种情况。过去六年市场稳定也是大体稳定，其中也有个别的不稳定。我曾经说，财政预算是平衡的，大体上物资供应也是平衡的，个别品种上的问题不算。如果财政收支平衡，而物资不能大体平衡，就谁也不敢做财政工作。我估计，财政预算平衡，物资大体会平衡。财政有赤字，而物资平衡这种情况恐怕是不会有的。可否从中肯定一条教训，就是财政预算和现金收支应该平衡，不能有赤字。

（二）今年的不平衡表现在很多方面。不仅表现在基本建设的规模方面，还表现在其他方面，比如农贷用多了等等。预算中，建设规模应该和物资的供应相适应。为了照顾民生和建设，应该是在照顾必需的最低限度的民生条件下来搞建设。在物资的分配上，首先应该照顾到必需的民生的生产，保证必需的民生（当然不是大吃大喝），有

① 李成瑞主编：《陈云经济思想发展史》，当代中国出版社 2005 年版，第 199 页。

余再搞建设。这就是既要建设又要人民，这样的建设才是可靠的。现在是建设不可靠，民生也不可靠。这样安排民生和建设关系的方针，不能算是右倾机会主义和布哈林分子。据此，我们很可以找出一个民生和建设正确关系的标准。

（三）每年人民购买力与供应人民的消费品应该求得平衡。工资增加多少，农产品收购价提高多少，要受物资供应的限制。物资供应，第一要看农业是丰收还是歉收，能够拿出多少来。第二要看出口多少，出口的多了，剩下的就少，还要看进口的机器多少，供应人民消费的多少。几年来，出口的多了，人民消费品的进口少了，由十九亿元降到六亿多元。第三要看第一部类能供给第二部类多少。人民购买力和消费品的供应一不平衡，必然要涨价。

（四）我国建设大体依靠农产品出口。要建设必须要有一定的外汇，建设与外汇的关系很大。农业进展很慢，农业的进度对工业的发展速度有没有约束力量呢？我看有。我们每年要有十亿美元外汇还债和援外，而我们农产品只有那么多，增长速度就那么快。农业对工业是有约束力量的，工业不能不管农业而为所欲为。因此，我们的建设规模应该有所根据，不能想多少就多少。

（五）工业、交通等内部的基本建设应该有适当的比例。首先是工业内部应该有适当的比例。现在，各说各的少，弄不清楚。应该按照中国的情况，研究出正确的比例关系。现在煤炭很紧张，很可能第一个五年内煤炭投资少了。第二个五年计划的投资比例是否应该和第一个五年计划不同？我们搞第一个五年计划时根本没有考虑到工农业的配合、生产与基建的关系等等，只是大体上划了划框框，要有什么工厂，要通哪些铁路。而第二个五年则不同了，应该有个大体的比例关系。按照一定的比例关系制定计划，这点要好好研究。第一个五年规模小，国内也无基础，关系还不大。第二个五年规模大，有了一定的工业基础，如果比例不恰当，就不能够平衡了。[1]

---

① 《陈云文集》第三卷，人民出版社 2005 年版，第 134—136 页。

1957 年 1 月 18 日，陈云在《建设规模要和国力相适应》这篇重要报告中指出："建设规模的大小必须和国家的财力物力相适应。适应还是不适应，这是经济稳定或不稳定的界限。像我们这样一个有六亿人口的大国，经济稳定极为重要。建设的规模超过国家财力物力的可能，就是冒了，就会出现经济混乱；两者合适，经济就稳定。"在谈到如何防止经济建设超过国力的危险时，他认为以下各点应该注意：一、财政收支和银行信贷都必须平衡，而且应该略有结余。只要财政收支和信贷是平衡的，社会购买力和物资供应之间，就全部来说也会是平衡的。二、物资要合理分配，排队使用。应该先保证必需的生产和必需的消费，然后再进行必需的建设。三、人民的购买力要有所提高，但是提高的程度，必须同能够供应的消费物资相适应。四、基本建设规模和财力物力之间的平衡，不单要看当年，而且要瞻前顾后。五、我国农业对经济建设的规模有很大的约束力。① 在文章的最后，陈云还特别强调要重视研究国民经济的比例关系："如果不认真研究国民经济的比例关系，必须造成不平衡和混乱状态。而研究合理的比例关系，决不能只依靠书本，生搬硬套，必须从我国的经济现状和过去的经验中去寻找。既要研究那些已经形成的比较合理的比例关系，更重要的是研究暴露出来的矛盾。"②

1962 年 3 月 7 日，陈云在中央财经领导小组会议上讲话再次谈到综合平衡问题时指出："综合平衡必须从现在开始，今年的年度计划就要搞综合平衡，开步走就要搞综合平衡。不能说在达到了多少万吨钢以后再去搞平衡。要从现在综合平衡的经济水平出发，经过切实的研究和计算，看远景规划能达到什么水平，而绝不能采取倒过来的办法。""按短线搞综合平衡，才能有真正的综合平衡。所谓按短线平衡，就是当年能够生产的东西，加上动用必要的库存，再加上切实可

① 《陈云文选》第三卷，人民出版社 1995 年版，第 52 页。

② 《陈云文选》第三卷，人民出版社 1995 年版，第 56 页。

靠的进口，使供求相适应。”①

结合陈云以上论述的经济背景，我们可以大致勾勒出陈云综合平衡思想的形成过程：

陈云初次提出计划平衡问题是在“一五”初期的 1954 年，大规模工业化建设的展开和 1953 年的“小冒进”所造成的财政经济的紧张状况，使陈云意识到要想在中国这样一个落后的农业国迅速实现国家工业化，实现优先发展军重工业，物力、财力和人力（技术力量）都将是紧张的，都是不够用的。如何用计划手段分配有限的资源，陈云提出了紧张平衡的观点。即“计划的平衡是一种紧张的平衡……但紧张决不能搞到平衡破裂的程度。”对于平衡的具体内容，陈云强调财政收支、购买力与商品供应、主要物资之间必须平衡，技术力量的供需也要平衡。从陈云主持编制的“一五”计划也可以看出，他在贯彻优先发展军重工业的同时，对农业的基础和制约作用给予了相当的重视，努力兼顾农业、轻工业和其他事业的发展。试图走出一条军重工业、农业、轻工业按比例协调发展，并保持市场供求总量平衡的工业化道路。

在“一五”计划实施的过程中，陈云针对实践中出现的经济建设与人民生活之间、基本建设与生产和市场之间的矛盾，又提出了基建和生产的比例是最重要的。制订计划首先要进行物资平衡，然后再进行财力平衡。经过“一五”计划大规模工业化建设的实践，在总结 1954、1955 年国民经济平稳运行的成功经验，特别是 1956 年再次反“冒进”的经验教训的基础上，陈云在 1956 年 11 月到 1957 年 1 月这段时间里比较集中系统地论述了国民经济运行过程中的重要平衡关系，确立了财政收支、信贷收支、物资供求各自平衡和综合平衡的基本原则。把经济运行中诸多具体的、部门间的平衡关系抽象成以财政、信贷收支为表现的价值平衡和以物资供求为载体的实物平衡，通过价值收支总量和实物供求总量、结构的各自平衡与价值形态的社会

① 《陈云文选》第三卷，人民出版社 1995 年版，第 211 页。

购买力总量和实物形态的物资供应总量的互相平衡，构建起综合平衡思想的基本框架。

陈云不仅提出了综合平衡的原则和范围，而且注重归纳总结实现综合平衡的操作方法。1956 年他提出制订计划要先进行物资平衡，再进行财力平衡；1957 年年初他提出了基建规模与财力物力平衡要瞻前顾后的意见。在总结“大跃进”的惨痛教训的基础上，陈云又在 1962 年进一步完善了实现综合平衡的工作方法，强调必须从制订计划时就以综合平衡为目标，开步走就要搞综合平衡；按短线搞综合平衡，才能有真正的综合平衡。至此，陈云的综合平衡思想基本形成。

通过回顾综合平衡的形成过程，可以总结归纳出以下几点：

第一，陈云的综合平衡思想形成于在我国工业化初期，即“一五”时期，是对“一五”计划实施过程中宏观调控经验教训的概括总结。正如陈云研究权威朱佳木研究员所指出：“国民经济要综合平衡和按比例发展，这是陈云在‘一五’时期提出的一个重要思想。这一思想，来源于他对中国工业化建设的规模和速度问题的长期探索和深入思考。”[①] 综合平衡是针对如何确定中国工业化建设的规模和速度，如何处理经济发展和经济稳定的关系而提出的。其核心观点是实现国家工业化要在国力允许的范围内进行，经济建设的规模不能超过国家财力物力的可能，尤其不能突破农业的约束力。保持社会总供给和总需求在实物和价值形态上的基本平衡，是实现国民经济稳定发展的根本保证。综合平衡思想是新中国第一个成熟、完备、有效的宏观调控理论，是以陈云为代表的中国共产党人在探索中国工业化道路上取得的宝贵思想理论成果。

第二，综合平衡是宏观平衡，主要是总量平衡。即财政收支、信贷收支、物资供求的各自平衡和社会购买力与物资供应的总量平衡，也包括重要的结构平衡，即物资平衡中与总量平衡相联系的主要产

① 朱佳木：《陈云与中国工业化的起步》，《中国工业化与中国当代史》，中国社会科学出版社 2009 年版，第 115 页。

品的供求平衡。总量平衡和结构平衡的实质就是按比例。[①] 综合平衡与按比例发展是不可分割的一个整体，陈云给综合平衡下的定义就是“所谓综合平衡，就是按比例；按比例，就平衡了。”综合平衡是按比例发展外在的、时点的表现，按比例发展则反映了国民经济更深刻、本质和长期的内部结构关系；按比例发展是社会化大生产的客观规律，综合平衡是实现按比例发展的有效手段；国民经济是否按比例发展平稳顺利发展，反过来又是检验是否做到综合平衡的标准。

第三，综合平衡的主导是实物平衡，价值平衡是为实物平衡服务的。“计划平衡是以实物平衡为主，价值平衡为辅的双重平衡。这种计划平衡的形成原则和指导思想是围绕实物平衡设计的，在全部计划平衡中，实物平衡大大超过了价值平衡。”[②] 综合平衡的实质是对主要物资的管制和分配，即对主要物资的统购统销。综合平衡中最根本的平衡是物资供求的平衡，但是由于实物指标不能综合地反映经济的总成果或总效用，不能表达结构比例关系，不能表示诸如社会购买力、财政收支等价值概念，才引入了价值指标和价值平衡。正如陈云所说：“订计划应该首先进行物资平衡，然后再进行财力平衡。”

第四，综合平衡是具有很强操作性的计划工作方法，重点是短线平衡。首先，综合平衡应贯彻在经济规划和运行的全过程，是政府自觉的、有计划的行为，而不是经济运行出现问题以后的弥补和干预。在制订计划的时候就要以综合平衡为目标，起步走就要搞综合平衡。其次，要根据最强的制约因素考虑供求平衡，要按照可以稳妥掌握的物资进行综合平衡。即按短线搞综合平衡。“就是当年能够生产的东西，加上动用必要的库存，再加上切实可靠的进口，使供求相适应。”再次，综合平衡还是一种动态平衡，要前后衔接。不单要看当年，而且要瞻前顾后。要从建设周期的角度考虑、调整各种平衡关系。陈云

① 张卓元：《陈云综合平衡思想的重大意义》，见《陈云百周年纪念——全国陈云生平和思想研讨会论文集》（上），中央文献出版社 2005 年版。

② 关山：《实物计划论》，中国经济出版社 1986 年版，第 5 页。

运用综合平衡思想调控宏观经济最重要的经验是留有余地，无论是实物平衡中的短线平衡，还是价值平衡中收支平衡、略有节余，都是要进行综合平衡时保留适当的应急储备，以防不测。

第五，综合平衡和按比例发展都是计划经济的概念，必须放在计划经济条件下来理解。综合平衡是就国民经济综合部门的各种关系而言的，如财政、信贷、物资、进出口等；“按比例”是就实体经济部门的关系而言的，如工业与农业、重工业与轻工业、工农业与交通等。如果综合部门的关系平衡了，经济部门的关系就会大体合乎比例；反之，经济部门的关系合比例了，综合部门的关系也会是平衡的。综合平衡和按比例发展都是计划制定者主观追求的目标，但这两个目标都是客观存在的。

在现实的计划经济中，并不存在社会总供给和总需求主要的总量及结构指标完全相等的绝对平衡。综合平衡作为宏观调控的目标形态，也是指国民经济主要比例关系基本协调，社会主要资源供求基本平衡的一种状态，而这种状态还经常表现为紧张的平衡，某些实物资源常常供不应求。“所谓紧张的平衡，就是常常有些东西不够。”

二、综合平衡与物价稳定的关系

综合平衡的最终目标是在实现国家工业化的过程中保持国民经济的稳定运行，经济稳定的基础是社会总供给和总需求在总量和重要结构上的基本平衡。物价是国民经济状况的综合反映，市场物价是否稳定是判断供求是否平衡的主要标志，也是判断经济运行是否稳定最重要的观测指标。物价稳定与综合平衡的关系是互为前提、互为因果的，有些类似于“鸡生蛋、蛋生鸡”的关系——简单地说，物价稳定既是综合平衡的前提，又是综合平衡的结果和标志。

（一）物价稳定是综合平衡的前提

首先，物价稳定是财政收支平衡的基础。陈云认为：“财政预算是平衡的，大体上物资供应也是平衡的，个别品种上的问题不算。如果财政收支平衡，而物资不能大体平衡，就谁也不敢做财政工作。我估计，财政预算平衡，物资大体会平衡。财政有赤字，而物资平衡这种情况恐怕是不会有的。”在财政、信贷、物资三大平衡中，财政收支平衡占据首要位置。只有财政预算平衡，综合平衡才有可能实现。

财政收支是否平衡与市场物价是否稳定紧密相关。“通货膨胀，物价不稳，不仅影响人民生活，而且影响财政收入。而在影响财政收入的诸种因素中，粮食的价格在当时是最关键的。”①稳定的粮食价格可以使工农业产品“剪刀差”收益相对固定，从而使财政收入不会因粮食价格的波动受到明显的影响；基本稳定的市场物价也有利于财政支出的稳定，维持财政收支的平衡。如果出现物价大幅波动乃至通货膨胀，会严重影响财政收支的平衡，进而从根本上动摇综合平衡。在“一五”初期，由于粮食供求矛盾突出，粮食价格成为影响物价的主要因素。当时如果任凭粮价上涨，那么“粮价涨了，物价就要全面涨。物价一涨，工资要跟着涨。工资一涨，预算就要超过。”②这就意味着为了维持工薪阶层的基本生活需要，财政不得不被迫增加支出，使支出超过预算，导致财政收支不能平衡。由此可见，物价是否稳定对维持财政收支稳定和平衡具有十分显著的影响。如果当时没有采取对粮食、棉花等主要农副产品进行“统购统销”等果断措施来稳定市场物价，“一五”时期的综合平衡就很难实施。

其次，从计划编制和执行的角度看，综合平衡也必须建立在稳定的物价基础之上，否则很难操作。前北京大学校长马寅初先生是最早从理论上论述综合平衡思想的著名经济学家。他分别在 1956 年 12 月和 1957 年 4 月发表了《联系中国实际来谈谈综合平衡理论和按比例发展规律》和《联系中国实际再来谈谈综合平衡理论和按比例发展规律》两篇重要论文。在这两篇文章中，马寅初先生采用了以物价政策

---

① 朱佳木：《中国工业化与中国当代史》，中国社会科学出版社 2009 年版，第 111 页。

② 《陈云文选》第二卷，人民出版社 1995 年版，第 207 页。

开始，通过逐个说明国民经济各主要环节之间的平衡关系，最后仍以物价政策终结，即“团团转”的方法对综合平衡思想进行详尽的阐述和诠释。他在文中指出：“计划经济一定要建立在稳定的物价基础之上，没有稳定的物价，综合平衡无从着手。”①

综合平衡包括实物平衡和价值平衡两个方面。尽管实物平衡占据主导位置，但是为了综合计算全社会各类实物产品的供需总量，必须将实物指标通过一定的价格转换成价值指标，并在实物平衡的基础上进行价值平衡。以财政收支为代表的价值平衡对计划的编制和执行具有重要意义，因为价值指标不仅反映了国民经济价值形态的总量指标，而且代表着通过计划分配给国民经济各部门的特定数量的实物资源。在计划经济体制下，主要生产要素和生活资料的价格由政府制定，通过计划分配的物资和资金之间存在着稳定的价格关系，如果主要生产要素和生活资料的价格经常波动变化，那么在编制计划时，就很难准确地匹配物资和资金；在计划执行过程中，也会出现分配的物资与资金互相脱节的情况，造成计划实施的混乱。此外，如果计划外通过市场调节的商品价格发生大的波动，也会传导到计划内，影响计划分配产品的价格。最终破坏社会总需求和总供给的总量和重要结构平衡，导致综合平衡无法实施。

（二）物价稳定是综合平衡的结果

在中国这样一个农业国迅速实现国家工业化，由于缺乏积累和外援，国民经济必然是在一种资源供需紧张的模式中运行。“计划中的平衡是一种紧张的平衡。计划中要有带头的东西。就近期来说，就是工业，尤其是重工业。工业发展了，其他部门就一定得跟上。这样就不能不显得很吃力，很紧张。样样宽裕的平衡是不会有的，齐头并进是进不快的。但紧张决不能搞到平衡破裂的程度。”综合平衡思想就

① 马寅初：《联系中国实际来谈谈综合平衡理论和按比例发展规律》，见《马寅初经济论文选集》（下），北京大学出版社 1981 年版，第 120 页。

是在这种经济背景下产生的，综合平衡就是要在这种紧张的经济运行模式下提供稳定的市场物价环境，以保证国家工业化的顺利实施。

首先，综合平衡要求社会需求和社会供给的总量平衡，这是物价稳定最基本的条件。“财政收支和银行信贷都必须平衡，而且应该略有结余。只要财政收支和信贷是平衡的，社会购买力和物资供应之间，就全部来说也会是平衡的。”财政信贷的平衡，意味着财政信贷支出所代表的社会需求与实物形态的社会供给在一定的价格水平上的总量平衡，这种价格水平反映了价值需求与实物供给之间的数量比例关系，如果社会供需达到总量平衡，那么价格水平在总体上也是稳定的。如果财政收不抵支，出现赤字，就意味着财政超支部分所形成的社会购买力没有相对应的实物供给，要实现这部分购买力，就必须改变原有的社会价格总水平，导致物价上涨。财政信贷的平衡，特别是财政收支的平衡，消除了由于财政赤字或信贷膨胀而导致物价上涨、发生通货膨胀的可能性。

其次，综合平衡要求在实物分配中保持工业化建设和人民生活之间的结构平衡，强调在保证生活必需品供给的前提下进行工业化建设。“物资要合理分配，排队使用。应该先保证必需的生产和必需的消费，然后再进行必需的建设。”这是物价稳定的必要条件。前述已经提到，综合平衡的主导是实物平衡，而实物平衡的实质就是对实物的计划分配。在供应紧张的背景下，如何分配将有限的资源在生产、生活和基本建设之间进行分配，这是综合平衡中最重要的结构问题，直接关系到国民经济运行的稳定，也直接关系到市场物价的稳定。陈云认为：“为了照顾民生和建设，应该是在照顾必需的最低限度的民生条件下来搞建设。在物资的分配上，首先应该照顾到必需的民生的生产，保证必需的民生（当然不是大吃大喝），有余再搞建设。这就是既要建设又要人民，这样的建设才是可靠的。”保证基本的民生需求，不仅事关短期的资源分配，还涉及在较长时间内才能形成的国民经济重大比例关系，如通过增加化肥生产，扩大灌溉面积等措施加强农业，努力提高农副产品的产量等。处理好工业化与人民生活的比例关系，使国民经济农、轻、重产业结构趋于合理，可以在相当程度上缓解市场特别是消费品市场供求的紧张状况，从而有利于物价的基本稳定。

再次，综合平衡是实物平衡和价值平衡的结合，它要求以货币形式表现出来的社会购买力与社会商品供应在总量上大致相等，如果供需达到平衡，市场物价就可以基本稳定。由于生产资料主要是根据计划价格通过调拨的方式进行分配，所以对市场物价影响较小；对市场物价发生决定性影响的社会商品主要是与人民生活密切相关的生活资料，因此生活资料供需的平衡就成为保持物价稳定的重点；在生活资料中，粮食、棉花、油料及其他农副产品占决定性比重，所以以粮食为代表的主要农产品供需的平衡就成为保持物价稳定的关键。

随着工业化进程的展开，对农产品的需求迅速增加，市场供应趋于紧张。“搞建设，增加就业，一部分农村人口转入城市，就要多吃、多穿、多用，社会购买力就要提高，商品供应就会紧张。”在主要农产品产量不能立刻大量增加，而需求却迅速膨胀而且市场供求非常紧张的情况下，为了使农产品供需保持平衡，陈云和他的同事们果断决定对粮食等主要农产品实行统购统销措施，由国家统制主要农产品供销，经过计划收购来掌握货源，经过计划供应来控制销量。在农产品供不应求的情况下，统购统销不仅成功地保障了城乡人民的基本生活需要，而且通过维持低水平的供需平衡，实现了物价稳定的目标。

统购统销是“一五”期间实现物价稳定的核心举措，也是落实综合平衡的重要手段。通过在城乡同时抑制消费需求的办法来维护供需平衡，是统购统销的主要特点。在农村，国家在保证农民生产和基本生活的前提下，以规定的价格带有强制性地向农民征购粮食等主要农产品，减少了农民自己超过生活和生产必需的消费；在城镇，国家按照限额向居民配售主要农产品，有钱也不能多买，从而抑制了城镇居民超过生活必需的消费。此外，职工工资的增加和农产品的提价都要增加社会购买力，所以也要受制于综合平衡，要看国家是否能够提供相应的消费物资。“每年人民购买力与供应人民的消费品应该求得平衡。工资增加多少，农产品收购价提高多少，要受物资供应的限制。物资供应，第一要看农业是丰收还是歉收，能够拿出多少来。第二要看出口多少，出口的多了，剩下的就少，还要看进口的机器多少，供应人民消费的多少。第三要看第一部类能供给第二部类多少。人民购买力和消费品的供应一不平衡，必然要涨价。”

回顾陈云在1953—1962年这一时期防范和治理通货膨胀的实践，可以发现：在综合平衡执行比较好的“一五”时期，市场物价水平一直保持了基本稳定；在“大跃进”时期，综合平衡被破坏，国民经济重大比例关系失调，就发生了严重的通货膨胀。在接下来的国民经济调整时期，由于迅速采取了一系列恢复综合平衡的措施，如精减职工和城市人口、大力发展农业、增加消费品供应、压缩基本建设和重工业及投放高价商品等，通过减少社会购买力和增加消费商品供给，使社会总需求和总供给的平衡得以恢复，国民经济重大比例关系得以调整，结构趋于合理，物价水平也恢复到比较稳定的范围。实践证明，物价稳定是贯彻落实综合平衡思想的结果，而且是综合平衡政策得以实现的标志。

第四章

陈云在转轨时期（1979—1992）防范和治理通货膨胀的实践及思想特征

1979 年到 1992 年，我国处于从计划经济体制向市场经济体制的过渡之中，即处于经济体制转轨阶段。随着改革开放的不断深入，我国总体经济实力得到了空前提高，人民生活也有很大程度的改善；但经济波动也有所增加，出现了比较严重的通货膨胀。陈云是经济体制改革的倡导者和支持者，在中国经济不断市场化、货币化的转轨进程中，他主张积极稳健地推进改革，坚持改革与调整相结合，发展与稳定并重；在实践中他始终审慎对待价格改革，努力防范和遏制通货膨胀，为改革开放和经济发展创造稳定的物价环境；陈云为中国经济体制的成功转轨作出了独特而不可或缺的巨大贡献。回顾和梳理陈云在转轨时期的反通胀实践和思想，不仅对研究中国经济体制改革成功的原因具有重要意义，而且为研究比较世界上计划经济国家如何选择改革路径，在转轨过程中如何保持经济稳定提供了成功的范例。

第一节　1979—1981 年国民经济调整中的反通胀实践

在 1978 年 12 月召开的中共十一届三中全会上，陈云被增选为中央委员会副主席。1979 年 3 月 14 日，中共中央决定在国务院设立财政经济委员会，作为研究制订财经工作的方针政策和决定财经工作中的大事的决策机关。财经委员会由陈云任主任，李先念任副主任。① 从 1979 年到 1981 年，在邓小平等中央领导人的支持下，陈云首倡并主持了为期三年的国民经济调整，遏制了基本建设规模和投资总额的过快增长，使国民经济基本结构和重大比例关系趋于合理，实现了财政收支、信贷收支的平衡和市场物价的基本稳定，为改革开放创造了比较宽松的经济环境。

一、1979 年调整前的经济形势

1978 年 12 月，中共中央召开了具有划时代意义的十一届三中全会，决定从 1979 年起全党的工作重点转移到社会主义现代化建设上来，经济建设成为党和国家的中心工作。实际上，在粉碎“四人帮”后的 1977—1978 年，中国已经开始了这种转变，从中央到地方，各级干部和群众都有加快生产和建设的愿望。这两年国民经济也实现了较快的恢复性增长，到 1978 年主要工农业产品产量都大幅提升。随着工农业生产的恢复和发展，财政收支达到平衡，且略有节余。然而，这一时期的经济建设和国民经济运行也存在着亟待解决的严重问题。

1978 年年底召开的中共十一届三中全会在会议公报中指出：粉碎“四人帮”以后，我国国民经济恢复和发展的步子很快，1978 年的工农业总产值和财政收入都有较大幅度的增长。但必须看到，由于林彪、“四人帮”的长期破坏，国民经济中还存在不少问题。一些重大的比例失调状况没有完全改变过来，生产、建设、流通、分配中的一些混乱现象没有完全消除，城乡人民生活中多年积累下来的一系列问

---

① 中共中央文献研究室编：《陈云年谱（一九〇五——一九九五）》下卷，中央文献出版社 2000 年版，第 240 页。

题必须妥善解决。我们必须在这几年中认真地逐步地解决这些问题，切实做到综合平衡，以便为迅速发展奠定稳固的基础。基本建设必须积极地而又量力地循序进行，要集中力量打歼灭战，不可一拥而上，造成窝工和浪费。①

当时的经济工作主要存在以下几个方面的问题：

首先，国民经济重大比例关系失调的程度在进一步加剧，是当时经济工作中的主要问题。它的表现一是基建规模过大，积累比例过高。1978 年，基本建设投资达到 479.3 亿元，比上年增加 114.9 亿元，增长 31%，是“大跃进”后二十年来基建规模最大、投资增长最高的一年；1978 年积累基金占国民收入的比例为 36.5%，也是“大跃进”以来最高的。② 二是农业发展严重滞后，赶不上工业特别是重工业的发展。1978 年粮食总产量虽然达到历史最高水平，但由于人口增加，人均粮食占有量只略高于 1957 年，需要大量进口粮食。三是工业内部比例失调，基本建设投资集中于重工业，轻工业投资所占比重很小。1978 年重工业的投资占基建投资的比重是 55.7%，而轻工业只占 5.7%，甚至低于“一五”时期的水平。③ 因此导致重工业，尤其是机械加工工业过度发展而轻工业发展不足，主要轻工产品市场供应紧张，不能满足人民生活需要。另外，重工业内部加工工业和燃料、动力、原材料工业的比例也严重失调，能源、电力、原材料供应十分紧张，大批工厂被迫停工或半停工。

造成上述问题的初始原因是“文化大革命”的积弊，国民经济重大比例关系失调的情况在“文化大革命”期间就已经比较严重。“四五”时期（1970—1975）的积累率达到 33%，从 1966—1976 年，工农业总产值中重工业的比重从 32.7%上升到 38.9%，农业从 35.9%下降到 30.4%，轻工业也由 31.4%下降到 30.7%。④ 粉碎“四人帮”后，举

① 《十一届三中全会以来重要文献选读》（上），人民出版社 1983 年版，第 6 页。

② 李成瑞主编：《陈云经济思想发展史》，当代中国出版社 2005 年版，第 392 页。

③ 中共中央文献研究室编：《陈云传》（下），中央文献出版社 2005 年版，第 1555 页。

④ 苏星：《新中国经济史（修订本）》，中共中央党校出版社 2007 年版，第 473 页。

国上下要求大干快上，夺回失去的十年，当时的中央领导层也产生了急躁冒进的思想。1977 年 7 月，以华国锋为总理的国务院提出“国民经济的新的跃进局面正在开始”。1978 年 2 月，华国锋在五届人大一次会议上提出的《1976—1985 年发展国民经济十年规划纲要（修正草案）》中要求：到 1985 年，粮食产量达到 8000 亿斤（1978 年 6095 亿斤），钢产量达到 6000 万吨（1978 年为 3178 万吨）。后八年（1978—1985）主要工业产品新增加的产量，大大超过新中国成立 28 年的总和，财政收入和基本建设投资，都相当于过去 28 年的总和。后八年计划新建和续建 120 个大型项目，其中十大钢铁基地，九大有色金属基地，八大煤炭基地，十大油气田，三十个大电站，六条铁路新干线和五个重点港口。[①] 如此巨大的建设计划，无论就绝对规模还是就增长速度而言，都只有“大跃进”能够与之同日而语。由于当时设想主要依靠引进国外的技术设备和资金来实现这一计划，所以被称为“洋跃进”。在“放手利用外资”的思想指导下，1978 年在已经有 1700 多个大中型在建项目的基础上，国务院又批准同国外签约引进 22 个大型成套设备建设项目，这些项目需要外汇 130 亿美元，折合人民币 390 亿元，需国内工程配套 200 多亿元。[②] 而 1978 年国家财政收入总额仅为 1132.6 亿元。[③] 全国上下急躁冒进的经济工作指导思想不仅进一步加剧了国民经济重大比例关系的失调程度，而且使国民经济运行更加紧张，资金、能源、原材料供求矛盾更加突出。

其次，“文化大革命”中城乡人民生活水平长期没有改善，历史欠账很多，是亟待解决的紧要问题。全民所有制各部门职工，除 1971 年调整过一次工资外，再未动过。从 1966 年到 1976 年，平均工资不但没有增加，反而降低了 4.9%。农民的平均收入，在这十年中也基本没有增加。由于农村急于过渡，生产片面强调“以粮为纲”，

---

① 刘日新：《新中国经济建设简史》，中央文献出版社 2006 年版，第 279—280 页。

② 李成瑞主编：《陈云经济思想发展史》，当代中国出版社 2005 年版，第 392 页。

③ 《中国统计摘要 · 2007》，中国统计出版社 2007 年版，第 67 页。

而农副产品价格又卡得很死，广大农民终年劳碌，收入很少，不少农民难得温饱。[①] 另外，城市住宅建设、市政设施、文教卫生、劳动就业、社会福利欠账以及下乡知识青年返城等历史遗留问题也需要尽快妥善解决。这些问题的解决，都要求相当数量的财力投入。以工资为例，1978—1980 年全国职工年平均工资增加了 147 元，同期职工工资总额就增加了 203.5 亿元。[②]

另外，为改革开放创造稳定宽松的经济环境，是当时经济工作的重要任务。中共十一届三中全会作出了改革开放的历史性决策，并实际启动了农村经济改革进程。全会决定：在今后一个较长时间内，全国粮食征购指标继续稳定在 1971 年到 1975 年“一定五年”的基础上不变，绝对不许购过头粮。为了缩小工农业产品交换的差价，全会建议国务院作出决定，粮食统购价格从 1979 年夏粮上市的时候起提高 20%，超购部分在这个基础上再加价 50%，棉花、油料、糖料、畜产品、水产品、林产品等农副产品的收购价格也要分别情况，逐步作相应的提高。农业机械、化肥、农药、农用塑料等农用工业品的出厂价格和销售价格，在降低成本的基础上，在 1979 年和 1980 年降低 10%—15%，把降低成本的好处基本上给农民。农产品收购价格提高以后，一定要保证城市职工的生活水平不致下降。粮食销价一律不动；群众生活必需的其他农产品的销价，也要坚决保持稳定；某些必须提价的，要给予消费者以适当补贴。[③]

通过提高农副产品收购价格和缩小工农业剪刀差来增加农民收入，这既是加强农业基础地位的重要举措，也是农村改革的重要内容。这些措施的出台还要保证城市居民的生活水平不受影响，国家财政因此而增加了很大的补贴负担。对农产品超售加价和议价收购的补

① 柳随年、吴群敢主编：《中国社会主义经济简史（1949—1983）》，黑龙江人民出版社 1985 年版，第 420 页。

② 《中国统计摘要 · 2007》，中国统计出版社 2007 年版，第 46—47 页。

③ 《中国共产党第十一届中央委员会第三次全体会议公报》，《人民日报》1978 年 12 月 24 日。

贴从 1978 年的 38 亿元增加到 1980 年的 130 亿元。占当年财政支出的 10.5%①。为改革开放创造平稳的经济运行环境和相对宽松的财政条件，也是当时经济工作的一项重要内容。

1977—1978 年国民经济虽然出现了恢复性增长，但经济工作中的急躁冒进加剧了业已存在的重大比例关系失调，“文化大革命”的遗留问题亟待解决，而改革开放又需要稳定宽松的经济环境，历时三年的经济调整就是在这样的背景下展开的。

二、调整方针的提出

陈云有长期领导全国财经工作的经验，对 1977—1978 年间经济建设和国民经济运行中存在的问题洞若观火。早在 1978 年 2 月的中共十一届二中全会上，针对当时中央领导层提出的《1976—1985 年发展国民经济十年规划纲要（修正草案）》，陈云就指出：要把农业放在必要位置上。对农、轻、重的次序，在实际执行中，往往没有这样摆。工业生产的重点是提高质量，质量不好是最大的浪费。②对经济建设中出现的急于求成的冒进倾向提出了委婉的质疑。

1978 年 7 月底，针对当时召开的国务院务虚会在指导思想上存在的求成过急的倾向，陈云向李先念建议，务虚会最好用几天时间专门听听反对意见。

1978 年 12 月 10 日，在十一届三中全会前召开的中央工作会议上，陈云就经济问题提出了五点重要意见：

第一，在三五年内，每年进口粮食可以达到两千万吨。“我们不能到处紧张，要先把农民这一头安稳下来。农民有了粮食，棉花、副食品、油、糖和其他经济作物就都好解决了。摆稳这一头，就是摆稳

① 《中国统计摘要·2007》，中国统计出版社 2007 年版，第 67 页。

② 中共中央文献研究室编：《陈云年谱（一九〇五——一九九五）》下卷，中央文献出版社 2000 年版，第 218 页。

了大多数，七亿多人口稳定了，天下就大定了。要放松一头，不能让农民喘不过气来。粮食进口多一些不要紧。农民稳住了，事情就好办了。如果感到粮食进口多了，下一年少进一点就是了。进口粮食的时间，不只是三五年，时间还可能长些，数量则可能少些。”陈云认为，这是大计，是经济措施中最大的一条。

第二，工业引进项目，要循序而进，不能窝工。“我们的起点，是三千万吨钢。但是，不能光看钢铁这个指标。我们同日、德、英、法不同，工业基础不如他们，技术力量不如他们，这两点是很重要的。我们的工业基础和技术力量比解放初期有很大进步，但同日、德、英、法比，还是落后的。我们也不能同南朝鲜、台湾比，它们是美国有意扶植的，而且主要是搞加工工业，我们是要建设现代化的工业体系。要循序而进，不要一拥而上。一拥而上，看起来好像快，实际上欲速则不达。项目排队，如有所失，容易补上；窝工，就难办了。”

第三，要给各省市一定数量的真正的机动财力。“我说的是要真正的，不能有名无实。要信任各省市的领导同志，他们都是共产党员，都是高级领导干部，我想他们不致把钱乱花掉。”

第四，对于生产和基本建设都不能有材料的缺口。“各方面都要上，样样有缺口，表面上好看，挤来挤去，胖子挤了瘦子，实际上挤了农业、轻工业和城市建设。现在采购员东奔西跑，就是由此而来的。材料如有缺口，不论是中央项目或地方项目，都不能安排。”

第五，要重视旅游事业的发展。①

陈云清醒地分析了当时我国经济发展的实际情况，系统地提出了进口粮食、稳住农民，循序渐进地引进工业项目以及生产和基建不能有缺口等重要建议，其基本思想被写进了中共十一届三中全会公报，即“切实做到综合平衡，以便为迅速发展奠定稳固的基础。基本建设必须积极地而又量力地循序进行，要集中力量打歼灭战，不可一拥而

① 《陈云文选》第三卷，人民出版社 1995 年版，第 236—237 页。

上，造成窝工和浪费。”陈云的上述意见可以被看作国民经济调整的先声。

1979 年 3 月 14 日，陈云和李先念联名致信中共中央，提出对国民经济进行调整的建议：

“（一）前进的步子要稳。不要再折腾，必须避免反复和出现大的‘马鞍形’。（二）从长期来看，国民经济能做到按比例发展就是最快的速度。（三）现在的国民经济是没有综合平衡的。比例失调的情况是相当严重的。（四）要有两三年的调整时期，才能把各方面的比例失调情况大体上调整过来。（五）钢的指标必须可靠。钢的发展方向，不仅要重数量，而且更要重质量。要着重调整我国所需要的各种钢材之间的比例关系。钢的发展速度，要照顾到各行各业（包括农业、轻工业、其他重工业、交通运输业、文教、卫生、城市住宅建设、环境保护等）发展的比例关系。由于钢的基建周期长，不仅要制订五至七年的计划，而且要制订直到二〇〇〇年的计划。（六）借外债必须充分考虑还本付息的支付能力，考虑国内投资能力，做到基本上循序进行。”①

1979 年 3 月 21 日至 23 日，中共中央政治局会议接受了陈云和李先念的意见，初步形成了对国民经济进行调整的决策。陈云在这次会议上进一步明确了调整的设想。他首先强调要把“实事”搞清楚：“九亿多人口，百分之八十在农村，革命胜利三十年了还有要饭的，需要改善生活。我们是在这种情况下搞四个现代化的。搞建设，必须把农业考虑进去。所谓按比例，最主要的就是按这个比例。这是一个根本问题。”“有些同志只看到外国的情况，没有看到本国的实际。我们的工业基础不如它们，技术力量不如它们。有的国家和地区发展快，有美国的特殊照顾。只看到可以借款，只看到别的国家发展快，没有看到本国的情况，这是缺点。不按比例，靠多借外债，靠不住。”在搞清楚所面临的实际情况后，陈云明确指出：现在比例失调的情况

---

① 《陈云文选》第三卷，人民出版社 1995 年版，第 248 页。

相当严重。基本建设项目大的一千七百多个，小的几万个。赶快下决心，搞不了的，丢掉一批就是了。搞起来，没有燃料、动力，没有原料、材料，还不是白搞。要有两三年调整时间，最好三年。调整的目的，就是要达到按比例，能比较按比例地前进。①

1979 年 4 月 5 日至 28 日，中共中央召开专门讨论经济调整和经济建设问题的中央工作会议，会议通过了《中共中央关于调整国民经济的决定》，提出从 1979 年起，用三年的时间，认真搞好调整工作，并形成了“调整、改革、整顿、提高”的八字方针。1979 年 6 月 18 日至 7 月 1 日召开的五届人大二次会议，正式通过了对国民经济进行调整的决议。会议通过的《政府工作报告》中明确指出：要用三年的时间认真搞好国民经济的调整、改革、整顿、提高。② 经济调整成为党和政府领导经济工作的方针政策。

三、调整的具体措施和过程

在 1979 年 4 月的中央工作会议上，李先念受中共中央和国务院的委托，就国民经济调整工作发表重要讲话。他在讲话中提出了 12 条调整比例关系的原则和措施：第一，集中主要精力把农业搞上去，调整好农业和工业的关系；第二，加快轻纺工业的发展，使轻、重工业的比例协调起来，使商品供应同国内购买力和对外出口的增长相适应；第三，在重工业中要突出地加强煤、电、油、建材工业的生产建设和交通运输建设，以保证其他工业和整个国民经济的发展；第四，按照国民经济发展的需要和燃料动力、原材料供应的可能，认真调整工业企业；第五，坚决缩短基本建设战线，使建设规模同可能供应的钢材、水泥、木材、设备和资金相适应；第六，引进要循序渐进，前后衔接，步子不能太急；第七，我们要多引进一些国外先进技术，最

① 《陈云文选》第三卷，人民出版社 1995 年版，第 250—253 页。

② 李成瑞主编：《陈云经济思想发展史》，当代中国出版社 2005 年版，第 389—390 页。

可靠、最主要的途径，就是要扩大出口；第八，在保持物价基本稳定的前提下，对某些不合理的价格作必要的调整；第九，坚持统筹兼顾的方针，解决好劳动力安排问题；第十，必须切实控制人口的增长；第十一，切实做到在发展生产的基础上改善人民生活；第十二，各项计划要互相衔接，不留缺口。①

按照上述目标，1979 年开始调整时的设想是将基本建设投资从 1978 年的 480 亿元降到 360 亿元，把省出来的钱用于提高农产品收购价格和增加职工工资，同时调整农、轻、重比例结构，加强农业和轻工业，克服国民经济比例失调现象。但是，由于中央和地方有很多人思想上对调整认识不足，在实际工作中执行不力，加上压缩投资工作起步过晚，1979 年预算内投资并未减少，同 1978 年持平，达 395 亿元，而预算外投资却达到 105 亿元，全年实际完成投资总额达 500 亿元，不仅没有达到压缩基建的目标，反而比 1978 年有所增加。与此同时，1979 年由于提高农产品收购价格和职工工资，使居民收入增加了 140 亿元。当年财政出现了 170.6 亿元赤字，为新中国成立以来所未有。② 为了弥补创纪录的财政赤字，只得动用历年财政结余 84 亿元，向人民银行透支 90 亿元，银行也不得不增发货币 56 亿元。③

针对各级领导干部对调整认识不统一，基本建设大项目压不下来的情况，1979 年 9 月 18 日，陈云在国务院财经委员会召开的汇报会上再次强调："经济的调整，即实行调整、改革、整顿、提高的方针，是必要的，并不是多此一举。计委这次提出明年的基建投资是二百五十亿元，财政部提出的是一百七十亿元。不管哪个数字，都比一九七八年的四百五十一亿元和一九七九年的三百六十亿元减少了。这就在实际上证实了一九七八年和一九七九年的投资超过了国家财力物力的可能。这种基建投资超过国家财力物力可能的状况，自

① 苏星：《新中国经济史（修订本）》，中共中央党校出版社 2007 年版，第 506 页。

② 《薛暮桥回忆录》，天津人民出版社 2006 年版，第 281 页。

③ 李成瑞主编：《陈云经济思想发展史》，当代中国出版社 2005 年版，第 392—393 页。

一九七〇年以来或多或少就存在了。”

关于基本建设的资金来源，陈云认为：“我们的基建投资，必须是没有赤字的。就是在财政平衡的基础上，看能够拨出多少钱用于基本建设投资，以这个数字来制定基本建设计划。所以，根据三十年来的经验，找出基本建设投资在财政支出中所占比重这一条杠杠，是必要的，这样才是实事求是。”他特别强调：“可否发票子来弥补基建投资赤字？不可能，而且决不能这样做。因为这将无以为继。基建投资年年有赤字是不行的，因为年年用发票子来搞基建，到了一定的时候，就会‘爆炸’。”在谈到利用外资时陈云指出：利用外资来进行建设，我们的经验还很少，需要认真加以研究。不要用自由外汇兑换成为人民币来弥补基建投资的赤字。对所借外债要加以分别。①

1979 年由于基本建设投资继续扩张，同时居民购买力也迅速增加，积累和消费基金一起膨胀，社会总供给和总需求的矛盾开始凸显，财政赤字大幅增加，物价稳定的压力很大。如果让这种趋势发展下去，通货膨胀将很难避免。陈云对待经济问题，始终本着“临事而惧”的态度，判断形势、制定决策都十分谨慎。对待可能出现的通货膨胀，他深感忧虑。1979 年 10 月，他针对有人提出财政赤字和通货膨胀并不可怕的说法指出：“关于赤字是不是可怕这个问题。有同志说，生产搞上去了，有一点赤字也不可怕。这是指生产。如果说，今年搞生产，下半年、明年就见效，这不可怕。问题是基本建设的投资是长期的投资，大量的投资搞赤字，我是有点怕就是了。”“由于生产量的增长，生产资料的增加，这样增加的货币，是正常的增加，否则就是通货膨胀。通货膨胀，如果数量不大，我不怕；数量很大了，我害怕。如果能当年生产，第二年就见效，这个我同意。但是，用赤字来投资是不行的。”②

1979—1980 年的调整工作虽然取得了一定的成效，停建和缓建

---

① 《陈云文选》第三卷，人民出版社 1995 年版，第 264—265 页。

② 《陈云文集》第三卷，中央文献出版社 2005 年版，第 464—465 页。

了一批在建项目，但基本建设的总规模不仅没有压缩，反而有所扩大。由于计划外投资的大幅膨胀，1980 年实际完成的投资总额达到 540 亿元，比 1979 年又增加了 40 亿元。这一年农产品价格因超售加价和议价收购的比重增加而继续上升，使国家在这方面的补贴增加到 1980 年的 130 亿元。①1979 年职工调级而增加的新工资大部分在 1980 年补发，企业又用留成利润多发奖金，职工工资指数比上年提高了 19.4%。②1980 年财政收支相抵，赤字 127.5 亿元，为了弥补财政赤字，不得不增发货币 70 亿元。由于投资和居民购买力的持续膨胀，出现了全国范围的物价上涨，物价总水平也终于稳定不住，1980 年商品零售价格指数上涨 6%，居民消费价格指数上涨 7.5%。这一年不仅是“大跃进”以来物价水平涨幅最高的一年，而且是 1978—1984 年期间物价上涨最多的一年。③

1980 年 11 月 15 日至 30 日，国务院召开全国省长、市长、自治区主席会议，同时召开全国计划会议。会议认为当时的经济形势有潜在的危险，一是在分配上积累和消费的总和超过了国民收入可供使用额，国家安排的基本建设开支和各项消费开支超过了财政收入，财政出现大量赤字，货币投放量增加，如不采取措施，这种情况还会继续；二是基本建设很大地超过国家经济的可能，这两年（1979—1980）没有压缩下来。因此，要下决心进一步抓好调整。会议重新调整了 1981 年的国民经济计划，降低了工农业总产值，特别是工业总产值的增长速度；要求财政收支平衡，基本建设投资从原来的 550 亿元减为 300 亿元，比上年预计减少 40%。④

1980 年 11 月 28 日，陈云在听取国务院关于 1981 年计划调整的汇报后指出：三年之内不增加基建投资，搞“铁公鸡，一毛不拔”，“置

---

① 李成瑞主编：《陈云经济思想发展史》，当代中国出版社 2005 年版，第 394 页。

② 《中国统计摘要 · 2007》，中国统计出版社 2007 年版，第 46 页。

③ 国家统计局城市社会经济调查司编：《2006 中国城市（镇）生活与价格年鉴》，中国统计出版社 2007 年版，第 199 页。

④ 苏星：《新中国经济史（修订本）》，中共中央党校出版社 2007 年版，第 508 页。

之死地而后生”。① 在同年 12 月 16 日的中央工作会议上，陈云再次强调：调整意味着某些方面的后退，而且要退够。可能有些议论：“这会耽误三几年。”不怕。从鸦片战争以来，中国的经济建设已经耽误了一百多年。而且这次调整不是耽误，如不调整才会造成大的耽误。不要害怕这个清醒的健康的调整。因为我们这次调整是清醒的健康的调整，我们会站稳脚跟，继续稳步前进。②

陈云高度重视当时的物价稳定问题，结合 1980 年波兰因食品涨价而引起全国性罢工的教训，他特别强调：“要看到不利的一面。除了若干种国家规定不准涨价的商品以外，许多商品都在涨价，涨价商品的面相当大，影响人民的生活。这种涨价的形势如果不加制止，人民是很不满意的。经济形势的不稳定，可以引起政治形势的不稳定。”“按经济规律办事，这是一种好现象。我们国家是以计划经济为主体的。对许多方面，在一定时期内，国家干预是必要的。粮食的收购价高，销售价低，国家要补贴。房租很低，只能作修理费，甚至抵不了修理费。国家补贴一年共计有二百多亿元。从微观经济看，这是不合理的，似乎是不按经济规律办事。但我国是低工资制，如国家不补贴，就必须大大提高工资。究竟哪种办法好？我看现在还是国家补贴、低工资的办法好。不补贴，大涨价，大加工资，经济上会乱套。从最后的经济结果看来，现在的办法，小的方面不合理，但是大的方面还是按经济规律办事的。”为了稳定物价，在国家继续对农产品进行补贴的同时，陈云要求：“目前对国营企业产品、集体企业产品的价格至少要冻结半年。”他还提出：“今后若干年，中央和地方财政在开支方面都要大大紧缩。地方财政结余，要由中央财政借用，财权仍归地方。地方财政结余要冻结，否则煞不住地方随便投资搞基本建设或随便开支这股风，中央财政也平衡不了。冻结几年，要看情况。中

① 中共中央文献研究室编：《陈云年谱（一九〇五——一九九五）》下卷，中央文献出版社 2000 年版，第 262 页。

② 《陈云文选》第三卷，人民出版社 1995 年版，第 282 页。

央财政有赤字，就要向银行透支，向银行透支就是多发钞票。一切机关、团体、部队、企业、事业单位的上年结余，都不许动用，非动用不可的，都要经过批准。这种做法就是集中。像我们这样的国家没有这样一个集中是不行的，否则就会乱套，也不利于改革。”①

随着经济形势的发展，调整的必要性越来越凸显，加之波兰事件的刺激，使党内高层对调整的认识趋于一致。1980 年 12 月 25 日，邓小平在中央工作会议上发表了《贯彻调整方针，保证安定团结》的讲话，表示完全同意陈云的意见。他明确指出：

“一九七八年十二月党的十一届三中全会以后，陈云同志负责财经工作，提出了调整方针，去年四月中央工作会议对此作出了决定。但因全党认识很不一致，也很不深刻，所以执行得很不得力。直到现在，这种情况才有了变化。这次调整，就是进一步贯彻这一方针。”

“我们这次调整，正如陈云同志说的，是健康的、清醒的调整。这次调整，在某些方面要后退，而且要退够。其他方面，主要是农业、轻工业和有关人民生活的日用品的生产。能源、交通的建设，以及科学、教育、卫生、文化事业，还要尽可能地继续发展。”

“由于过去两年执行调整方针不得力，这就造成财政大量赤字，货币发行过多，物价继续上涨。如果再不认真调整，我们就不可能顺利地进行现代化建设。只有某些方面退够，才能取得全局的稳定和主动，才能使整个经济转上健全发展的轨道。”②

根据邓小平、陈云的讲话精神，中央工作会议确定了进一步调整的要求，即在 1981 年要做到：(一) 基本上做到财政收支平衡，不出赤字，而且不给后年（1982）留下窟窿；(二) 基本实现信贷收支平衡，不搞财政性的货币发行；(三) 把物价基本稳定下来，特别是把占居民消费支出 70%左右的基本生活必需品的销售价格稳住。③

---

① 《陈云文选》第三卷，人民出版社 1995 年版，第 278—279 页。

② 《邓小平文选》第二卷，人民出版社 1994 年版，第 354—355 页。

③ 苏星：《新中国经济史（修订本）》，中共中央党校出版社 2007 年版，第 512 页。

从 1981 年年初开始，中央和各级地方政府采取坚决措施，认真清理在建项目，大力压缩基建规模，特别是计划外投资，使经济调整工作取得了比较迅速地进展。1981 年 12 月，五届人大四次会议通过的《当前的经济形势和今后经济建设的方针》的报告明确宣布：1981 年国民经济计划可以胜利完成，稳定经济的目标基本实现。我国国民经济开始走上稳步发展的轨道。①

四、调整的效果

1979—1981 年的经济调整，是一次健康的、清醒的调整，也被公认为是一次正确的、必要的和成功的调整。这次调整最重要的成功之处是直接有力地支持了农村改革，为以后的全面改革开放和经济起飞提供了宽松的经济运行环境，特别是比较稳定的物价环境。

首先，经济改革率先从农村突破并取得成功，调整起到了举足轻重的作用。

这次调整的基本思路是压缩基建和引进，加强农业和轻工业。调整对农业的支持作用尤为明显。如果没有提高粮食收购价格和大量进口粮食等措施配合包产到户，农民的收入很难有大幅度的提高，农村改革的成果也不会如此显著。

当时的国务院主要负责人回忆说：

“十一届三中全会以来我国农业的复苏，从 1979 年、1980 年、1981 年、1982 年、1983 年、1984 年，连续几年农业丰收，农村欣欣向荣，首要的当然是解决了农民‘耕者有其田’的问题。农民有了土地，实行了包产到户，这是最根本的一条。出现这么大的变化，除包产到户，另外两条关系极大：一条是提高农产品价格，农民开始在农产品里感到减少了‘剪刀差’，农民种地有利可图；另一条就是减少了统购、派购的数量，不从农民嘴里夺粮。过去多少年来农民吃不饱

① 李成瑞主编：《陈云经济思想发展史》，当代中国出版社 2005 年版，第 401 页。

肚子，每年粮食一收下来，就交公粮、余粮，这种状况持续了二十多年。当然，我们之所以能实行这样的政策，是因为十一届三中全会后决定每年要进口粮食。陈云同志原来说进口粮食以保经济作物，实际上进口粮食解决了城市粮食供应，减少了对农村的购粮。那时每年进口粮食数量很大，我记不很清楚了，大约是1000万吨到2000万吨。这边进口粮食保证城市供应，那边不从农民口里夺粮，重点产粮区又可以拿多余粮食以较高的价格出售，使之有利可图。这样三条一配套，农村一下子就搞活了。”①

其次，调整使重大比例关系恢复平衡，社会总供给和总需求大致适应，市场物价基本稳定，城乡人民生活得到明显改善。具体表现在以下几个方面：

第一，农、轻、重比例关系有所改善，国民经济结构趋于合理。虽然1981年工农业总产值比上年增长4.5%，增幅相对较低，但农业和轻工业有了较快的增长，重工业由于调整发展速度有所下降，农、轻、重之间的比例关系改善了。1981年和1978年相比，工农业总产值中农业的比重从27.8%上升到31.5%；轻工业从31.1%上升到35.2%；重工业从41.1%下降到33.3%。扭转了长期以来重工业比例持续偏高的局面，使经济结构大体适应了当时国民经济发展的要求。

第二，基本建设规模有所压缩，积累率明显下降。1981年完成基本建设投资总额428亿元，比上年减少111亿元，年末在建的大中型项目为663个，比上年减少241个。投资方向也有所改善。1981年与1978年相比，积累率从1978年的36.5%下降到28.5%，达到了历史上比较合理的区间。

第三，财政收支趋于平衡，市场物价保持稳定。1981年和1980年相比，财政赤字从127.5亿元下降至25.5亿元，收支趋于平衡；1981年商品零售价格指数上升2.4%，市场物价比较稳定。在调整的过程中，陈云非常关注货币流通量的变化。他每天看货币的日报表，

① 赵紫阳：《改革历程》，香港新世纪出版社2009年版，第114—115页。

针对货币流通量增加的情况特别指出："现在市场的货币必需流通量增加了三十多亿。过去我们是在三百亿以内，现在到三百三，大概增加了三十多亿，这就是增加了的市场的必需流通量。所以增加了货币流通量，首先是需要货币的机构增加了，还有安置二千万待业青年。一个人有了钱不见得都存银行，他自己手里头也要有一点现款，要买东西。如果每人十块钱，就是二亿。如果每人二十块钱，就是四亿。我们对市场的货币必需流通量，要心中有数。只要不用发票子搞基建投资，没有危险。"①

第四，这次调整是在人民生活历史欠账很多和就业压力较大的背景下进行的。在完成调整任务的同时，城乡人民生活继续得到改善。当时城市职工和农民的收入仍然很低，职工住宅和城市公用设施建设严重不足，1979 年全国待业人员已达两千多万，知识青年返城、夫妻两地分居等问题也亟待解决。在为期三年的经济调整中，城乡人民生活继续得到改善。1980 年竣工的职工住宅面积相当于 1978 年的 2.7 倍，1981 全国城乡居民消费水平比上一年提高了 7.2%，其中农民增加了 10%。这一年，全国城镇共安排了 820 万人就业。②

时任国务院主要负责人在回顾 1979—1981 年的调整时说："农副产品收购价格提高了，但城市粮食的销售价格却不能马上提高，因为那时居民的购买力有限，城市粮价不能轻易动，这就增加了财政上对农副产品的价格补贴。同时进口粮食要用外汇，也就影响了进口设备。另一方面，多年来城市居民住房非常困难，不能不增加城市住宅建设面积。同时工厂扩大自主权，提高了工人的工资和奖金，这些都需要开支，所有这些都属于还账性质。没有那几年的还账，不可能有以后那么好的形势，缓不过劲来。"

"所以三中全会以后，我们国家的财政收入占国民经济比重逐年下降，而财政开支逐年扩大，这就出现了赤字。这是必须付出的代

① 《陈云文集》第三卷，中央文献出版社 2005 年版，第 490—491 页。

② 苏星：《新中国经济史（修订本）》，中共中央党校出版社 2007 年版，第 514 页。

价，是正常的，是不能不解决的问题。在当时那种情况下，要减少财政赤字，只能暂时压缩经济建设的规模，放慢经济发展的速度，别无他途。我认为，制定 1981 年计划发现这些问题后，提出调整是必要的，我现在仍然是这个看法。如果那时不顾这些情况，认为政治形势比较好，粉碎了‘四人帮’，开了三中全会，大家欢欣鼓舞，于是就搞大干快上，那就很容易或者很快造成通货膨胀，或者又回过头来压得工人、农民喘不过气来。从整个形势看，虽然经过 1979 年、1980 年调整，1981 年再缓冲，实行进一步调整很有必要。”

“从结果看，1981 年的调整结果和过去的几次调整结果不同，不仅农业继续丰收，市场继续繁荣，国民经济不仅没有出现负增长，全年也增长了 4%左右。特别要指出的是，1981 年随着调整的发展，增长的幅度越来越高，第一季度比较低，第二季度就好一点，第三季度就高一些，第四季度明显加快了。这说明调整很好，国民经济回升了。”

“这次调整有一个重要经验，就是在压缩基建规模，压缩重工业、钢铁和机械加工的同时，大力发展轻纺日用消费品工业，并结合城市放宽就业政策，允许、鼓励个体户经营，大量发展多种服务行业，因而经济发展保持了一定的速度，市场继续繁荣，城市人民生活水平不但没有下降，而且继续提高，没有进一步造成失业，就业的范围也宽了。最后做到财政收支基本平衡，人民比较满意。”①

另外，调整为全面改革开放的实施和经济增长创造了稳定宽松的经济环境。

1979—1981 年的调整为以后几年的国民经济稳定发展提供了基础。从大一点的时间尺度看，1981—1984 年是“文化大革命”后国民经济发展比较平稳的时期。1981—1984 年积累率控制在 30%以下，经济增长特别是农业、轻工业增长迅速，农、轻、重比例调整得比较合理，其他方面的比例关系也比较协调；虽然财政仍有赤字，货币投放也比较多，但由于消费品供应充足，市场物价基本稳定，略有上

---

① 赵紫阳：《改革历程》，香港新世纪出版社 2009 年版，第 115—116 页。

升。人民生活得到很大改善。1984年同1978年相比，六年间零售物价总指数上升了17.5%，职工社会费用价格指数上升了19.9%。同一时期，全国城镇居民平均每人可用于生活费的收入增加92.4%，农村居民平均每人纯收入增加164.9%。[①] 需要特别指出的是，尽管各种涨价因素增加，但是从1981年到1984年，物价指数升幅都在3%以内。这次调整不仅为遏止当期通货膨胀作出了重要贡献，而且为此后几年的经济增长和改革开放提供了稳定的物价环境。

时任国务院主要负责人在评价这一时期的经济情况时指出："1981年实行进一步经济调整，当年工农业总产值增长率下降到了4%，从1982年开始经济增长速度逐步回升，走上了正常发展轨道。1983、1984两年经济发展很好，既有比较快的速度，社会总需求和总供给也比较适应，各种比例关系日趋协调，经济效益明显改善，人民生活有很大提高，当时的情况应该说是好的。"[②]

五、调整和改革取得成功的原因

经过三年时间的调整，不仅国民经济重新回到平稳发展的轨道，经济体制改革和对外开放也取得积极进展。在农村推行包产到户和"大包干"，在城市进行国有企业改革，扩大企业经营自主权试点，中央和地方财政"分灶吃饭"以及建设经济特区等改革开放措施都是在这段时间出台的，而且都取得了很好效果。

调整和改革之所以取得上述成功，主要是因为当时的中央领导层比较好地处理了调整与改革的关系。特别是邓小平坚定地支持调整，要求把调整放在当时经济工作的首位。早在1979年年初，邓小平就在理论工作务虚会上指出："为了使我们的经济走向正常的稳定的发展，要下决心进行必要的正确的调整，并且必须认真解决各种经济体

① 薛暮桥：《我国物价和货币问题研究》，红旗出版社1986年版，第67页。

② 赵紫阳：《改革历程》，香港新世纪出版社2009年版，第142页。

制问题。”[1]在调整遇到阻力，不能顺利实施的1980年年底，邓小平发表《贯彻调整方针，保证安定团结》的重要讲话，强调指出：“经济结构和经济体制的改革取得了很好的成绩。要巩固已有的成绩，总结已有的经验，分析和解决在改革中出现的新问题。我完全同意陈云同志的意见，今后一段时间内，重点是要抓调整，改革要服从于调整，有利于调整，不能妨碍调整。改革的步骤需要放慢一点，但不是在方向上有任何改变。”[2]

调整有力地支持了改革，改革也明显地促进了调整目标的实现。陈云高度评价改革，特别是农村改革的重要意义。他认为，“经济体制改革产生了前所未有的好作用，大大有利于经济形势的改善。农村人民生活改善了，市场搞活了，这是二十多年来少有的好现象。”“现在的经济形势是开国以来少有的很好的形势。”同时他特别强调：我们要改革，但是步子要稳。因为我们的改革，问题复杂，不能要求过急。改革固然要靠一定的理论研究、经济统计和经济预测，更重要的还是要从试点着手，随时总结经验，也就是要“摸着石头过河”。开始时步子要小，缓缓而行。这绝对不是不要改革，而是要使改革有利于调整，也有利于改革本身的成功。[3]

由于中央领导层认识统一、措施得力，正确处理了调整和改革之间的关系，二者互相促进，1979—1981年的经济调整和经济体制改革取得了双赢的良好效果。

第二节　经济体制转轨过程中的反通胀实践

从1979年到1992年，中国改革开放的过程实际上就是从计划经济

① 《邓小平文选》第二卷，人民出版社1983年版，第161页。
② 《邓小平文选》第二卷，人民出版社1983年版，第362页。
③ 《陈云文选》第三卷，人民出版社1995年版，第277—279页。

体制向市场经济体制转轨的过程，经济体制改革的导向是市场化。在微观方面，农村实行家庭联产承包责任制，城市国有企业扩大经营管理自主权，城乡个体、私营、外资等多种经济成分的广泛发展，为市场经济塑造了作为微观基础的经营主体；在宏观方面，作为资源配置和调节经济运行的主要手段，市场机制发挥作用的范围逐渐扩大，价格管理体制改革不断深化，国民经济宏观调控也开始采取市场化的间接方式。

20 世纪 50 年代初，中国为了得到苏联的援助，实现工业化，与苏东社会主义国家实行体制对接，迅速建立了计划经济体制。20 世纪 70 年代末开始的以市场经济为导向的改革，也要求中国打开国门，与市场化的外部世界进行对接。对外开放与经济体制改革是一个进程的两个方面，二者是相辅相成的关系，对外开放有力地促进了改革。经济特区——沿海开放城市——沿海经济开放区——内地这样一个渐次扩大和深入的对外开放格局使中国经济的市场化和外向性逐步提高。

在中国经济体制转轨这一历史进程中，陈云面对不断变化的体制背景和经济运行条件，继续坚持反对通货膨胀的一贯立场，对价格改革采取调放结合，循序渐进的策略，明确反对激进的价格改革，试图遏制通货膨胀的恶化，努力为改革开放创造相对稳定的经济运行和物价环境。

一、稳妥审慎地推进价格改革

在计划经济体制时期，我国政府采用行政手段人为地压低了初级成品价格，通过工农业产品“剪刀差”和给工业企业提供廉价原材料为实现工业化筹集资金。同时在各级政府建立严格的价格管理体系，价格管理权高度集中于中央政府，地方权限很小，企业对自己的产品基本上没有定价权。正如马寅初先生所指出：“支配我们计划工作的是按比例发展规律，并不是价值规律。”① 这一政策的实质是将优先发

① 马寅初：《联系中国实际来谈谈综合平衡理论和按比例发展规律》，见《马寅初经济论文选集》（下），北京大学出版社 1981 年版，第 140 页。

展重化工业的战略凌驾于价值规律之上，对我国工业化初期起到了相当的作用，但也导致我国价格体系严重背离价值。“文化大革命”中价格基本冻结，更加剧了这种不合理的状况。具体表现为：农产品、采掘工业产品、原材料工业产品价格偏低；加工工业产品价格偏高，消费品的各种价差太小，甚至购销倒挂；服务行业、城市公用事业和房租不合理的情况十分突出，影响这些行业的正常发展；在工业部门间，资金利润率相差悬殊，根本无法用利润指标来衡量企业的生产经营状况。①

陈云在计划经济体制下长期主持全国财经工作，他对价格体系和价格管理体制的作用和弊端都有深刻地认识和研究。1979 年 3 月，陈云在题为《计划与市场问题》的讲话提纲中指出：“六十年来，无论苏联或中国的计划工作制度中出现的主要缺点：只有‘有计划按比例’这一条，没有在社会主义制度下还必须有市场调节这一条。所谓市场调节，就是按价值规律调节，在经济生活的某些方面可以用‘无政府’、‘盲目’生产的办法来加以调节。现在的计划太死，包括的东西太多，结果必然出现缺少市场自动调节的部分。计划又时常脱节，计划机构忙于日常调度。因为市场调节受到限制，而计划又只能对大路货、主要品种作出计划数字，因此生产不能丰富多彩，人民所需日用品十分单调。整个社会主义时期必须有两种经济：(1) 计划经济部分（有计划按比例的部分）；(2) 市场调节部分（即不作计划，只根据市场供应的变化进行生产，即带有盲目性调节的部分）。第一部分是基本的主要的；第二部分是从属的次要的，但又是必需的。”②

陈云的《计划与市场问题》提纲是十一届三中全会后中央领导层最早论述计划与市场关系问题的重要文献，为我国开始进行的经济体制改革，特别是价格改革提供了理论依据。1979 年 6 月，五届人大

① 苏星：《新中国经济史（修订本）》，中共中央党校出版社 2007 年版，第 578 页。

② 《陈云文选》第三卷，人民出版社 1995 年版，第 244—245 页。

二次会议通过的《政府工作报告》指出：我国应当逐步建立计划调节与市场调节相结合的体制，以计划调节为主，同时充分重视市场调节的作用。陈云提出的“计划经济为主，市场调节为辅”的原则得到了理论和实际工作者的普遍赞成，并在1982年中共十二大上得到确认。在1984年10月十二届三中全会提出发展社会主义商品经济之前，这一原则是全国经济工作和体制改革的主要指导方针。

陈云虽然是价格改革的首倡者，但鉴于物价问题的复杂性和全局性，他对价格改革始终采取十分审慎的态度。

首先，价格改革要选准时机，稳妥实施，不能让人民生活水平因价格改革而降低。陈云在1980年12月召开的中央工作会议上提出：“现在的经济形势是开国以来少有的很好的形势。但要看到不利的一面。除了若干种国家规定不准涨价的商品以外，许多商品都在涨价，涨价商品的面相当大，影响人民的生活。这种涨价的形势如果不加制止，人民是很不满意的。经济形势的不稳定，可以引起政治形势的不稳定。”①1984年10月20日，陈云在中共十二届三中全会的书面发言中再次强调：“这几年，我们的经济发展比较顺利，人民生活水平提高也比较快，现在进行价格体系的改革，确实是有利时机。但是，改革的步骤一定要稳妥，务必不要让人民群众的实际收入因价格调整而降低。”②

其次，为了给改革提供稳定的市场环境，国家干预是必要的。陈云认为，能不能做到完全按价值规律办事，要看条件。他1980年12月中央工作会议上谈到国家补贴时说：“从微观经济看，这是不合理的，似乎是不按经济规律办事。但我国是低工资制，如国家不补贴，就必须大大提高工资。究竟哪种办法好？我看现在还是国家补贴、低工资的办法好。不补贴，大涨价，大加工资，经济上会乱套。从最后的经济结果来看，现在的办法，小的方面不合理，但是大的方面还是

① 《陈云文选》第三卷，人民出版社1995年版，第277—278页。

② 《陈云文选》第三卷，人民出版社1995年版，第337页。

按经济规律办事的。”[①]1981 年 11 月他在一次会议上又说：“在我们这样的社会主义国家，现在的情况是，有些价格是背离了，应该符合起来；但是有相当大的一部分不能不背离。比如说，进口粮食是要赔钱的，就是按照粮食的卖价，我们市场还要贴钱。但是，粮食赔钱换得了市场稳定，有肉吃，有菜吃，给我们时间搞体制改革。否则，没有手段搞体制改革。粮食虽然赔钱，但是我们的经济作物发展了。东方不亮西方亮，从那里赔了，从这里拿回来。如果粮食不补贴，市场就要大波动。”[②]

再次，价格改革步骤要稳妥，要通过试点后再推广。在 1980 年 12 月 16 日的中共中央政治局会议上陈云指出：“我们要改革，但是步子要稳。因为我们的改革，问题复杂，不能要求过急。改革固然要靠一定的理论研究、经济统计和经济预测，更重要的还是要从试点着手，随时总结经验，也就是要‘摸着石头过河’。开始时步子要小，缓缓而行。这绝对不是不要改革。”[③]对于价格改革，陈云更是强调试点的重要性。1983 年 1 月 28 日，陈云在答复价格体制改革有关问题时指出：“第一，体制必须改革。第二，改革必须试点，因为试点而使改革的进度慢了，与为了加快改革的进度而不经过试点，以致改得不好，还要回过头来重新改，这两种损失相比，前一种比后一种要小些。”[④]

最后，价格改革调放结合，以调为主。以大幅度提高农副产品收购价格为标志，我国从 1979 年起开始对原有的价格体系进行调整，对价格管理体制进行探索性的改革。从 1979 年到 1984 年这一阶段的特点是调放结合，以调为主。即在不变更原有的价格形成机制的条件

① 《陈云文选》第三卷，人民出版社 1995 年版，第 278 页。

② 中共中央文献研究室编：《陈云年谱（一九〇五——一九九五）》下卷，中央文献出版社 2000 年版，第 283 页。

③ 《陈云文选》第三卷，人民出版社 1995 年版，第 279 页。

④ 中共中央文献研究室编：《陈云年谱（一九〇五——一九九五）》下卷，中央文献出版社 2000 年版，第 320 页。

下，对不合理的价格体系进行调整，但仍以计划价格为主要定价方式。同时，对价格管理体制也进行了探索性的改革，逐步下放价格管理权限，实行灵活多样的价格形式，并且放开一部分商品的价格，由市场自由调节。

在价格体系调整方面，除了大幅度提高农副产品收购价格外，还提高了肉、蛋、菜等主要副食品销售价格，有重点地提高了煤炭、铁矿石、钢材等原材料产品价格，降低了部分加工产品的价格，根据市场供求调整了部分轻纺产品价格，一定程度上缓解了价格体系不合理的程度。在价格管理体制改革方面，主要措施有对部分农副产品恢复议购议销，实行议价，部分工业品实行以国家定价为基础的浮动价格，分期分批放开部分日用小商品的价格，广东省还恢复和发展了城乡集市贸易，包括猪肉在内的副食品价格完全由市场自由调节。①

这一时期价格调整的经典案例是 1983 年对棉布和化纤布比价的调整。当时由于棉花收购价提高，棉布销售价不动而造成棉纺制品企业严重亏损，化纤布则因为成本下降，产大于销而大量积压。1983 年年初，国家决定提高棉布价格（平均提高 20%），调降化纤布价格（按不同品种分别降价 12%—30%），结果是化纤布销量大增。1983 年当年销量比上年增加 42.9%，从限产变为大量增产。棉布需求减少，使政府可以取消布票，敞开供应。② 由于这次纺织品价格调整不仅满足了不同的消费需求，而且总体上没有提高价格水平，人民群众是比较满意的。陈云对此也给予肯定，认为“化纤降价，棉布提价没有引起社会震动，是一个成功的例子，可以借鉴。”③

从 1979 年到 1984 年，价格改革进展比较顺利，价格改革措施的出台没有引起明显的市场和社会影响。这一时期价格调整的力度很大，尤其是农产品提价幅度相当高，1984 年与 1978 年相比，农产

① 苏星：《新中国经济史（修订本）》，中共中央党校出版社 2007 年版，第 579—582 页。

② 薛暮桥：《我国物价和货币问题研究》，红旗出版社 1986 年版，第 66 页。

③ 《陈云文选》第三卷，人民出版社 1995 年版，第 337 页。

品收购价格提高了将近50%，工农业产品价格的剪刀差缩小30%。[①]尽管如此，这一时期的物价总水平还是保持了基本稳定。1978—1984年全国商品零售物价指数年均上涨2.47%。[②]这是改革开放以后物价上涨幅度最低的一个时期。

造成上述效果的原因主要是当时的中央领导层在对国民经济进行调整，恢复综合平衡的同时，对推进价格改革采取了积极审慎的态度，实行调放结合，以调为主的策略。对关系国计民生的大类商品的价格调整，由国家主导和控制，循序渐进地修正不合理的价格体系；对各方面条件比较成熟，对人民生活影响较小的商品，逐步取消价格控制，由市场自由调节，让供求关系决定它们的价格。此外，必须指出的是：这一时期的价格改革基本上还是在计划体制的框架内进行，价格形成机制没有发生实质性的改变，不合理价格体系和价格管理体制也没得到彻底地调整和变革。

二、强调宏观调控，抑制经济过热

1984年10月20日，中国共产党十二届三中全会一致通过了《中共中央关于经济体制改革的决定》。这个决定阐明了加快城市为重点的整个经济体制改革的必要性、紧迫性，规定了改革的方向、性质、任务和各项基本方针政策，是指导我国经济体制改革的纲领性文件。决定要求建立自觉运用价值规律的计划体制，发展社会主义商品经济。按照吴敬琏先生的回忆，商品经济的提法实际上是市场经济的曲折表述。[③]从这时起，中国经济体制改革的市场化方向开始明晰起来。

这个决定明确指出："价格体系的改革是整个经济体制改革成败

① 薛暮桥：《我国物价和货币问题研究》，红旗出版社1986年版，第69页。

② 国家统计局城市社会经济调查司编：《2006中国城市（镇）生活与价格年鉴》，中国统计出版社2007年版，第199页。

③ 参见吴晓波：《吴敬琏传》，中信出版社2010年版。

的关键。”“价格体系的不合理，同价格管理体制的不合理有密切的关系。在调整价格的同时，必须改革过分集中的价格管理体制，逐步缩小国家统一定价的范围，适当扩大有一定幅度的浮动价格和自由价格范围，使价格能够比较灵敏地反映社会劳动生产率和市场供求关系的变化，比较好地符合国民经济发展的需要。”① 以上述决定为标志，我国价格改革的重点转入价格形成机制方面，改革措施也转为“调放结合，以放为主”。价格市场化成为价格改革的主要导向，计划价格和计划外价格“双轨”并行的格局逐步形成。

在随后的1985年和1986年这两年中，国家先后出台了一系列重大的价格放开措施，其中包括：在农村取消了执行三十余年的粮食统购政策，代之以合同定购；放开除国家定购的粮、棉、油、糖以外的绝大多数农副产品的购销价格；放开计划外生产资料价格和一部分工业消费品价格等。同时，也对计划内的部分能源、原材料价格进行了调整。价格改革取得了实质性的进展，国家管理的价格进一步趋于合理并在比重上有明显减少，一部分品种在国家规定范围内由企业定价，一部分品种由企业根据市场供求自行定价。初步构建了国家定价、国家指导价、市场调节价相结合的价格形成机制。在工农业商品产值中，市场调节价格的比重已达到了30%以上。②

在价格取得实质性进展的同时，由于多种复杂原因的共同作用，从1984年第四季度开始，我国经济出现过热趋向。主要表现在以下几个方面：

（1）社会需求过旺。从1985年到1988年，全社会固定资产投资由2543亿元急剧增加到4479亿元，平均每年增长26.6%（按累计法计算）；社会商品购买力由4855亿元增加到10438亿元，平均每年增长22.2%；社会商品零售总额由4305亿元增加到7400亿元，平均每年增长21.8%。上述需求指标的增长均超过同期现价国民生产总值平

① 《十二大以来重要文献选编》中，人民出版社1986年版，第570—571页。

② 苏星：《新中国经济史（修订本）》，中共中央党校出版社2007年版，第582—584页。

均每年增长 19.1%的速度。

（2）工业发展速度过快，特别是加工工业增长过快。1985 年到 1988 年，全国工业总产值平均每年递增 17.8%，其中 1988 年达到 20.8%；全国轻工业产值年均递增 19.1%，重工业中制造业年均递增 17.3%，其中 1988 年两者分别增长 22.1%和 21.6%，均高于全部工业的平均增长速度。由于工业增长过快，使工业与农业、能源、原材料和交通运输等基础产业之间的比例关系严重失衡。

（3）信贷和货币投放过多。1984 年以后，信贷和货币投放大大超过了经济正常发展和改革的需要，成为推动需求过旺的直接原因之一。1985 年到 1988 年，银行各项贷款平均每年增加 1446 亿元，增长 22%；货币投放平均每年增加 336 亿元，增长 28.1%。特别是 1988 年的货币投放量高达 680 亿元，是 1979 年到 1984 年平均投放量的 7 倍。

（4）作为经济过热的后果和主要表现，通货膨胀卷土重来。1984 年全国零售物价上涨 2.8%，1985 年为 8.8%（无论是环比还是定基，都超过 1981—1984 四年的物价涨幅之和①），1986 年又同上年相比上升 6%，1987 年为 7.3%，1988 年急剧上升到 18.5%。从月度来看，1988 年 1 月涨幅为 9.5%，2 月上升到 11.2%，到 7 月已提高到 19.3%。

（5）经济秩序特别是流通秩序混乱。在极短的时间中，流通领域中就冒出了十几万个各式各样的公司，倒买倒卖，乱收费，乱涨价现象日趋严重。在 1988 年 18.5%的物价涨幅中，约有 8 个百分点是由国家主动调价带来的，其余大都为自发性涨价和上年涨价的滞后影响。②

造成经济过热和通货膨胀的原因是多方面的，特别是 1984 年年

---

① 国家统计局城市社会经济调查司编：《2006 中国城市（镇）生活与价格年鉴》，中国统计出版社 2007 年版，第 199—200 页。

② 苏星：《新中国经济史（修订本）》，中共中央党校出版社 2007 年版，第 588—589 页。

底的信贷和工资总额增量过大，直接导致了投资和消费需求双膨胀。

1984 年下半年，人民银行在考虑 1985 年各专业银行贷款总额的浮动时，要以 1984 年实际贷款作为基数；劳动部门打算 1985 年各企业工资总额的浮动时，也以 1984 年实际工资数作为基数。这个消息传出之后，立即导致从 10 月份开始的信贷和工资增长过多。很多金融机构不顾大局，为了增加信贷基数，竞相放贷；许多企业和行政事业单位从本位利益出发，为了增加工资基数，则乱提工资，滥发奖金和补贴。导致银行信贷、投资数量和消费基金急剧增长。这年 12 月，银行贷款总额比上年同期猛增 48.4%，第四季度奖金发放比上年同期增加 1 倍多，工资总额（含奖金）增长 38%。国务院在 11 月中旬就发现这个问题，发出了控制基建投资和工资奖金的紧急通知，规定 1984 年增发货币 180 亿元的计划不准突破。但没有公开宣布撤销关于两个基数核定办法的初步设想。银行对基建贷款仍然是不但有求必应，而且送款上门。1984 年第四季度货币发行量比上年同季增长 164%。由于上述因素的影响，1984 年全年银行贷款总额增长 28.9%，货币发行增加 49.5%，全年共增发货币 262 亿元，大大突破了原来的定额，开始出现了明显的通货膨胀。①

还出现了以下问题：(1) 社会总需求大大超过总供给。1984 年到 1988 年，国民收入增长 70%，全社会固定资产投资增长 214%，城乡居民货币收入增长两倍。(2) 工农业比例失调，粮食生产连续几年徘徊，加上人口过快增长，人均粮食占有量下降，工业生产增长过快，摊子越铺越大。(3) 工业内部基础工业、基础设施与加工工业比例失调，能源、交通、原材料的供应支撑不了过大的加工工业，大量工业产能长期闲置。(4) 资金、外汇、物资的分配权过度分散。1984 年到 1988 年，国家财政收入占国民收入的比重从 26.7%下降到 22%，中央财政收入占全部财政收入的比重由 56.1%下降到 47.2%，致使国家宏观调控能力减弱。(5) 生产、建设、流通领域普遍存在高

① 《薛暮桥回忆录》，天津人民出版社 2006 年版，第 313 页。

消耗、低效益，高投入、低产出，高消费、低效率现象。[①]

价格体制改革中的一些问题也是造成物价大幅上涨的原因。“价格结构性调整，改革的步子比较大，价格放开的商品品种多，影响面广；农副产品价格大部分放开，计划外工业生产资料价格上涨，推动了一部分消费品价格的过多上涨；一些大城市蔬菜价格放开后，工作没有相应跟上，造成蔬菜价格大幅度上涨，大路菜的价格影响更为突出；有些工商企业和个体商贩，违反国家物价政策，乱涨价和变相涨价。”[②]

针对上述经济过热的现象，陈云及时地、有针对性地倡导加强宏观调控，强调经济稳定发展的重要性。他在 1985 年 9 月召开的中共全国代表会议上指出：搞好宏观控制，才有利于搞活微观，做到活而不乱。1984 年工业总产值比上年增长 14%，今年 1—7 月又比去年同期增长 22.8%。这样高的速度，是不可能搞下去的，因为我们目前的能源、交通、原材料等都很难适应这样高速度的需要。说到底，还是要有计划按比例地稳步前进，这样做，才是最快的速度。否则，造成种种紧张和失控，难免出现反复，结果反而会慢，“欲速则不达”。[③]

中共中央其他领导人也对经济过热有所察觉。邓小平在 1985 年 8 月接见外宾，谈到我国工业发展速度太快时说，“听起来可喜，但有不健康的因素”。1985 年年初，国务院决定采取宏观调控措施，为经济“降温”，抑制通货膨胀。从 1985 年 2 月到 10 月，连续召开四次省长会议，纠正 1984 年的失误，严格控制信贷和工资奖金的发放，并从 1985 年第四季度开始实行紧缩政策，主要是紧缩信贷，控制贷款规模，信贷失控的状态基本上得到扭转。

然而，实际情况是这次紧缩仅仅实行了九个月就夭折了。“直接原因是，紧缩力度大了一些，有些措施出台过急，而且有‘一刀切’

---

① 李成瑞主编：《陈云经济思想发展史》，当代中国出版社 2005 年版，第 437 页。

② 《价格改革十年》，《价格理论与实践》1988 年第 12 期。

③ 《陈云文选》第三卷，人民出版社 1995 年版，第 351 页。

的弊端。如收缩中央银行对专业银行再贷款，逼迫专业银行向下级机构限期收回资金，甚至把制造适销产品的贷款也强行收回；按1985年3月的水平冻结企业工资总额；等等。"[①] 这些措施导致经济增长速度下降过猛，1986年上半年经济增长速度从上年的20%下跌到接近于零的水平。

由于我国经济规模巨大、结构复杂，经济增长严重依赖投资驱动，特别是基本建设摊子铺开后，需要持续的资金投入，因此经济增长本身存在着一定的惯性，而且国民经济稳定运行也需要维持一定的增长速度。20世纪八九十年代是我国经济的起飞阶段，GDP年均增长9.21%；如果除去两头的调整，1982—1988年GDP年均增长超过10%。1986年上半年的经济骤然"失速"，对全国上下都是巨大的挑战。许多地方和企业纷纷强烈要求放松信贷，有人大声惊呼经济"滑坡"了，认为紧缩措施破坏了刚刚开始的经济"起飞"。

在各方面的压力下，赵紫阳坚持宏观调控的立场上发生了动摇，他接受了有些人保持适度的通货膨胀来刺激经济"起飞"的主张，为了保证经济增长速度，放弃了紧缩政策，开始重新大幅度放松信贷。在1986年下半年放松信贷后，固定资产投资继续膨胀。1986年原计划要求投资规模不能再超过上年水平，但这一年实际投资比上年猛增477亿元，增发货币231亿元。1987年投资计划要求保持在1986年水平上，但是由于宏观控制不力，计划外投资继续失控，固定资产投资又比上年猛增621亿元，货币增发236亿元。[②]

在经济过热、投资膨胀的背景下，物价自然难以稳定。继1985年零售物价指数较1984年上涨8.8%后，1986年和1987年又分别上涨6%和7.3%。从表面看上涨幅度不算很高，但实际上这是假象。由于我国当时物价仍处于半管制状态，为了应对物价上涨的威胁，政府采取行政手段，强行限制物价。1985年以后，由于通货膨胀居高

---

① 苏星：《新中国经济史（修订本）》，中共中央党校出版社2007年版，第586页。

② 《薛暮桥回忆录》，天津人民出版社2006年版，第321—322页。

不下，市场物价大幅波动，政府不仅在价格体制改革和比价结构调整方面都没有出台大的措施，而且一再强调加强物价管理。1987年1月，国务院发出《关于加强物价管理保持物价基本稳定的通知》，要求各地区采取有力措施控制物价总水平，决定对市场粮价、大城市的重要副食品零售价和某些计划外的生产资料价格实行最高限价，不再实行超产加价，并指出要严格控制放开价格的品种和范围，对已放开价格的某些重要商品价格进行必要的指导，且不再增加放开价格和实行浮动价格的品种范围。1988年1月，国务院又发出《重要生产资料和交通运输价格管理的暂行规定》和《计划外生产资料全国统一最高限价暂行管理办法》，认为稳定生产资料价格是稳定物价、稳定经济的重要环节，要求进一步加强对生产资料价格的管理，规定全国统一最高限价的水平原则上应略低于现行市场调节价。但这些规定并没有产生预期的效果。① 由于没有坚决制止货币扩张。流通中过量货币大部分不能通过物价上涨冲销，不仅导致物价体系继续发生新的扭曲，而且为通货膨胀积蓄了更多的势能。

1985年以后的物价波动，还同农业生产，特别是粮食生产的波动存在着密切关系。1981年到1984年，农业生产增长比较快，粮食丰收，农业总产值年均增长9.3%，粮食生产年均增长6.3%，同期物价总水平年均上升只有2.15%。1984年农业丰收以后，由于担心农产品过剩和积压，1985年国家不再对农村下达指令性的收购计划。而是采用“合同定购”的方式来收购国家需要的粮食。还降低了粮食、棉花收购价格。结果造成农业生产增长缓慢（农业总产值增幅从1984年的12.3%降至3.4%），粮食减产（比上年减产7.4%）。② 从1985年到1988年全国粮食连续四年减产，人均产量由1984年的786斤减为1988年的716斤。③ 粮食供给的减少和失控，对市场和物价

① 苏星：《新中国经济史（修订本）》，中共中央党校出版社2007年版，第587页。
② 苏星：《新中国经济史（修订本）》，中共中央党校出版社2007年版，第587页。
③ 朱佳木：《中国工业化与中国当代史》，中国社会科学出版社2009年版，第127页。

造成了很大的冲击，是1985年开始的通货膨胀的直接原因之一。

陈云对粮食问题始终予以高度关注，把它视为关系到经济、社会和物价稳定的核心问题。早在1982年11月，他在答复赵紫阳时就指出：对粮食生产决不能放松。粮食的统购统销，少说五十年以内不能改变。我们国家人口多，耕地少，这在相当长的时间内不会好转……我们必须在粮食问题上立于不败之地。[①]

1985年9月，针对当时出现的忽视农业生产的倾向，陈云特别强调：

对于粮食生产，我们还是要抓紧抓好。

农村实行联产承包责任制，农业生产发展了，农民收入增加了，生活得到了改善。

农民中从事农副业致富的，有“万元户”，但只有极少数。前一时期，报纸上宣传“万元户”，说得太多，实际上没有那么多。宣传脱离了实际。

现在有些农民对种粮食不感兴趣，这个问题要注意。

农民做工、经商收入多，种粮收入少，就是养猪、种菜，也看不上眼。因为“无工不富”。

发展乡镇企业是必要的。问题是“无工不富”的声音大大超过了“无农不稳”。

十亿人口吃饭穿衣，是我国一大经济问题，也是一大政治问题。“无粮则乱”，这件事不能小看。[②]

三、明确反对用涨价和提高工资的方式搞物价改革

从1985年到1989年，我国经历了中华人民共和国成立以后第

① 中共中央文献研究室编：《陈云年谱（一九〇五——一九九五）》下卷，中央文献出版社2000年版，第310页。

② 《陈云文选》第三卷，人民出版社1995年版，第350页。

三个通货膨胀高峰期，五年内商品零售价格指数年均上涨超过 10%。在 1988 年更创下了上涨 18.5%的 1950 年以来最高值。

国家物价局的《中国物价年鉴》记载：1988 年是我国自 1950 年以来物价上涨幅度最大、通货膨胀明显加剧的一年。在国家计算零售物价指数的 383 种商品中，动价面达 95%以上，全年零售物价总指数比去年上升 18.5%。需要特别指出的是，这个上升幅度又是在持续三年物价累计上涨 23.7%的基础之上出现的。①

造成这次通货膨胀的原因是多方面的。从经济周期和基本面看，1984 年第四季度经济开始出现过热趋向以后，虽然当时的中央领导层试图以“软着陆”的方式缓解愈演愈烈的总量和结构失衡，但是财政和信贷紧缩政策中途夭折，没有发挥预期的效果。经济膨胀速度不断加快，通货膨胀势能不断蓄积，国民经济运行继续处于剧烈波动之中，主要表现在以下几点：

一是投资需求和消费需求更加膨胀。1988 年年初计划安排固定资产投资比上年减少 300 多亿元，实际增长 856 亿元，超过计划 1000 亿元。其中全民所有制单位预算内基本建设投资比上年下降 13%，预算外投资却增长了 20.6%。与此同时，社会集团消费压而不缩，1—9 月逐月上升，工资大幅度上涨。1988 年工资总额增长率高达 23.1%，比上年增长率提高 10 个百分点，创改革以来的最高水平。其中第三季度工资和奖金分别以 27%和 45%的失控速度上涨，使通货膨胀的压力在需求拉动之上又加进了成本推动的因素。

二是工业再次超高速增长。1988 年全年乡和乡以上企业的工业总产值达 15481 亿元，增长 17.7%（包括村和村以下增长 20.7%），超过上年增长幅度 3 个百分点，而且出现“萝卜快了不洗泥”现象，质量明显下降。农业仍然增长缓慢，总产值比上年增加 3.9%，其中种植业产值下降 0.2%，粮食、棉花和油料的产量分别下降 2.2%、2.4%和 13.6%。交通运输的紧张程度有所恶化，各种运输方式完成

① 参见吴晓波：《吴敬琏传》，中信出版社 2010 年版。

的货运量只比上年增长 3.5%，全年连续发生了多起新中国成立以来从未发生过的重大恶性事故。

三是财政收支状况不容乐观。全年财政收入的增长幅度大大低于物价的上升，出现了负增长现象。财政收入在国民生产总值中的比重进一步下降为 22.3%，处于改革以来的最低水平，难于满足经济社会事业发展和各项改革的需要。支出总额继续大于收入，财政赤字近 80 亿元，与上年持平，如加上内外债务，则赤字高达 340 亿元，比上年增加 99 亿元；不仅中央财政有较大赤字，地方财政有赤字的省市也不断增多。银行信用进一步扩张。1—8 月各项贷款增加了 927.1 亿元，比上年同期多增加 556.9 亿元。由于人们普遍提取存款大量抢购物资，现金货币供应的增长率更快，第一季度为 26.3%，第二季度为 35.8%，第三季度为 45.6%，货币流通量急剧增加。往年货币月净投放一般在 6—7 月出现，累计净投放一般在 9 月份开始，而 1988 年从 4 月便开始出现月净投放，5 月出现累计净投放，分别比往年提前了 2 个月和 4 个月，1—9 月累计已净投放约 400 亿元，1988 年全年货币投放量达到 680 亿元，是 1979—1984 年平均投放量的 7 倍。①

四是物价急剧上涨，流通秩序混乱。1988 年上涨率逐月加快，6、7 月份达到 16.5%和 19.3%后，8、9 月份竟高达 23.2%。同时部分重要生产资料价格也暴涨。据不完全统计，1—9 月，15 种生产资料计划内外销总指数比上年同期上升 18.5%，比消费资料上涨指数还高。其中煤炭上涨 18.5%、钢材 20.9%，木材 26.5%，铜铝 40%，烧碱 49.3%。这种情况对于我国这样一个新中国成立以来物价一直比较平稳，物价上涨率只是个位数的国家来说，确实是严重的。

由于物价特别是生产资料价格大幅度上涨，在一半左右商品的价格已放开，大批新的竞争者涌入市场的情况下，由于未能建立相应的市场组织，缺乏完善的市场规则和监督管理体系，流通秩序更加混乱。多头插手生产资料经营，中间环节越来越多。据统计，全国共有

① 苏星：《新中国经济史（修订本）》，中共中央党校出版社 2007 年版，第 589 页。

各类公司 294946 户，包括分支机构为 477431 户，其中将近 40% 是 1986 年下半年以后成立的。各种外贸公司 5000 户中，有 2000 家是 1988 年成立的。不少单位不顾国家有关规定，违法经营，钻计划内外、国内外价差的空子，利用行政权力、垄断地位或其他特权倒卖紧俏商品乃至计划指标、批文，谋取私利、层层加价、层层抽头，有的甚至物资原地不动，发货票转来转去，牟取暴利，不仅搞乱了流通，而且在人民群众中造成了极坏的影响。①

5 月 31 日至 6 月 1 日，中共中央政治局召开全体会议，讨论经济体制改革和经济形势问题。会议认为：目前我国改革进入了关键阶段。九年来，我们的改革有很大进展，成效是显著的。随着改革的深化，现在一些难度很大而又不能绕开的问题摆在我们面前。国际和国内的实践表明，改革的难题拖得越久，解决起来的难度越大。改革会有风险，但不进则退，退是没有出路的。我们必须抓住历史给予的有利条件，进一步贯彻党的十三大提出的加快和深化改革的方针，迎着风浪前进，坚决而又稳妥地把改革中不可回避的问题解决好。会议还指出：价格和工资制度改革需要有通盘的考虑和系统的方案。发展社会主义商品经济，要按价值规律办事，理顺原来很不合理的价格关系。根据这次会议的意见，从 6 月 2 日起，中央责成专门机构组织有关部门，反复研究今后五年特别是 1989 年的价格改革方案和配套措施问题。经过几上几下的论证，有关机构提出了一个初步方案。初步方案中价格总的改革方向是：少数重要商品和劳务价格由国家管理，绝大多数商品价格放开，由市场调节。工资改革总的要求是在价格改革的进程中，通过提高和调整工资，适当增加补贴，保证大多数职工实际生活水平不降低，并能随着生产的发展而有所改善。8 月 15 日至 17 日，中共中央政治局在北戴河召开全体会议，讨论并通过了《关于价格、工资改革的初步方案》。②

---

① 武力主编：《中华人民共和国经济史》上卷，中国时代经济出版社 2010 年版，第 816 页。
② 武力主编：《中华人民共和国经济史》上卷，中国时代经济出版社 2010 年版，第 814 页。

按照上述方案，准备从1989年起用五年时间初步理顺价格体系，前三年走大步，后两年微调，计划五年物价总计上升70%—90%，工资上升90%—100%。[①]8月19日，《人民日报》详细报道了价格改革方案的基本内容。消息一经传开，当即引发了全国范围的抢购风潮。福州、天津、上海、重庆、成都、北京、西安等大城市中心商业区率先发生抢购，逐渐向外蔓延，波及全国大部分地区的城市、县城和农村。抢购范围广、品种多，主要集中于价值高、易保存的工业品，涉及50个大类500多种商品，部分地区还有抢购粮食、食油甚至盐和火柴的。抢购卷入的阶层几乎遍及社会各个阶层，而以固定工资收入者居多，且来势凶猛，使销售量大幅度提高。8月份全国商品零售额比1987年同期增长了38.63%，比1988年7月增长了7.5%。主要商品零售量同1987年8月相比的增长率为：棉布46.7%，呢绒53%，绸缎40%，棉毛衫裤92%，卫生衫裤74%，毛线70%，彩色电视机40%，黑白电视机64%，洗衣机160%，电冰箱100%，电风扇68%，录音机71%，自行车52%，连已经滞销的缝纫机也增长了58%。据有关部门估计，这次商品抢购风，抢购了约60亿元商品。值得注意的是这次商品抢购伴随着挤兑银行储蓄存款，8月份城乡储蓄不仅没有增加反而减少26.8亿元。历史上8月份出现储蓄绝对额下降的只有1960年、1961年、1962年、1967年四个年份。这次突击提存，人们不仅动用活期存款，而且动用定期存款进行抢购，可见社会公众对通货膨胀、物价上涨的恐惧程度。[②]

面对全国范围的疯狂抢购和物价暴涨，1988年8月30日，正式发布《国务院关于做好当前物价工作和稳定市场的紧急通知》。内容包括：（一）经中央政治局第十次会议原则通过的价格工资改革初步方案中所讲的“少数重要商品和劳务价格由国家管理，绝大多数商品价格放开，由市场调节”，指的是五年或更长一些时间的长远目标，

① 参见吴晓波：《吴敬琏传》，中信出版社2010年版。

② 武力主编：《中华人民共和国经济史》上卷，中国时代经济出版社2010年版，第815页。

目前改革方案还在进一步修订完善之中。明年作为实现五年改革方案的第一年，价格改革的步子是不大的，国务院将采取有力措施，确保明年社会商品零售价格上涨幅度明显低于今年。（二）必须坚决贯彻执行国务院关于今年下半年不出台新的涨价措施的决定。国务院有关部门管理的商品价格和收费标准，各地一律不得擅自提高。地方管理的商品价格和收费标准，也不得任意提高。企业也不得违反规定乱涨价。违者要严肃追究主要负责人的责任。（三）为了稳定金融和保护人民群众的利益，由人民银行开办保值储蓄业务，使三年以上的长期存款利息不低于或稍高于物价上涨幅度。（四）必须采取有力措施，坚决压缩固定资产投资规模，停建、缓建一批楼堂馆所项目，严格控制社会集团购买力，抓紧清理整顿公司，清理整顿非银行的金融机构。要把今年的信贷和货币发行控制在国家要求的数额之内。银行及非银行金融机构对非生产性建设项目，要按照国务院的规定停止贷款；对生产性建设项目的贷款，也要从严掌握。（五）要切实做好农副产品的收购工作。粮、棉、油的合同定购任务要确保完成，在粮食增产和丰收的地区要力争多收购一些议价粮油。（六）各级人民政府要组织好市场供应，严格市场管理。要努力增产工业消费品，特别要抓好城市肉、蛋、菜等副食品的生产和供应工作。对人民日常生活必需品，各地必须采取措施保证正常供应。要认真整顿市场秩序，坚决取缔和打击囤积居奇、投机倒把、中间盘剥等行为。要充分发挥城乡群众、社会舆论对市场物价的监督作用，对制造谣言、哄抬物价、扰乱市场的要坚决打击。①

1988 年 9 月 12 日，邓小平在听取汇报时，提出中央要有权威，他表示赞成边改革边治理环境、整顿秩序。并在 16 日与外宾谈话时说：改革发展到今天这个阶段，到了应该很好总结的时候。速度快本来是好事，但太快也带来麻烦。现在需要稳。9 月 15 日至 21 日，中

---

① 《国务院关于做好当前物价工作和稳定市场的紧急通知》，《中华人民共和国国务院公报》1988 年第 18 期。

共中央政治局召开中央工作会议，正式做出治理经济环境、整顿经济秩序、全面深化改革的决定。9 月 26 日至 30 日，中共十三届三中全会召开，会议批准了政治局提出的治理整顿和全面深化改革的指导方针和政策措施。①

1987 年中共十三大以后，由于年事已高，陈云不再担任中共中央政治局常委，退出了中央最高决策层。但是他依然对经济稳定运行倾注了大量精力，对通货膨胀保持高度警惕。陈云非常关注货币发行数量的控制。早在 1985 年年初经济过热刚刚起来的时候，他就提出要注意货币发行失控，并明确表态赞成货币发行量必须适度，“与其失之过宽，不如先紧一点。”同时指出：现在钞票发行失控。一年发多少钞票，要有人把关，而且必须由总理或者主持经济工作的副总理把关。五十年代我把关，发行计划由我向中央常委报告，如第四季度估计要用多少钞票，请中央批准发行权。执行结果，如果多了就不用；如果少了，需要追加发行，还要再请中央批准。总之，银行发多少钞票要有人把关，不能由银行行长决定。②

对待物价改革，陈云并不反对。但因为问题复杂，他主张改革的步子要稳，不能要求过急。陈云对这个问题还有一个基本的看法，这就是他在 1980 年 12 月中央工作会议上所说的：粮食的收购价高，销售价低，国家要补贴。从微观上看，这是不合理的，似乎是不按经济规律办事。但我国是低工资制，如果国家不补贴，就必须大大提高工资。究竟哪种办法好？“我看现在还是国家补贴、低工资的办法好。不补贴，大涨价，大加工资，经济上会乱套。”在过了十年以后，陈云仍然坚持这个看法。③

陈云反对价格改革与工资改革挂钩的态度也是一贯的。1983 年 11 月 16 日，他在国务院物价小组关于工资与物价上涨指数挂钩问题

① 武力主编：《中华人民共和国经济史》上卷，中国时代经济出版社 2010 年版，第 817 页。

② 《陈云文选》第三卷，人民出版社 1995 年版，第 343—344 页。

③ 中共中央文献研究室编：《陈云传》（下），中央文献出版社 2005 年版，第 1790 页。

汇报时指出：我是摇头派，是不挂钩派。我国是社会主义国家，有十亿人口，八亿在农村，工人是低工资，这是最基本的国情。提高基础产品的价格和农产品价格要逐步进行，不能操之过急。安定职工生活可以用别的办法，不能采取工资与物价挂钩的办法。挂起钩来，也算不清账。①

1984 年 10 月 19 日，陈云在对《中共中央关于经济体制改革的决定》送审稿的批示中指出：工资和物价挂钩这句话不要写上。农副产品价格是浮动的，有升有降；工业品随着经济效益的提高，有些也会降价；而工资一般说来，只能升不能降。因此，工资和物价不可能挂钩。②

对 1988 年提出要用主动涨价和提高工资的办法来进行价格、工资改革的意见，陈云明确表示反对和质疑。

1988 年 5 月 18 日，姚依林到陈云处，通报中央政治局常委会对价格、工资改革的意见。姚依林说：我们设想，从明年开始，每年价格上涨 10%，连涨五年。每年人均收入增加 11%、12%、13%、14%，算四笔账。陈云问：你看可以理顺价格？姚依林答：我讲初步理顺，用五年时间。陈云又问：物价连涨五年，情况会有什么变化？姚依林答：价格总水平提高百分之六十到八十，工资增加百分之百。陈云表示怀疑："物价每年上涨百分之十，连涨五年，我打个很大问号。"姚依林说：这条路是否走得通，我也没有把握。陈云进一步点出问题是，物价连续上涨百分之十，影响的面很大。如果把这个计划公之于众，敢讲不敢讲？姚依林：那非讲不可。陈云又谈到物价上涨后不拿工资的农民怎么办，并说：根本问题是农民从土地转出来，拿工资，比当农民好得多。但这个事很不容易。我们有生之年，农业过不了关。1984 年粮食丰收，有些人头脑发热。我说，万元户没有那

---

① 中共中央文献研究室编：《陈云年谱（一九〇五——一九九五）》下卷，中央文献出版社 2000 年版，第 342 页。

② 中共中央文献研究室编：《陈云年谱（一九〇五——一九九五）》下卷，中央文献出版社 2000 年版，第 364 页。

么多，无粮则乱。当时，有些人不相信。这次谈的是牵动整个国计民生大局的问题，因此谈了两个多小时才结束。

5 月 28 日，陈云同李鹏谈话，明确反对拟议中的价格、工资改革办法。他斩钉截铁地讲了他的不同看法："每年物价上涨百分之十，办不到。我是算账派，脑子里有数目字。理顺价格在你们有生之年理不顺，财政补贴取消不了。"①

遗憾的是，当时的中央领导层没有接纳陈云的上述忠告和建议，终于导致严重通货膨胀的爆发。

1988 年 10 月 8 日，为了总结几年以来经济工作的经验教训，陈云和赵紫阳进行了一次谈话。针对盲目学习西方的倾向，陈云指出："在我们这样一个社会主义国家里，学习西方市场经济的办法，看来困难不少。你们正在摸索，摸索过程中碰到一些问题是难免的，还可以继续摸索，并随时总结经验。"②

陈云以往有时也用过"市场经济"的提法，这次特意加了"西方"两个字，意思是指在经济体制改革中，照搬"西方市场经济"的办法，脱离中国是一个社会主义国家的实际，一定会遇到不少困难，是行不通的。这是他对赵紫阳在中共十三大以后指导经济工作中的失误提出的批评。他要求，认真总结正反两方面的经验教训，坚持正确的道路。③

针对宏观经济严重失衡的状况，陈云再次强调了财政收支平衡和控制货币发行的重要性，要求"永远不打赤字财政"："从全局看，在几大平衡中，最基本的，是财政平衡。要扭转当前混乱的经济局面，首先要靠财政平衡、特别是中央财政平衡。现在票子发得太多。票子发行的权力要高度集中，我看还是要'一枝笔'。"

针对改革中出现的滥发奖金、补贴，使消费基金过度膨胀的现

① 中共中央文献研究室编：《陈云传》（下），中央文献出版社 2005 年版，第 1790 页。

② 《陈云文选》第三卷，人民出版社 1995 年版，第 365 页。

③ 中共中央文献研究室编：《陈云传》（下），中央文献出版社 2005 年版，第 1794 页。

象，陈云重申："提高人民生活水平，要掌握一定的幅度，不能过高、过快。还是那两句老话：一要吃饭，二要建设。好事要做，又要量力而行。"

为了遏制通货膨胀，陈云认为保值储蓄是必要的，但要从根本上稳定物价："对储蓄搞保值是必要的。同时，国库券也要保值。如果不从根本上采取稳定市场物价措施，提款抢购风潮还会再起。外债可以借，但要尽量少借。借外债，要用得好，还得起。"①

1990 年 6 月 6 日在同时任中共中央总书记江泽民谈话时，陈云又一次重申："国家财政补贴取消不了。暗补、明补，都是补贴。在我国，还是低工资、高就业、加补贴的办法好。这是保持社会安定的一项基本国策。即使是发达的资本主义国家，对某些产品也是实行补贴的。当然，通过改善经营管理，提高经济效益，可以逐步减少一些不合理的补贴，例如某些企业的亏损补贴，但要从根本上取消补贴是不可能的。"②

物价是否稳定不仅对经济运行产生决定性的影响，而且直接关系到占全国人口绝大多数的劳动人民的切身利益。陈云在晚年多次反复强调国家财政补贴的必要性，从"人口多，底子薄"的基本国情出发，主张把"低工资、高就业、加补贴"作为一项保持社会安定的基本国策。一方面要求审慎有序地推进价格改革，努力维持物价的基本稳定，尽量避免对经济运行、人民生活和社会安定造成严重影响；另一方面要求控制物价总水平，抑制消费基金过度膨胀，反对提倡高消费，强调"一要吃饭，二要建设，吃光用光，国家没有希望"。

四、对 1988 年严重通胀的反思

导致通货膨胀的原因是多方面的。

---

① 《陈云文选》第三卷，人民出版社 1995 年版，第 366—367 页。

② 《陈云文选》第三卷，人民出版社 1995 年版，第 376 页。

首先，不同程度的通货膨胀是经济体制转轨过程中客观存在的普遍现象。在经济体制转轨，特别是价格放开的头几年中，转轨国家普遍出现了急剧通货膨胀甚至恶性通货膨胀。例如波兰 1989 年通胀率为 251%，1990 年为 586%；罗马尼亚 1992 年通胀率为 210%，1993 年为 256%；俄罗斯 1991 年通胀率为 1353%，1992 年为 700%，1993 年为 320%。捷克和匈牙利的通胀率比其他转轨国家低，但也连续几年在两位数。①

由于计划经济体制下生产资料和大部分生活资料都实行计划定价，即价格处于行政管制之下。能源、电力、运输、重要原材料和基本生活资料价格被大幅压低，价格体系严重扭曲，因此，计划经济国家都存在着程度不同的隐性通货膨胀。这些国家一般通过工农产品价格剪刀差获得的收益用于建设投资，用财政补贴的方式维持第一产业的简单再生产，通过国家增量投资的方式实现第一产业的扩大再生产。当前计划经济国家开始向市场经济转轨时，价格管制被逐步或全部取消，政府也不再给予生产者价格补贴和增量投资，绝大部分生产和生活资料的价格由市场供求决定，被计划强制压低的价格报复性反弹，导致全面物价上涨。另一方面，在经济体制转轨初期，由于旧的计划管理体制正在失效，新的市场经济秩序尚在建立之中，国民经济的很多领域出现管理真空，往往会造成严重的权力寻租、行贿受贿、偷税漏税和哄抬物价现象，导致市场流通秩序混乱，物价进一步飙升。在上述两方面因素的共同作用下，计划体制下长期存在的隐性通货膨胀被迅速表面化和公开化。转轨经济国家政府为了应对这种危机，努力维持社会稳定和经济运行，不得不大量增发货币；人民群众因害怕货币贬值而将收入和储蓄用于抢购商品，导致货币流通速度加快，流通中货币量大幅增加，从而加剧了严重的通货膨胀。

应该承认，在前计划经济国家向市场经济体制转轨过程中，不同程度的通货膨胀是一种客观存在的普遍现象。但是，价格市场化的路

① 杨哲英：《转轨国家中的通货膨胀》，《经济学家》2001 年第 3 期。

径选择还是会对通货膨胀的程度有相当的影响。前苏联和大多数东欧国家采取了激进的改革措施，在短期内全部放开价格管制，使隐性通货膨胀的公开化突然发生，造成了急剧甚至恶性的通货膨胀。我国则采取了渐进缓和的价格改革策略：1979 年至 1984 年价格改革的重点是有计划地调整价格结构，“调放结合，以调为主”；1985 年以后转向“调放结合，以放为主”，既调整比价，又缩小计划管理范围，实行固定价、浮动价和市场价多种价格形式，扩大地方企业的定价权。十一届三中全会后，国家开始允许完成计划任务的农民和企业可以自己销售部分产品，经济中开始出现计划内和计划外两者价格，价格双轨制开始形成；1984 年起，继主要农产品价格双轨制后，主要工业生产资料也形成了计划内与计划外两种价格。经过上述这些渐进过渡措施逐步放开被管制的重要商品价格，减缓了隐性通货膨胀爆发的势能。虽然在转轨过程中我国也发生了严重的通货膨胀，但与其他转轨经济体相比，通货膨胀的严重程度还是相对比较低的。

其次，久治不愈的经济“过热”是严重通货膨胀发生的背景。1984 年到 1987 年，我国国民经济连续四年社会总需求超过总供给。供需差从 1983 年的 4.7%扩大为 1984 年的 16.5%，1985 年的 11.25%，1986 年的 13.45%和 1987 年的 13.6%。①1988 年的严重通货膨胀是在经济持续“过热”，而且久治不愈的背景下发生的。

1984 年第四季度出现经济“过热”现象后，当时的中央领导层见事很早，并迅速采取了以紧缩银根为重心的一系列紧急措施，包括收缩银行贷款，控制货币发行；严格控制消费基金过快增长；清理基建项目，压缩固定资产投资规模以及加强外汇管理，努力平衡外汇收支等。进入 1986 年，中央又决定采用“软着陆”的方式，用两年时间对国民经济进行再一次调整，从控制需求和增加改善有效供给两个方面解决社会总需求与总供给的失衡，逐步恢复国家财政、信贷、物资和外汇的各自平衡和相互之间的综合平衡，以便稳定经济。在改革

① 武力主编：《中华人民共和国经济史》上卷，中国时代经济出版社 2010 年版，第 797 页。

方面，1986 年实现行了“巩固、消化、补充、完善”的方针，努力使改革围绕稳定经济来进行；1987 年又推迟或调整了价格、税收、财政等重大改革措施的实施。①

中央加强宏观调控，治理经济“过热”的措施取得了一定的效果，固定资产投资规模、工资总额和贷款总额过快增长的势头得到遏制。但是，调整政策执行过程中出现了动摇和反复：1986 年上半年是财政、信贷双紧缩，下半年就改为“紧中有活”，在信贷方面放松了对流动资金的贷款；1987 年强调国民经济保持适当的增长速度，9 月份起又再次强调控制需求。由于调整政策执行得不坚决、不一贯，对经济“过热”的治理没有达到恢复社会总需求和总供给基本平衡的预期目标。特别是没有坚持紧缩信贷方针，导致固定资产投资规模和消费基金规模持续扩张，货币超经济发行相当严重。1984—1987 年我国在内外债大幅度增加的情况下，累计赤字 173 亿元，主要依靠向银行透支。每年货币量增长都高于经济增长约 9—35 个百分点，1987 年年底货币流通量已达 1454 亿元，比 1983 年增加 925 亿元，增加 174%，相对于 1979—1983 年货币增量的 2.91 倍。② 虽然经过 1986—1987 年两年的调整，1984 年第四季度以来的经济“过热”现象有所缓解，但由于货币超过经济增长需要量过多，1985—1987 年物价水平一直在高位徘徊，1985 年社会零售物价指数为 8.8%，1986 年降到 6%，1987 年又反弹到 7.3%。从数字上看似有所下降，但由于是行政限价所致，通货膨胀不仅没有从根本上得到有效遏制，反而在很大程度上被掩盖起来，成为“隐蔽性的通货膨胀”，为后来留下了隐患，增加了继续治理的难度。

再次，对通货膨胀的错误认识是造成严重通货膨胀的基础性原因。从 1986 年开始，一些人就主张采用宽松的货币信贷政策保持经

① 武力主编：《中华人民共和国经济史》上卷，中国时代经济出版社 2010 年版，第 770—771、779 页。

② 武力主编：《中华人民共和国经济史》上卷，中国时代经济出版社 2010 年版，第 797—798 页。

济的高速增长，以“适度”的通货膨胀来刺激经济“起飞”。“通货膨胀无害论”是以美国经济学家弗里德曼的货币理论为基础的。弗里德曼的基本主张是减少政府干预，让市场机制更为自由地发挥作用。这对于 20 世纪 60 年代以后失去活力的西方经济，也许是一剂合理的良药，但是拿到其他国家的改革上，则水土不服。1987 年 4 月，在一次高层会议上，赵紫阳支持了上述观点，指责要求控制经济膨胀速度的马洪等人，认为保持宏观经济的稳定基本是幻想，指出“等待出现宽松环境才改革是不现实的，不改革怎么能出现宽松环境呢?”

1988 年 2 月份物价上涨已经达到两位数，但赵紫阳认为物价问题实际上主要是食品问题，不是票子发多了，因为去年货币增长速度比近几年都低。食品价格上涨主要原因是供给不足，是收购政策违反了价值规律，是价格过于谨慎造成的。所以出路就是下决心提高收购价格，让农民有利可图，促进农牧业生产的发展，同时给城市居民发食品补贴。3 月 15 日召开的十三届二中全会上，他再次重申了上述观点。经济学家刘国光在会上针锋相对地指出：当前我国物价上涨，不仅仅是个别产品（如食品）的供求问题，也不单纯是调整价格带来的，它首先是由于货币供应量过多，从而币值下降所引起的持续性的物价上涨，而且已经持续三年。国际经验表明，这种物价上涨，从短期看对经济发展可能有某些作用，但从长期看一定会损伤整个经济的机体。从我国实际情况看，九年来已第一次出现了城市居民因物价上涨而导致实际收入水平下降的现象，引起社会的不安，所以必须首先积极对通货膨胀进行治理。此后薛暮桥、吴敬琏等经济专家也提出了类似意见。但赵紫阳仍坚持已见。①

1988 年 5 月 25 日至 27 日，赵紫阳召集中央十多个部委的领导人开会，商议价格改革事宜。与会的经济学家刘国光提出：从年初开始，各地已经发生了零星的抢购风潮，如果立即进行价格改革，势必

① 武力主编：《中华人民共和国经济史》上卷，中国时代经济出版社 2010 年版，第 812—813 页。

促使通货膨胀预期完全形成。赵紫阳对刘国光的意见不以为然，他说，你们这些经济学家的思想就是有框框，以为高速度一定会有高通胀，要求先治理环境，再放开价格。他援引韩国的经验说，韩国就是先通胀，后治理，打“时间差”，实践证明这是成功的经验。赵紫阳认为通胀根本不可能发生，而且即便发生了，也不可怕。他谈到，拉美的通胀率高达百分之几千，可是经济还是在发展。他还举例说，前些日子阿根廷总统阿方辛访华，当他得悉中国的通货膨胀率时说：“你们这点通胀算什么，如果能像你们这样，我就谢天谢地了。”①

1988 年严重通货膨胀爆发后，赵紫阳在 1988 年 12 月 1 日与薛暮桥、刘国光和吴敬琏的谈话中承认最近一年犯了通货膨胀的错误。② 但到 1989 年春，他又援引中国台湾经济学家蒋硕杰等人的观点为通货膨胀辩护。他认为，物价指数上涨 18.5%从经济角度来说并不严重，只要采取适当措施，问题是能够解决的。同时，再次提及亚洲四小龙的经验：中国台湾 50 年代初通货膨胀很严重，超过 100%。1956 年 6 月大幅度提高利率，有一段甚至提高到 125%，结果货币大量回笼，三位数的通货膨胀很快被抑制住了。50 年代末下降到 15%以下，1961 年下降到两位数以内。而居民储蓄增长率 50 年代几乎是零，1973 年上升到 35%。韩国停战以后长期实行低利率政策，通货膨胀率很高，经济也不稳定。1965 年 9 月，他们借鉴台湾的经验，把储蓄率提高到 34.5%，明显高于通货膨胀率的 30%，使储蓄增长率从 1965 年的 1.9%，迅速上升到 1966 年的 7%，1969 年的 15%，1977 年的 22%。不仅平息了高通货膨胀，而且积聚了大量资金，加快了经济发展。中国香港和新加坡也有类似的经验。

由于对旧中国和新中国成立初期的严重通货膨胀没有深刻的体验，对国际上其他经济体通货膨胀的成因、后果及应对措施也缺乏全面深入的了解，赵紫阳片面强调了中国台湾、韩国乃至拉美国家在经

---

① 参见吴晓波：《吴敬琏传》，中信出版社 2010 年版。

② 《薛暮桥回忆录》，天津人民出版社 2006 年版，第 326 页。

济发展过程中利用通货膨胀刺激经济增长的“经验”，但没有充分考虑和防范通货膨胀对国民经济和人民生活的负面影响乃至危害。在国内外一些经济学者的影响下，逐步接受了“适度”的通货膨胀可以刺激经济增长的说法，形成了对通货膨胀的错误认识；又在来自中央和地方不同方面的压力下，为了保持经济增长速度，没有坚决一贯地实行紧缩调整的方针，事实上放松了对财政信贷的控制，没有坚持把稳定经济放在首位，造成通货膨胀不断加剧。1988 年全国物价上涨率逐月加快，一月为 9.6%，二月为 11.2%，三月为 11.6%，四月为 12.6%，五月为 14.7%，六月达到 16.5%，七月上升至 19.3%，1988 年前 7 个月物价上涨已达 13.6%。即使 8 月份没有推出《关于价格工资改革初步方案》，没有进行价格改革“闯关”，1988 年两位数的严重通货膨胀局面也已经形成。

最后，物价改革要求过急是引发抢购风潮和加剧严重通货膨胀的直接原因。随着企业等微观主体市场化程度的提高，理顺价格关系，改革不合理的价格体系和价格管理体制的呼声越来越大。扭曲的价格体系不能为市场参与者提供及时准确的价格信号以反映供求关系的变化，由于主要农副产品购销价格倒挂，价格补贴使国家财政不堪重负；计划内外“双轨制”价格的存在，为权力寻租、孳生腐败提供了温床。这些问题的存在和发展都要求加快价格体制改革。

中共十二届三中全会通过的《中共中央关于经济体制改革的决定》中指出：“随着企业自主权的进一步扩大，价格对企业生产经营活动的调节作用越来越显著，建立合理的价格体系更为急迫。各项经济体制的改革，包括计划体制和工资制度的改革，它们的成效都在很大程度上取决于价格体系的改革。价格是最有效的调节手段，合理的价格是保证国民经济活而不乱的重要条件，价格体系的改革是整个经济体制改革成败的关键。”该《决定》同时指出：“改革价格体系关系国民经济的全局，涉及千家万户，一定要采取十分慎重的态度，根据生产的发展和国家财力负担的可能，在保证人民实际收入逐步增加的前提下，制定周密的切实可行的方案，有计划有步骤地进行。”①

由于其本身的全局性、重要性和敏感性，价格改革需要一个相对宽松的经济环境、特别是比较稳定的物价环境。1985 年曾有计划地采用调放结合的办法进行了以调整农副产品价格体系为主的改革，初步理顺了农副产品的价格结构。但由于这一年总量失衡，放开的价格在总需求膨胀的拉动下引发了物价水平迅速上升，而且物价上升与需求膨胀交互作用，导致国民经济过热运行和超常增长，因而这次价格改革未能继续推开。

在 1988 年经济过热和通货膨胀压力较大的背景下，当务之急是加强宏观调控，遏制通货膨胀，保证国民经济的稳定运行，而不是对价格体系进行大规模的改革。正如薛暮桥所说：严格控制社会总需求（包括积累基金和消费基金），保证社会总供给和总需求的平衡是改革不合理的价格体系，从而理顺经济关系的成败的关键。②1987 年年底的计划会议和经济体制改革会议，都主张把稳定经济放在第一位。1988 年改革计划中没有安排价格改革，并得到国务院全体会议的肯定。

在 1988 年上半年物价上涨已达两位数的情况下，进行任何激烈的价格改革显然是不适宜的。但是，当时主持中央工作的领导人为了保持经济较快增长，迅速解决改革中积累下来的诸多问题，还是决定采取激进式的物价改革措施，决意放开绝大多数商品价格，由市场调节；同时通过提高和调整工资，适当增加补贴，保证大多数职工实际生活水平不下降；企图用五年时间初步理顺价格体系。为了配合价格体制改革，消除人民群众对价格改革的紧张情绪，宣传部门大造舆论，强调“改革有险阻，苦战能过关”、“过关有风险，关后是平川”。这无疑加剧了城乡消费者的通货膨胀预期。

在通货膨胀预期加剧的背景下，广大城乡居民为了减少货币贬值

---

① 参见《中共中央关于经济体制改革的决定》，人民出版社 1984 年版。

② 《薛暮桥回忆录》，天津人民出版社 2006 年版，第 321 页。

的损失，突击提取存款，疯狂抢购各类生活物资，造成商品零售价格指数飙升，8、9月份物价上涨竟高达23.2%。与此同时，由于流通领域秩序混乱，权力寻租严重，倒买倒卖泛滥，部分重要生产资料价格也出现暴涨，涨价幅度甚至超过消费资料。

需要特别指出的是，1988年发生通货膨胀，还有一条重要原因，就是当时的中央领导层在经济形势判断和改革安排等方面存在分歧。由于认识不一致，陈云等人的正确意见没有得到重视和采纳，决策层没有处理好经济稳定与发展改革的关系，从而造成紧缩调整方针在实际执行中不一贯、不坚决。

第三节　转轨时期反通胀思想的主要特征

在20世纪80年代的中国经济转轨时期，陈云一如既往地坚持反对通货膨胀的态度。在实践中一直警惕、防范和遏制物价总水平的过度上涨，努力加强对货币发行规模的控制；妥善处理改革、发展和稳定的关系，调整国民经济，治理经济过热；审慎对待价格改革。由于这一时期中国经济体制、规模和调控方式都发生了重大而深刻的变化，陈云防范和治理通货膨胀的目的、重点和手段与其他时期存在明显的不同；他的反通胀思想因经济背景的变化而与时俱进地发展，带有明显的转轨时期的特征。

一、关于反通胀的目的

（一）通过结构调整，为改革提供启动资金

在改革开放初期，陈云和李先念一起提出要进行对国民经济进行调整的建议，一方面是因为他们意识到“文化大革命”和随后的“洋跃进”所造成的国民经济严重比例失调，需要进行清醒的、健康的调整；另一方面，是要通过调整，把压缩基本建设的资金用于正在进行

的农村改革，用于大幅度提高农副产品收购价格。同时减少统购、派购数量，大批进口粮食，保持物价总水平的基本稳定。

由于对中国国情的深入思考，陈云始终把农业特别是粮食生产放在突出的战略地位，将其视为国民经济稳定运行和物价稳定的基础。按照他的设想，1979 年要压缩基建投资 120 亿元，用于提高农产品收购价格和职工工资。当年基建投资虽然没有压下去，但农产品收购价格总水平确实提高了 22.1%，提价总金额达 108 亿元。[①] 这笔钱实际上是农村改革的启动资金。陈云关于对国民经济进行结构性调整，压缩基建、加强农业的思想，不仅稳住了农民，稳定了物价，而且对整个经济体制改革，特别是农村改革的成功起到了举足轻重的作用。

在中国经济体制改革的诸多领域中，农村改革是被公认为最成功的。农村改革成功的主要原因，广为人知的是实行家庭联产承包责任制。实际上，提高农副产品价格，减少统、派购数量对于农村改革具有与实行包产到户同等重要的意义。美国著名发展经济学权威，斯坦福大学国际经济学教授罗纳德 · I. 麦金农在其名著《经济市场化的次序》中谈到中国农村改革时指出："1978 年后，中国迅速转向解散公社、有利于小土地持有者的农业——一种立即提高农业生产率的刺激结构的转变。同样重要，但没有受到同样赞扬的是，国家供销机构大幅提高了粮食和其他食品强制性额度的收购价格。然后剩余部分就可以自由地在私人市场上出售。这一新独立农民的贸易条件的显著改善与产出的增长一起，极大地提高了他们的现金流量。在 80 年代初期，这一现金地位的改善意味着农民能够为他们的农业投资，包括住宅建设，自筹资金而无需从国家银行体系或官方控制的农村信用社大量借款。" [②]

---

① 薛暮桥：《我国物价和货币问题研究》，红旗出版社 1986 年版，第 69 页。

② ［美］罗纳德 · I. 麦金农：《经济市场化的次序》，周庭煜等译，上海三联书店、上海人民出版社 1997 年版，第 276 页。

（二）维护经济稳定和社会安定

随着改革开放的不断深入，中国经济的市场化、货币化程度逐渐提高，经济的波动性也有所增强。在处理改革、发展和稳定的关系上，陈云把维护经济稳定和社会安定放在突出重要的位置。他强调："经济形势的不稳定，可以引起政治形势的不稳定。"

对待改革，陈云秉持渐进、有序、稳妥的态度。他指出："我们要改革，但是步子要稳。因为我们的改革，问题复杂，不能要求过急。改革固然要靠一定的理论研究、经济统计和经济预测，更重要的还是要从试点着手，随时总结经验，也就是要'摸着石头过河'。开始时步子要小，缓缓而行。"①

陈云对改革的审慎态度集中表现在价格改革问题上。物价是经济的综合反映，物价稳定是国民经济稳定运行的前提和结果。无论是价格体系调整，还是价格管理体制改革，都是关系国民经济全局和人民生活、社会安定的大问题。陈云要求价格改革必须选择有利时机，稳妥实施。

经过 1979—1981 年三年调整，随后几年的经济增长平稳而且速度较快，各方面比例关系比较协调，物价基本稳定，人民生活水平获得较大提高。在这种背景下，陈云在 1984 年 10 月提出："这几年，我们的经济发展比较顺利，人民生活水平提高也比较快，现在进行价格体系的改革，确实是有利时机。"

1985—1988 年，经济过热逐步升温，投资规模迅速扩大，货币发行超常增长，市场物价上涨明显。到 1988 年年初，通货膨胀的表现已经比较突出，各地开始发生了零星的抢购风潮。在这种经济背景下，如果立即进行全面的价格改革，势必促使通货膨胀预期完全形成。陈云之所以力排众议，明确反对开始拟议中价格改革，除了对这项改革的内容和方式有不同意见外，实施时机不适合也是重要原因。

---

① 《陈云文选》第三卷，人民出版社 1995 年版，第 278—279 页。

（三）不能让人民生活水平因价格改革而降低

不能让人民生活水平因价格改革而降低，是陈云在转轨时期反对通货膨胀的另一主要目的。在1984年10月举行的中共十二届三中全会上，陈云强调指出："改革的步骤一定要稳妥，务必不要让人民群众的实际收入因价格调整而降低。"①

作为财经专家，陈云深知巨额补贴给国家财政造成的沉重压力，但是为了维持物价总水平相对稳定，给发展和改革创造一个相对宽松的经济环境，他坚持国家补贴不能取消。从1980年到1990年，陈云在不同场合多次反复强调国家干预，特别是国家补贴的重要性；强调在我国还是低工资、高就业、加补贴的办法好，这样做能换来社会的安定团结。他举例说：进口粮食要贴钱，这样可以换得市场稳定，给我们时间搞体制改革。我们解决了两千多万人的就业问题，这样的事资本家绝不干，他们是用人越少越好，而我们必须这样做，这样做才能换来社会的安定团结。②

与中国工业化起步相似，中国的改革开放也是在人口多，底子薄的基础上开始进行的。所不同的是，这时说的"底子薄"应该更多地指中国老百姓的家庭或个人财富很少，家底很薄。改革开放前的1978年，我国城镇居民家庭年人均可支配收入是343.4元，农村居民家庭年人均纯收入只有133.6元。③不仅如此，当时中国家庭或个人保有财富的方式也比较单一，大部分是存款或现金等货币类资产，很少有房产、资源等实物类资产，更没有股票、股权等权益类资产。由于货币类资产的抗通胀能力是诸多资产类别中最差的，因此这样的财富结构在通货膨胀中最容易受到损害。另外，由于此前相当长的时间里人民群众一直生活在物价基本稳定的经济环境中，对于通货膨胀没有切身的体验，心理承受能力较低。如果预期物价大幅上涨，人民群

① 《陈云文选》第三卷，人民出版社1995年版，第337页。

② 中共中央文献研究室编：《陈云年谱（一九〇五——一九九五）》下卷，中央文献出版社2000年版，第283页。

③ 《中国统计摘要·2007》，中国统计出版社2007年版，第114页。

众为了保护他们数量不多的私人财富，就会竞相购买实物商品用以保值，从而引发全社会范围的恐慌性抢购。不幸的是，这种情况在1988年终于发生了。

陈云之所以反复强调财政补贴的必要性，否定物价调整与工资挂钩，正是因为他对中国人口多、底子薄的基本国情有着全面而深刻的认识。对于工资、就业、补贴等直接关系到广大劳动人民切身利益的问题，陈云都十分慎重地对待，在利益调整剧烈的转轨时期，尤其如此。在思想上，把保证人民群众的实际收入水平不会因改革降低，作为社会能否安定、改革能否顺利进行的重要前提；在实践中，始终把保持物价总水平的基本稳定放在突出重要的位置。

二、关于反通胀的重点

与20世纪五六十年代相比，在20世纪80年代，由于所面对的客观经济背景发生了巨大而深刻的改变，陈云反对通货膨胀的重点也发生了显著的变化。

首先，强调“一要吃饭，二要建设”，把防范和治理通货膨胀的侧重点从控制投资膨胀逐渐转移到控制投资和控制消费基金膨胀并重。

在计划经济时期，国民经济总量失衡的主要原因是建设规模超过综合国力承受的范围，造成社会总需求大于总供给，并导致物价总水平的上涨。因此，反通胀的着力点往往放在控制投资规模，调整积累和消费，积累和生产以及生产和消费的比例关系。在经济体制转轨时期，国民经济运行中投资膨胀的痼疾依然存在。同时，由于企业、家庭、个人等微观主体的活力不断增强，整个经济的市场化、货币化程度也不断提高；加上改革过程中出现了提倡高消费，滥发奖金、补贴的倾向，使消费基金呈现增长过快的态势。

针对上述新情况、新问题，陈云把处理积累和消费关系的思想简化为“一要吃饭，二要建设”，并反复加以强调。

1981年12月，陈云在中共中央召开的省、自治区、直辖市党委第一书记座谈会上提出：

我们经济工作的一个大方针是：一、要使十亿人民有饭吃；二、要进行社会主义建设。只顾吃饭，吃光用光，国家没有希望。必须在保证有饭吃后，国家还有余力进行建设。因此，饭不能吃得太差，但也不能吃得太好。吃得太好，就没有力量进行建设了。这里就包含着一个提高人民生活水平的原则界限：只有这么多钱，不能提高太多，必须做到一能吃饭、二能建设。①

在 1983 年 6 月的中央工作会议上，陈云再次指出：这几年人民群众的生活比过去有了较大的改善，今后也还需要进一步改善。但是，人民生活改善的幅度不能大于生产增长的幅度。工资也好，奖金也好，对农民的补贴也好，都要有一定的限度。还是那句话：一要吃饭，二要建设。吃光用光，国家没有希望；吃了之后，还有余力搞建设，国家才有希望。②

1988 年 10 月，在总结发生严重通货膨胀的经验教训时，陈云又一次强调：提高人民生活水平，要掌握一定的幅度，不能过高、过快。还是那两句老话：一要吃饭，二要建设。好事要做，又要量力而行。③

"一要吃饭，二要建设"，不仅是陈云辩证处理积累和消费关系思想的高度概括，而且是他综合平衡思想和反通胀思想在转轨时期的重要发展。无论是经济发展的速度，还是人民生活改善的幅度，都应该有一定的限度；前者应该在综合国力允许的范围内按比例发展，不能片面追求高速度，要稳中求快，尤其不能在基建投资上搞赤字；后者则应该在生产增长的幅度内，不能过快、过高，超前消费，吃光用光；只有如此，才能保证国民经济的稳定运行，也才能保持物价总水平的基本稳定。

其次，审慎稳妥地推进价格改革，控制价格调整的速度、范围和

① 《陈云文选》第三卷，人民出版社 1995 年版，第 306 页。

② 《陈云文选》第三卷，人民出版社 1995 年版，第 323 页。

③ 《陈云文选》第三卷，人民出版社 1995 年版，第 367 页。

影响，是陈云在中国经济转轨时期防范和遏制通货膨胀的又一重点。

由于物价问题的复杂性和重要性，陈云对价格改革始终秉持审慎稳妥的态度。相比较而言，陈云更倾向于“调放结合，以调为主”的改革路径，即对计划经济体制下形成的、不合理的价格体系进行逐步调整，努力使价格体系调整和物价管理体制改革都能在有序、可控的条件下进行。为了防止宏观失控，他明确反对激进的、“闯关”式的价格改革。

陈云在晚年反复强调国家补贴的必要性，是因为适当的政府补贴是维持物价稳定的重要手段。在经济转轨时期，为了维持社会经济稳定，政府补贴是必须付出的代价。1979 年农产品收购价格提高以后，为保证城市职工的生活水平不致下降，粮食销价一律不动；群众生活必需的其他农产品的销价，也保持基本稳定；某些必须提价的，则给予消费者以适当补贴。这样做的结果，无疑是增加了国家财政的负担，但是毕竟起到了稳定物价、安定社会的作用。中国和前苏联及东欧转轨国家的实践都证明，急于取消国家补贴，企图使管制价格迅速市场化的尝试都导致了严重后果。

综观苏联及东欧国家的转轨过程，由于他们基本上都采取了激进的私有化和价格改革措施，所以几乎都经历了两位数，甚至三位数的剧烈通货膨胀，国民经济都出现了负增长，人民生活水平急剧下降。尽管中国的价格双轨制存在诸多弊端，但这种过渡性的制度安排毕竟起到了维系国计民生基本供给，延缓和降低物价过度波动，减轻经济与社会动荡的作用。

三、关于反通胀的手段

（一）加强宏观调控，保障改革有序推进

随着改革开放的深入，市场机制对经济运行的调节作用逐渐扩大，直至成为经济运行中的基础性机制，而计划管理的范围不仅逐步缩小，其方法也逐渐地由指令性计划为主向指导性计划为主转变。这

种转变主要是伴随着两个方面的改革深入而进行的：一是公有制经济本身的改革逐步深入，农民通过家庭联产承包责任制获得了经营自主权，国有企业的经营自主权越来越多，集体所有制经济在80年代就基本上摆脱了政府的直接干预；二是市场机制发挥调节作用的范围和深度越来越大，同时国家计划管理的手段也多样化，指导性计划的比重越来越高。①

由于经济运行机制发生了显著而深刻的变化，陈云调控国民经济，防止和抑制通货膨胀的手段也更具针对性。从20世纪70年代末到整个80年代，陈云在提倡发挥市场调节作用的同时，特别强调要加强计划在宏观调控方面的作用。在中国经济开始市场化的进程中，陈云在总结改革初期经验的基础上，提出了著名的"鸟笼经济"思想。

1982年12月，陈云对这一思想进行系统表述时指出：

今后要继续实行搞活经济的政策，继续发挥市场调节的作用。但是，我们也要防止在搞活经济中，出现摆脱国家计划的倾向。搞活经济是在计划指导下搞活，不是离开计划的指导搞活。这就像鸟和笼子的关系一样，鸟不能捏在手里，捏在手里会死，要让它飞，但只能让它在笼子里飞。没有笼子，它就飞跑了。如果说鸟是搞活经济的话，那么，笼子就是国家计划。当然，"笼子"大小要适当，该多大就多大。经济活动不一定限于一个省、一个地区，在国家计划指导下，也可以跨省跨地区，甚至不一定限于国内，也可以跨国跨洲。另外，"笼子"本身也要经常调整，比如对五年计划进行修改。但无论如何，总得有个"笼子"。就是说，搞活经济、市场调节，这些只能在计划许可的范围以内发挥作用，不能脱离开计划的指导。②

搞活经济是陈云长期追求的目标，市场调节也是他多次提倡的。但是，针对市场化进程中出现的地方政府和国有企业的扩张冲动、全

① 武力：《论陈云同志对计划经济向市场经济转型的贡献》，《中国延安干部学院学报》2009年第6期。

② 《陈云文选》第三卷，人民出版社1995年版，第320页。

社会投资和消费基金的迅速膨胀以及经济秩序混乱等问题，陈云强调中央政府运用计划手段调控宏观经济，调整经济结构、抑制通货膨胀、整顿经济秩序，其目的是为改革开放创造一个相对稳定的宏观环境，保证中国经济的市场化进程能够渐进、有序、稳妥地推进。正如陈云所说：“只有宏观管住了，才有利于真正搞活微观，做到活而不乱。”“权力太分散就乱了，搞活也难。”

“鸟笼经济”思想是陈云晚年经济思想的重大发展，是中国经济体制改革的重要指导策略，也是成功实现转轨的重要原因。为了避免在转轨过程中国民经济运行出现剧烈波动，甚至出现失控的局面，运用包括计划、行政在内的手段加强宏观调控，为改革创造一个稳定的经济社会环境；在对计划经济存量进行有序改革的基础上，在经济的增量部分大力发展市场经济因素，主要通过增量的不断扩大实行市场化。这是中国经济成功转轨的秘诀。

（二）坚持财政平衡，强调中央权威

在世界通货膨胀的历史上，财政赤字是导致通货膨胀的主要原因之一。国家财政收支平衡与否，直接关系到货币币值的稳定。在陈云著名的综合平衡理论中，财政平衡是保持国民经济总量平衡的基础，也是稳定市场物价的基础。从 20 世纪 80 年代中期到 90 年代前期，经济过热造成大量预算外资金体外循环，投资和消费基金膨胀；财政收支，特别是中央财政收支不平衡，连年赤字，最终导致严重的通货膨胀。在这一时期，陈云再三强调，要坚持财政信贷的平衡，维持物价和人民生活的稳定。

改革初期，陈云为了抑制地方投资膨胀，保持财政平衡，曾使用过冻结地方财政的办法。1980 年 12 月，他在谈到中央财政和地方财政时指出：地方财政结余要冻结，否则煞不住地方随便投资搞基本建设或随便开支这股风，中央财政也平衡不了。冻结几年，要看情况。中央财政有赤字，就要向银行透支，向银行透支就是多发钞票。一切机关、团体、部队、企业、事业单位的上年结余，都不许动用，非动

用不可的，都要经过批准。这种做法就是集中。像我们这样的国家没有这样一个集中是不行的，否则就会乱套，也不利于改革。①

1988 年 10 月，陈云在总结发生通货膨胀教训时再次强调：永远不打赤字财政。从全局看，在几大平衡中，最基本的，是财政平衡。要扭转当前混乱的经济局面，首先要靠财政平衡、特别是中央财政平衡。②

针对改革以后财政收入占国民收入的比重逐年下降，中央财政收入占整个财政收入的比重逐年下降的情况，陈云特别强调：中央的政治权威，要有中央的经济权威作基础。没有中央的经济权威，中央的政治权威是不巩固的。在经济活动中，中央应该集中必须集中的权力。搞活经济是对的，但权力太分散就乱了，搞活也难。③

陈云坚持财政平衡，强调中央权威的思想对于在转轨时期维持国民经济总量平衡，抑制通货膨胀具有很强的政策针对性。改革和发展的实践证明，要处理好中央和地方的关系问题，就必须在调动地方经济性的同时，坚持和维护中央的权威。改革开放前期的财政收支失衡和上述“两个比重”的下降，严重削弱了中央政府的宏观调控能力，加剧了经济领域的混乱程度。整个 20 世纪 80 年代，中央财政只有两年没有赤字，十年收支差额累计赤字达 665.5 亿元。④ 中央财政赤字只能靠银行贷款和发行货币来弥补，给稳定物价造成了很大压力。1988 年造成严重通货膨胀的直接原因是价格“闯关”，但财政信贷不平衡则是更本质、更基础的原因。

（三）管住货币发行，增加外汇和黄金储备

把集中财力作为防范和遏制通货膨胀的重要手段，是陈云在转轨时期反通胀思想发展的突出特点，这一特点还体现在他对货币发行和对外汇和黄金储备的态度上。

---

① 《陈云文选》第三卷，人民出版社 1995 年版，第 279 页。

② 《陈云文选》第三卷，人民出版社 1995 年版，第 366 页。

③ 《陈云文选》第三卷，人民出版社 1995 年版，第 366 页。

④ 《中国统计摘要 · 2007》，中国统计出版社 2007 年版，第 67 页。

陈云一贯坚持货币发行权的集中性和排他性，强调货币发行权必须要掌握在中央政府手里。1984 年很多人主张发行特区货币，陈云力排众议，提出发行特区货币要慎重。如果一定要搞，必须做到两条：一是特区货币的发行权属于中央，二是封关后特区货币只能在特区流通。①1985 年年初，针对当时货币发行出现失控的情况，同时强调货币发行权要高度集中，要权出于上。一年发多少钞票，要有人把关，而且必须由总理或者主持经济工作的副总理把关，不能由银行行长决定。

陈云明确赞成货币发行量必须适度的提法，并提出在必要的时候可以运用紧缩银根的手段。陈云在支持经济迅速增长和维持经济与物价稳定之间，陈云更倾向于后者。为了防范和遏制通货膨胀，陈云宁可采取紧缩银根、冻结地方财政节余等比较严厉的措施；而且在通货膨胀的初期“见事早”，发现通胀苗头后，就及时采取措施。20 世纪八十年代中后期，如果当时的中央领导层能够果断、持续、坚定地执行治理经济过热的各项措施，特别是信贷紧缩措施，也许不会演变成严重的通货膨胀。

对于外汇和黄金等国际普遍接受的储备资产，陈云认为中国是个大国，保持足够的外汇和黄金储备是十分必要的。“有比没有好，多比少好。”“有风吹草动的时候可以应付。”② 整个 20 世纪八十年代，中国外汇储备没有超过一百亿美元，黄金也一直维持在 400 吨左右。③陈云要求增加外汇、黄金储备，是基于当时外汇紧缺的情况。只有保持足够的国际支付手段，才能有效地防范国际金融风险，才能满足国内正常的进口需要和不时之需。此外，外汇和黄金都掌握在中央手里，增加这些储备可以提高中央政府的宏观调控能力，这也是陈云强调集中财力的题中应有之意。

---

① 李成瑞主编：《陈云经济思想发展史》，当代中国出版社 2005 年版，第 423 页。

② 《陈云文选》第三卷，人民出版社 1995 年版，第 344 页。

③ 《中国统计摘要·2007》，中国统计出版社 2007 年版，第 87 页。

第 五 章

陈云反通胀思想的基本内涵及评价

从 20 世纪 40 年代末到 80 年代中后期，陈云先后多次主持全国财政经济工作，时间跨度近 40 年。其间新中国建立了比较完整的工业体系和国民经济体系，走完了西方发达国家用一百年甚至几百年才走完的工业化路程。经济体制也经历了半封建半殖民地性质的市场经济、计划管理与市场调节并重的新民主主义经济、社会主义性质的计划经济以及计划经济向社会主义市场经济转轨四个大的阶段。像陈云这样经历过多种经济体制背景的大国经济领导人，在世界上也是非常少见的。

回顾陈云近半个世纪领导经济工作的实践，不难发现，反对通货膨胀是他一直坚持的重要原则。无论在何种经济体制背景下，陈云都非常重视防范和治理通货膨胀，维持物价稳定始终是他追求的主要经济目标和工作的重点。新中国成立前后平抑物价、统一财经，“一五”期间统购统销、综合平衡，“大跃进”后国民经济调整，20 世纪 80 年代正确处理稳定、发展、改革之间的关系，都是陈云在领导经济工作的实践中反对通货膨胀的经典事例，都是陈云对中国经济稳定发展所作出的突出贡献。陈云的反通胀实践和思想，已经成为中华人民共和国史，特别是中华人民共和国经济史不可或缺的有机组成部分。

恩格斯曾经指出：“历史从哪里开始，思想进程也应当从哪里开

始，而思想进程的进一步发展不过是历史过程在抽象的、理论上前后一贯的形式上的反映……”①

陈云的反通胀思想来源于他的反通胀实践，实践的起点就是思想的起点，不断实践的过程就是思想形成和发展的过程。对陈云反通胀思想的研究，就是在对陈云反通胀实践进行全面系统回顾的基础上，总结归纳并提炼抽象出具有一般性、普遍性的内容，包括反通胀的原因和目的、方法和手段等，这些内容构成了陈云反通胀思想的基本内涵。由于陈云在长期主持全国财经工作，他的领导实践和思想对我国经济运行和发展具有长远而深刻的影响。深入研究陈云的反通胀思想的基本内涵，客观正确地评价陈云反通胀思想的历史作用，对于当前中国经济如何实现全面、协调、可持续发展、如何构建社会主义和谐社会，如何维护广大人民群众的财产利益，特别是如何保持人民币币值和物价稳定，都具有现实的借鉴意义。

第一节　反通胀的原因和目的

“陈云为什么一贯坚持反对通货膨胀?”经过对陈云不同时期领导经济工作实践的梳理，回答这个问题应该从陈云的阶级立场、他所承担的责任和他的个人经历，特别是从他对中国国情的深刻把握入手。这可以归结成以下几点：

一、陈云反对通货膨胀的出发点是为了保障劳动人民，特别是工薪阶层的收入水平和财产价值，维护他们的经济利益

通货膨胀是一种利益调整，能够实现巨额财富的再分配。研究世界通货膨胀史的美国学者帕尔伯格这样描述通货膨胀：

---

① 《马克思恩格斯文集》第 2 卷，人民出版社 2009 年版，第 603 页。

“通货膨胀通常被定义为价格的普遍上涨，它是这个世界上的头号窃贼。它不声不响地从寡妇、孤儿、债券持有者、退休人员、年金受益人等手中窃取财富。小偷、抢匪、贪官污吏等所掠夺走的财富加在一起也比不上通货膨胀的祸害。”

“通货膨胀具有两面性，它不光是江洋大盗，同时也是慈悲的施舍者，它是这个世界上最慷慨的施舍者，惠及债务人、囤积居奇者、不动产所有者、政府（借此可以减轻公共债务负担）以及普通股股票长期持有人。通货膨胀对债务人、不动产所有者的赠予超过了所有慈善事业、捐献、捐赠的总和。”①

在发生利益调整和冲突时，代表哪个社会阶级或阶层的利益，就是所谓的阶级立场。陈云是坚定的共产党人，是经典的社会主义者。他总是站在劳动人民的立场上，从大多数人的利益出发考虑和处理问题。在对待通货膨胀的态度上，这一点表现得尤为突出。

陈云的青年时代是在旧中国的商业中心上海度过的，1944年以后又先后负责过陕甘宁边区和东北解放区的财经工作。他对旧中国的经济状况，特别是长达十二年的恶性通货膨胀有着深刻的体验，也非常清楚通货膨胀对社会不同阶层的影响。总的说来，货币类资产的抗通胀性是比较差的，而这类资产恰恰是广大劳动人民，特别是工薪阶层所持有资产的主要部分。陈云深知通货膨胀给广大劳动人民，尤其是工薪阶层造成的危害。1949年8月他曾经讲：“通货膨胀，什么人都要吃亏。实际上有钱的人，并不保存很多的现钞，吃亏最大的首先是城市里靠薪资为生的人，其次是军队，以及党政机关的人员。”②为了弥补当时巨大的财政赤字，是继续发票子，还是发行公债？陈云倾向于发行适量的公债。因为公债的发行对象是城市中的工商业者和农村的地主，对劳动人民的影响比较小。他在解释发行公债的原因时

① [美]唐·帕尔伯格：《通货膨胀的历史与分析》，孙忠译，中国发展出版社1998年版，导言。

② 《陈云文选》第二卷，人民出版社1995年版，第6页。

指出："如果发行公债缩小赤字的结果，使明年的币值与物价情况比今年改善，则不但对全国靠工资生活的劳动人民和军政公教人员有好处，而且对于工商业的正常经营也是有益的。所以从全体人民的利益说来，发行公债比之多发钞票要好些。"[①]

新中国成立以前，由于连年战争的破坏，国家和人民都十分穷困。所谓"人口多，底子薄"，不仅指国家经济发展水平非常落后，应该还有一层含义即人民也很贫穷。除极少数人外，老百姓的家庭或个人财富非常有限。新中国成立以后，特别是 1957 年农业、手工业和资本主义工商业社会主义改造完成后，人民群众的财产结构又发生了很大变化。不动产、生产资料以及股票、股权等权益类资产所占的比重几乎降为零，生活资料和现金、存款等货币类资产成为中国家庭和个人财产的主要保有形态。这种财产结构的抗通胀能力是很差的，物价上涨就意味着部分或全部财产的丧失，物价上涨的幅度越高，财产损失的幅度就越大。陈云正是看到通货膨胀对劳动人民的危害最大，所以才竭力维护市场物价的稳定，努力保障人民群众的财产利益。

20 世纪 70 年代末开始的改革开放，不仅是中国经济体制的重大变革，而且是社会各阶层利益关系的重大调整。在改革开放之初，陈云明确指出："我们是共产党，共产党是搞社会主义的。现在进行的社会主义经济体制改革，是社会主义制度的自我完善和发展。"[②]在改革的具体实施过程中，陈云非常关注人民群众的经济利益，要求"改革的步骤一定要稳妥，务必不要让人民群众的实际收入因价格调整而降低。"[③]20 世纪 80 年代末 90 年代初，陈云已年过八旬，基本退出经济工作领导岗位。但是在与中央主要负责人的谈话中，他反复强调财政补贴对维护市场物价稳定的重要作用，明确反对以取消财政补贴为

---

① 《陈云文选》第二卷，人民出版社 1995 年版，第 36 页。

② 《陈云文选》第三卷，人民出版社 1995 年版，第 350 页。

③ 《陈云文选》第三卷，人民出版社 1995 年版，第 337 页。

目标的价格“闯关”，指出“国家财政补贴取消不了。暗补、明补，都是补贴。在我国，还是低工资、高就业、加补贴的办法好。这是保持社会安定的一项基本国策。”① 可以说，维护人民群众的经济利益，保障他们的收入水平和财产价值，是陈云一贯坚持反对通货膨胀最根本的出发点。

二、保持国民经济稳定发展和运行并为实现工业化筹集资金，是陈云反通胀的主要目的

新中国成立后，陈云长期主持全国财政经济工作，承担着保持国民经济稳定运行和实现国家工业化的重任。在总结20世纪50年代，特别是“一五”时期经验教训的基础上，陈云总结提炼出了著名的“综合平衡”思想。这一思想的主旨是要求正确处理经济发展与经济稳定的关系，强调经济增长快慢要以经济稳定运行为前提，建设规模要和国力相适应。他在1957年就指出：“建设规模的大小必须和国家的财力物力相适应。适应还是不适应，这是经济稳定或不稳定的界限。像我们这样一个有六亿人口的大国，经济稳定极为重要。建设的规模超过国家财力物力的可能，就是冒了，就会出现经济混乱；两者合适，经济就稳定。当然，如果保守了，妨碍了建设应有的速度也不好。但是，纠正保守比纠正冒进要容易些。”②

综合平衡与物价稳定之间存在着互为因果的密切关系，物价稳定既是实施综合平衡的前提，又是综合平衡得以实现的标志。反对通货膨胀，努力保持国民经济的稳定运行，是综合平衡思想的重要组成部分。反对用通货膨胀来刺激经济增长，反对用发票子搞基建，也是陈云一贯坚持的工作方针。改革开放初期，针对有人提出财政赤字和通货膨胀并不可怕的意见，陈云指出：“在生产上搞一点赤字，下半年

① 《陈云文选》第三卷，人民出版社1995年版，第376页。

② 《陈云文选》第三卷，人民出版社1995年版，第52页。

或第二年就收回，这不可怕；但基本建设的周期长，在基建投资上搞赤字，我是怕的。在通货膨胀问题上，我们有过痛苦的教训。1962年货币流通量是130亿元，多了60亿元，只好搞高价政策把它收回来。由于生产增长，相应地增加货币，这不可怕；如果通货膨胀数量不大也不可怕，但数量很大的通货膨胀我害怕。”①“可否发票子来弥补基建投资赤字？不可能，而且决不能这样做。因为这将无以为继。基建投资年年有赤字是不行的，因为年年用发票子来搞基建，到了一定的时候，就会‘爆炸’。”②

为实现国家工业化筹集资金，是陈云坚持反通胀的另一重要目的。20世纪50年代，由于国力疲弱，外援有限，实现国家工业化的资金只能来自内部积累，工农业产品“剪刀差”成为当时国家财政收入的重要来源。为了给工业化提供稳定的资金来源，必须使国家能够尽可能完整地获得“剪刀差”的收益。1953年，陈云经过反复斟酌，向中央提出实行“统购统销”的建议。这一政策的主要目的是要稳定农副产品货源和价格，为国家工业化提供所需要的农副产品和资金。国家通过控制农副产品购销，将私商排除出流通领域，从而实现国家垄断农产品剩余和独占工农业产品“剪刀差”。陈云指出：“中国是个农业国，工业化的投资不能不从农业上打主意。搞工业要投资，必须拿出一批资金来，不从农业打主意，这批资金转不过来。但是，也决不能不照顾农业，把占国民经济将近百分之九十的农业放下来不管，专门去搞工业。”③

为了达到上述目标，政府必须控制住流通领域，保持物价的基本稳定。否则，如果通货膨胀程度严重，物价剧烈波动，或者流通领域环节过多、秩序混乱，投机倒把盛行，国家不仅很难维持工业品和农产品之间的价差，很难独占“剪刀差”收益，甚至不能采购到足够的

① 中共中央文献研究室编：《陈云年谱（一九〇五——一九九五）》下卷，中央文献出版社2000年版，第253页。

② 《陈云文选》第三卷，人民出版社1995年版，第367页。

③ 《陈云文选》第二卷，人民出版社1995年版，第97页。

农副产品。“大跃进”之后，由于生产大幅度下降，商品供应十分短缺，而货币流通量多出近一倍，多余的货币拥向集市贸易，造成集市贸易价格猛涨，其中粮食价格提高十至二十倍。[①] 工农业产品价差急剧缩小，“七级工，八级工，不如农民一沟葱。”意谓一沟葱就可卖一百多元钱。[②] 政府财政连年超支，但还是很难维持城市基本的农产品供应，所以被迫进行痛苦的经济调整，经济增长速度大幅下降，国家工业化进程受到严重挫折。

三、建立和保持物价稳定的心理预期，是陈云坚持反通胀的重要原因

中国有长期使用金属货币的历史，实行国家纸币制度的时间并不长，从1935年国民政府宣布币值改革，规定法币为本位币算起，到今天不过七十多年。法币流通后不久，1937年就爆发了抗日战争。从1937年到1949年，中国经历了长达十二年的恶性通货膨胀。这场前所未有、世所罕见的通货膨胀几乎摧毁了国家纸币在中国人民心中的所有信用。到解放战争后期，国民政府发行的钞票不仅不能作为储藏手段，也很难承担价值尺度、流通和支付手段的功能，连国民党军政当局都不愿使用，黄金、银元、外币在流通中大行其道，有的农村地区甚至退回到以物易物的原始阶段。

由于长期通货膨胀的影响，人民币在发行之初也不为广大人民群众所接受，很难占领流通市场，贬值速度很快。陈云和他的同事们在认真总结国民政府应对通货膨胀的经验教训的基础上，胜利完成了平抑物价、统一财经，遏止通货膨胀的“淮海战役”，确立了人民币的本位币地位，实现了币值的初步稳定。但是，陈云清醒地认识到：纸币在中国的信用基础很差，让人民接受纸币很不容易。因此，保持人

① 薛暮桥：《我国物价和货币问题研究》，红旗出版社1986年版，第45页。

② 《缅怀陈云》，中央文献出版社2000年版，第427页。

民币币值的稳定就尤为重要，只有人民币币值长期稳定，才能建立起和保持住人民对人民币的信任。如果物价发生显著波动，就会导致或增强人民群众对通货膨胀的预期，从而严重破坏人民币的信用。

1950 年 11 月陈云在回顾统一财经以后的经济形势时指出：“今年三月，统一财政，收支接近平衡，金融稳定，工商业得到调整，加以秋后农业丰收，农民购买力提高，到今年九十月，各城市都热闹起来，工商业开始活跃，税收增加，一个钱顶一个钱用，市场物价稳定，工人不需要救济了，工商业家又喊‘毛主席万岁’了。这说明，广大人民，大多数的工商业者，愿意市场物价稳定下来。从今年年初财经统一，到调整工商业，由调整到现在的初步好转，证明了在一个统一的国家之内，力争市场物价稳定，非常重要。这是财政问题，也是经济问题。我们所用的方法是求得收支平衡，削减以至消灭赤字，而不是用多发钞票弥补赤字。这样，才能真正实现市场物价的稳定。”①

陈云对物价波动非常敏感，经常能从局部甚至个别的商品价格变化中发现全局性物价不稳的苗头。陈云对民族资产阶级也非常了解，知道他们在物价稳定时会喊“毛主席万岁”，但物价一有波动，他们就会兴风作浪，囤积居奇。抗美援朝战争初期，由于帝国主义的“禁运”和“封锁”，使进口工业器材、纱布等工业品价格上涨。在这种情况下，不仅纱布厂商减少或停止成品出售，连茶叶商、油盐店都争相抢购，颇有牵动整个物价上涨之势。② 陈云和他的同事们及时发现了这个苗头，果断地实行棉纱棉布统购措施，③ 将可能的物价全面波动消灭在萌芽状态。

“大跃进”以后，由于农业和轻工业生产大幅下降，市场消费品供应短缺，加之通货膨胀严重，社会上大约有三四十亿的货币购买力

---

① 《陈云文选》第二卷，人民出版社 1995 年版，第 114 页。

② 苏星：《新中国经济史（修订本）》，中共中央党校出版社 2007 年版，第 116 页。

③ 《陈云文选》第二卷，人民出版社 1995 年版，第 124 页。

买不到东西。江苏有个资本家甚至说“现在人民币不挂帅了”。陈云敏锐地意识到这种说法反映出一部分人对人民币信心的动摇，他提出投放高价商品的建议，指出这样做“一是可以缓和人心，二是可以增加点营养，三是可以回笼货币。”还特别强调：“可以放大胆子敞开来卖。江苏那个资本家不是说‘人民币不挂帅’了嘛，现在我们就请它‘挂帅’，挂得越多越好，把钞票都挂过来。”①

由于中国实行国家纸币制度的时间较短，又经历过非常严重的恶性通货膨胀，加之实行计划经济以后广大人民群众所拥有的私人财产主要是货币类资产，抗通胀能力较差，所以一旦发生物价异常波动，人民群众的反应也会相当激烈。1988 年价格改革前后全国范围的恐慌性抢购就验证了这一点。因此，正确地引导人民群众对物价趋势的心理预期就显得十分重要。建立和维持稳定的物价预期十分不易，需要长期不断的努力；但摧毁这种预期却很容易，只需一次物价暴涨。陈云在新中国成立初期讲“一个钱顶一个钱用”；在 1961 年讲“让人民币挂帅”；改革开放以后又坚持“低工资、高就业、加补贴”，反对价格“闯关”，强调从根本上采取稳定市场物价的措施；其目的都是要在人民群众中建立和保持物价稳定的心理预期，努力削弱对物价正常波动的过激反应，进而促进经济社会的稳定发展。

四、旧中国长达十二年的恶性通货膨胀以及导致国民党政权在大陆崩溃的覆辙，无疑是陈云始终对通货膨胀保持警惧的另一重要原因

对 1937—1949 年旧中国长达 12 年的恶性通货膨胀，陈云有着切身的体验和刻骨铭心的记忆。在他领导全国经济工作的实践中，每每引为镜鉴。1962 年在“西楼会议”上，陈云说：“钞票发得太多，通货膨胀。现在的通货膨胀，虽然根本不同于国民党垮台前那种恶性通

① 《陈云文选》第三卷，人民出版社 1995 年版，第 143—144 页。

货膨胀，但是，毫无疑义，也是一种通货膨胀。”①1980年他针对当时的物价上涨问题指出：“现在既没有出现国民党时期发金圆券的形势，也没有出现解放初期财经统一、物价稳定以前那种形势。应该说，现在的经济形势是开国以来少有的很好的形势。但要看到不利的一面。除了若干种国家规定不准涨价的商品以外，许多商品都在涨价，涨价商品的面相当大，影响人民的生活。这种涨价的形势如果不加制止，人民是很不满意的。经济形势的不稳定，可以引起政治形势的不稳定。”② 从上面这些讲话中可以看出，每当出现通货膨胀苗头时，陈云就会用旧中国恶性通货膨胀作为参照，可见这次通胀对他的刺激如此深刻，以至于他终生不能忘怀，一直对通货膨胀保持高度警惕。

旧中国持续十余年的长期恶性通货膨胀，不仅造成国民经济全面崩溃，而且是导致国民党政府失去大陆统治权的重要原因。陈云对此深知利害，他一贯坚持反对通货膨胀的最终目的，既是为了保障人民群众的财产利益，维持国民经济的稳定运行；也是为了加强和巩固中国共产党的执政地位，完善和提高党和政府的执政能力。

第二节　反通胀的方法和手段

一、通过抑制需求膨胀来努力保持和恢复社会总供给和总需求的基本平衡，是陈云防范和治理通货膨胀的基本方法

保持社会总供给和总需求在总量和主要结构方面的基本平衡，不仅是保障国民经济稳定运行和发展的基本前提，也是保持市场物价稳定的必要条件。在现实经济运行中，社会总供给与总需求经常处于不

---

① 《陈云文选》第三卷，人民出版社1995年版，第196页。

② 《陈云文选》第三卷，人民出版社1995年版，第277—278页。

平衡状态中。在不同的社会制度和经济体制下，造成上述不平衡的原因是不同的，在资本主义私有制条件下，主要是表现为有效需求不足，生产和供给过剩；在社会主义公有制条件下，则主要表现为需求膨胀，生产和供给不能满足需求。正如斯大林所说："用在高度技术基础上使社会主义生产不断增长和不断完善的办法，来保证最大限度地满足整个社会经常增长的物资和文化需要。"①

从经济运行的角度看，社会主义经济的基本矛盾主要表现为日益膨胀的社会需求同有限资源约束之间的矛盾，社会主义宏观经济领导的主要任务就是自觉地调节这两者之间的关系，防止这对矛盾"激化"。调节的重点是控制需求增长，需求是社会主义经济中最活跃的因素，只有控制住社会总需求，才有可能使社会总供求达到基本平衡的状态。②

在社会主义公有制条件下，国家（中央政府）、条条（中央产业部门）、块块（地方政府）、公有企业、家庭等社会利益主体不再以自己对财富拥有的有限所有权来参与社会资源的分配，参与生产和消费。而是以自己社会利益主体的平等地位，以自己所负有的社会责任（经济发展、加强建设、增加生产、改善生活等）和对社会主义建设的贡献来参与分配，这是一种近似无限的所有权。社会成员参与社会分配的权利超越了实际的现实基础上的所有权和各自贡献的限制。任何地方要求早日脱贫致富、振兴赶超而要求得到更多的资源都是合理的，不同利益主体之间的攀比（投资攀比、生产条件和生活条件攀比等）也是合理的。在社会主义经济运行中，由于各利益主体的分配权力超过了其物质所有权的约束，而分配要求又是由于高尚而宏伟的目标所产生，因此，一旦分配要求得以实现，目标的膨胀就变成需求的膨胀。随着需求膨胀的不断释放，整个经济便在不断迅速增长的需求

① 斯大林：《苏联社会主义经济问题》，人民出版社1961年版，第30页。

② 陈元：《社会主义经济运行中的一个本质特征》，见《陈元集——运行、调控、发展》，黑龙江教育出版社1990年版，第6—7页。

牵引下运转起来。①

在社会主义公有制条件下，在社会生产力获得极大解放的同时，社会总需求也获得了极大的释放。相对而言，社会供给的增长由于受到资源条件的硬性制约，很难满足全部的社会需求，这就要求国家承担起控制需求膨胀、分配有限资源的责任。在新中国的经济建设史上，陈云经常承担着抑制建设和消费需求膨胀，控制经济增长速度的角色，经常成为资源约束的人格化代表。他在晚年时曾经讲过："共产党员谁不想多搞一点钢？过去似乎我是专门主张少搞钢的，而且似乎愈少愈好。哪有这样的事！我是共产党员，也希望多搞一点钢。问题是搞得到搞不到。"② 这段话虽然是针对单纯突出钢铁生产而言的，但是反映出陈云对加速经济增长的愿望和实事求是、量力而行的态度。

由于长期作为新中国财经方面的"当家人"，陈云对来自中央、地方各个方面的需求膨胀有全面深刻的体验，对国家面临的各种资源限制也有清醒明确的认识。为了保障国家工业化的顺利实施，维持国民经济的稳定运行，避免发生严重波动和挫折，陈云始终把抑制建设和消费需求膨胀，进而保持社会总供给和总需求的基本平衡，作为基本的工作方法。这也是他防范和治理通货膨胀的基本工作方法。

流通中货币代表着有支付能力的需求，是货币化的需求。在一定的价格水平下，流通中货币越多，所代表的需求就越大。如果流通中货币增加而商品供给没有相应增加，较多的货币追逐较少的商品，那么原有的价格水平就无法维持，就会发生通货膨胀。正如陈云所说："钞票是物资的筹码，发行钞票必须有可以相抵的物资。"③ 由此可见，控制货币发行量应该是维持物价稳定的关键。但是，在新中国成立以来的实际经济运行中，货币发行往往是被动反映了社会总供给和总需

---

① 陈元：《社会主义经济运行是"紧运行"》，见《陈元集——运行、调控、发展》，黑龙江教育出版社 1990 年版，第 20 页。

② 《陈云文选》第三卷，人民出版社 1995 年版，第 251 页。

③ 《陈云文选》第三卷，人民出版社 1995 年版，第 50 页。

求是否基本平衡的最后结果。如果社会供求总量和主要结构严重失衡，财政收支发生巨额赤字，那么银行只能通过增加信贷和增加货币发行量来弥补。因此，简单控制货币发行量是舍本逐末的想法。

新中国成立以来发生的通货膨胀，基本上都是需求拉动型的。计划经济时期以基建投资膨胀为主，转轨时期则以投资和消费双膨胀为主要表现形式。在领导全国财经工作的实践中，陈云为了防止需求膨胀演化为通货膨胀，把抑制需求膨胀具体到控制投资基金和消费基金，通过从源头上限制社会购买力的形成，以期达到维持市场物价稳定的目的。在计划经济初期的1957年，针对1956年的“小冒进”，陈云提出适当压缩基本建设的投资额，有计划地控制社会购买力增长的速度。改革开放以后，针对基本建设规模与投资额的再度膨胀，陈云首倡并主持了为期三年的国民经济调整，大幅度压缩了基建投资，通过支持农村改革增加了农副产品的供给；针对有人提倡高消费，导致出现滥发奖金、补贴，使消费基金增长过快的情况，陈云又强调“一要吃饭，二要建设。吃光用光，国家没有希望；吃了以后，还有余力搞建设，国家才有希望。”①

对待恶性通货膨胀，通过容忍一定程度的物价上涨，释放通货膨胀的势能，使货币购买力与商品供应在新的价格水平上实现平衡，是陈云治理通货膨胀的独特之处。

陈云在防范通货膨胀时，把工作重点放在抑制需求膨胀这个造成通货膨胀的病根；对待由于社会总供求严重失衡导致的恶性通货膨胀，陈云也侧重于采取“治本”的措施，一般不使用冻结、限制物价等“治标”的办法。陈云深知通货膨胀给人民生活和国民经济造成的损害，但是，作为一个成熟的大国经济领导人，他在治理已经发生的恶性通货膨胀时表现得十分现实。在社会供给不足以吸收由于通货膨胀造成的过多购买力的情况下，为了恢复社会总供给和总需求的基本平衡，彻底根治通货膨胀，陈云会容忍物价继续上涨，借此回笼货

① 《陈云文选》第三卷，人民出版社1995年版，第323页。

币，消耗一部分购买力；最终使以货币代表的社会需求与商品供给在新的价格水平上达到基本平衡。1949 年 11 月，陈云指示放任棉布、棉纱等重要物资价格上涨，在价格上涨到公有经济所掌握的物资可以控制市场时才出手干预，既稳定了市场物价，又沉重打击了私人投机资本。1961 年，陈云提出在保障定量供应的生活必需品价格不变的情况下，在定量以外出售糖果、点心等高价商品，并开设高价饭店。从 1961 到 1964 年，高价商品销售了三年，实际净回笼人民币 45 亿元，相当于“大跃进”期间增发的货币 60%以上。同时，也稳定了全国物价，包括计划价格、高价商品、集市贸易价格在内的消费品价格总指数，1962 年比 1957 年上升 25.8%，而 1964 年则比 1962 年下降了 9.4%。①

二、重视农业的基础地位和制约作用，在努力增加供给的同时，采取“统购统销”等措施对关键性短缺物资进行计划分配，是陈云防范和治理通货膨胀的主要手段

社会总需求大于总供给是中国社会主义经济发展进程中的一个基本特征。但是国民经济各产业、各部门对经济运行和发展中的重要程度，供求关系的紧张程度是不同的。在经济发展过程中，国民经济各产业、各部门之间存在着客观的互相联系和互相制约，这些联系和制约要求各产业、各部门在整个经济总量中保持一定的比例，从而形成一定的经济结构。经济结构中最薄弱的产业或部门往往就是经济发展的“瓶颈”，是制约经济运行和发展的关键环节。在社会主义公有制条件下，这些产业或部门有一个共同的特点，就是它们产品的供求关系最紧张的，或者说，是最“短缺”的。随着经济发展，经济结构也会发生变化，最短缺的产业或部门会发生移动。新中国成立以后相当长时期粮食最短缺，改革开放以后，粮食仍然是基本制约，但短缺程

① 薛暮桥：《我国物价和货币问题研究》，红旗出版社 1986 年版，第 44、53 页。

度有所缓解。能源、交通、原材料等基础产业成为新的“瓶颈”。

为了保证国家工业化的顺利实施和国民经济的稳定运行，不仅要对社会需求总量加以约束，而且要对经济结构进行控制和调节。陈云反复强调“有计划按比例发展”就是在谈经济结构问题，就是要求各产业、各部门之间要保持适当的比例关系，整个国民经济要有一个合理的结构。他提出：“按短线搞综合平衡，才能有真正的综合平衡。所谓按短线平衡，就是当年能够生产的东西，加上动用必要的库存，再加上切实可靠的进口，使供求相适应。”① 就是要求在使用计划作为配置资源的主要手段时，要以最“短缺”的产品的供给量为基础，根据产业和部门之间的联系和制约，制定出涵盖整个国民经济的资源分配方案。

中国人口众多和农民占人口大多数的基本国情决定了农业在国民经济中的基础地位，农产品，特别是粮食供给对经济发展和稳定具有决定性的制约作用。农产品供需平衡、价格稳定是整个市场物价稳定的基本条件，新中国成立以后发生的通货膨胀都与农产品供需失衡、价格波动有关。陈云非常重视农业生产，始终把加强农业放在突出位置。早在新中国成立之初的 1951 年，他就指出“发展农业仍然是头等大事，农业发展不起来，工业就很难发展。”②“一五”期间强调提高单位面积产量，发展化肥工业，加强水利建设；“大跃进”后恢复和发展农业生产，调动农民积极性，提高粮食等农产品收购价格，建议分田到户；改革开放以后支持农村改革，大幅度提高农产品收购价格，反复强调“无农不稳，无粮则乱”。从 20 世纪 60 年代初开始到 80 年代，陈云还多次提出大量进口粮食以缓解供求矛盾，减轻农民压力。所有这些措施都是为了增加农产品供给，但是，在一个整体短缺的大背景下，供给增长的速度往往赶不上需求增长的速度。若想使农产品供求达到基本平衡，就必须在需求方面采取措施。

---

① 《陈云文选》第三卷，人民出版社 1995 年版，第 211 页。

② 《陈云文选》第二卷，人民出版社 1995 年版，第 143 页。

控制粮食等关键性“短线”物资的供求，是陈云防范和治理通货膨胀的主要手段。这方面最典型的例子是对粮棉等农产品的“统购统销”。在中国工业化初期，由于城镇人口增长迅速和农村粮食消费增加，使本来已经紧张的农产品供求矛盾更加突出，粮食供应成为制约经济发展和稳定的“瓶颈”。陈云指出：“粮食是稳定市场、保证建设的最重要的物资，现在没有任何物资比粮食更为重要的了。我们讲市场是否稳定，主要的是指粮食局势和粮食价格是否稳定。粮食的局势和价格如果不稳定，整个市场物价就不可能稳定，国家建设就无法进行。以上说明，粮食工作极为重要，它决不仅仅是一项单纯的经济工作，而且也是一项重大的政治工作。”① 为了维持国民经济的紧张平衡不致破裂，陈云在反复斟酌后提出实行“统购统销”的建议。这一政策的关键和特点是既控制供给，又控制需求。在农村，通过实行统购派购使国家能够稳定地掌握粮棉油等主要农产品供给；在城镇工矿，则通过定额配售来控制约束对主要农产品的需求。这一政策的实施，使主要农产品供求在维持城乡人民基本生活需要的水平上得以平衡，也使粮食价格得以实现基本稳定。由于农产品价格在市场物价中占比过半，正如陈云所说：劳动者的收入，用在吃的方面的占百分之六十到七十，用在穿的方面的只不过占百分之十左右。而吃的东西，如蔬菜、猪肉和鸡蛋等，价格统统是跟着粮价走的。粮价涨了，物价就要全面涨。② 主要农产品供求矛盾的缓解和粮食价格的基本稳定，对我国工业化初期整个市场物价的稳定起到了决定性的作用。

三、强调政府补贴的作用，维持农业和其他基础产业产品价格的基本稳定，是陈云反通胀的重要工具

政府补贴是指国家为了实现特定的政治经济和社会目标，向企业

① 《陈云文选》第三卷，人民出版社 1995 年版，第 73 页。

② 《陈云文选》第二卷，人民出版社 1995 年版，第 207 页。

或个人提供的一种补偿。主要是在一定时期内对生产或经营某些销售价格低于成本的企业或因提高商品销售价格而给予企业和消费者的经济补偿。它是国家财政通过对分配的干预，调节国民经济和社会生活的一种手段，目的是为了支持生产发展，调节供求关系，稳定市场物价，维护生产经营者或消费者的利益。

社会主义国家为了加速工业化，在社会主义建设初期大都确立了一套以压低农业和基础产业产品价格为特征的相对价格结构体系。在这种体系中，潜伏着大量的补贴因素。但是由于社会主义国家长期实行比较单一的国有制经济形式，且在国有经济内部实行高度集中的“统收统支”，潜在的补贴因素并未表现为公开的财政补贴。只有当企业逐渐摆脱对政府的依附关系，成长为相对独立的商品生产者之后，潜在的补贴因素才逐渐显露出来。加之在经济改革特别是价格改革过程中，国家为了缓解因社会分配关系剧烈变化引发的矛盾而不得不提供大量的财政补贴。

我国是从 1953 年开始实行财政补贴政策。从 1950 年“统一财经”到 1958 年“大跃进”，由于国家采取保持财政收支平衡和控制货币发行量的办法来维持物价稳定，政府补贴的范围小、数量少，问题并不严重。在 1958—1960 年“大跃进”时期，由于财政出现巨大赤字，货币发行增加 1.4 倍，物价难以稳定，很多产品的价格纷纷上涨，国家只能用征购、统购、派购和限量供应的办法保持基本生活消费品价格的稳定。在“大跃进”以后的三年困难时期（1960—1962），为了保证人民生活必需，国家大幅度提高粮食等农产品收购价格，同时为维持人民生活水平，粮食的销售价格不变，因此造成购销价格倒挂，国家被迫用财政补贴来保持物价的稳定。与此同时，国营工业企业的产品由于原材料上升而又不准涨价，亏损补贴在 1962 年超过 100 亿元，占当年财政总支出的近 1/3。①

改革开放以后，为了改革不合理的价格和支持农业生产发展，国

---

① 薛暮桥：《我国物价和货币问题研究》，红旗出版社 1986 年版，第 82—83 页。

家多次较大幅度地提高了农产品收购价格，但考虑到稳定人民群众生活，对主要农产品的销售实行了“价格基本稳定，购销价差由财政补贴”的政策，同时，对一些与人民日常生活相关的工业消费品以及煤炭石油等基础工业产品也实行了亏损补贴政策，致使财政补贴总额猛增。1978—1989 年，国家财政负担的价格补贴和企业政策性亏损补贴由 135.99 亿元增加到 972.43 亿元，增长了 6.2 倍，平均每年递增 19.6%，明显快于同期财政收入只增长 1.5 倍、年平均增长 8.6%的速度。其中，价格补贴支出平均每年递增 37.6%，占国家财政支出的比重，由 1978 年的 1%，上升到 1989 年的 12.9%，升高了 11.9 个百分点。企业政策性亏损补贴平均每年递增 15.3%，占国家财政收入的比重，由 1978 年的 11%，上升到 1989 年的 21.4%，升高了 10.4 个百分点。另外，实行低房租政策，国家每年对房租的补贴也在百亿元以上。1989 年财政补贴额占当年财政总支出的比例已经超过 1/3。①

作为一个经验丰富的大国经济领导人，陈云对政府补贴给国家财政带来的巨大压力有切实的感受。但是，他也深知政府补贴对维持经济社会稳定的重要作用，对此一直采取实事求是和谨慎稳妥的态度。改革开放以后，为了维持物价总水平相对稳定，给发展和改革创造一个相对宽松的经济环境，他坚持国家补贴不能取消。从 1980 年到 1990 年，陈云在不同场合多次反复强调政府补贴的重要性。对待价格体系调整和价格管理体制改革，他更倾向于运用价格杠杆对不合理的商品价格进行循序渐进的调整，而不是一步到位的放开。针对 1988 年旨在放开绝大部分商品价格的价格体制改革，他对时任国务院总理的李鹏明确表示：“理顺价格在你们有生之年理不顺，财政补贴取消不了。”②1990 年，陈云在同时任中共中央总书记江泽民的谈话中再次强调：“国家财政补贴取消不了。暗补、明补，都是补贴。在我国，还是低工资、高就业、加补贴的办法好。这是保持社会安定的

① 参见王曙光：《财政学》，科学出版社 2010 年版。

② 中共中央文献研究室编：《陈云传》（下），中央文献出版社 2005 年版，第 1790 页。

一项基本国策。”①

四、加强集中统一，维持经济整体稳定，是陈云在经济严重失衡时反通胀的有力武器

与市场经济国家财政收入主要来源于基础广泛的税收制度不同，实行计划经济体制的社会主义国家财政收入主要是通过对生产资料和自然资源的占有取得的。相对而言，计划经济体制更易于在全社会范围内调动和集中资源。无论在何种经济体制下，稳定本币币值，支持经济发展，都是中央政府，特别是货币当局的主要责任。在中国这样一个发展中的大国，在社会总需求持续大于总供给的背景下，中国中央政府维持国民经济整体运行稳定和物价稳定的必要性更加凸显。在全国范围内集中控制、统一使用人力、物力和财力资源，是中央政府履行上述责任的必要手段。人力、物力的集中意味着供给的集中，资源的集中；财力的集中则意味着需求的集中，购买力的集中；对相当部分社会供求的集中是中央政府加强国民经济宏观调控的有力武器。

在领导全国财经工作的实践中，陈云为了应对经济总量或结构的严重失衡，善于发挥共产党的政治优势和执政优势，采用计划、行政、法律等超经济手段，把地方政府、公有企业等利益主体掌握的一部分财力、物力集中到中央政府手中，统一调配使用，维持宏观经济的整体稳定。1950 年 3 月，陈云主持了以集中财政收入为重点的统一全国财经工作，将原来分散在各地方的财政收支、物资调拨和现金管理集中由中央政府控制，从根本上解决财政收支不平衡所导致的严重通货膨胀问题。“大跃进”后的 1962 年，为了遏制通货膨胀，陈云提出：“我们要有应付非常时期的办法。主要有两条：一条是要有更多的集中统一；另一条是一切步骤要稳扎稳打。这里所说的集中统一，就是在给地方和企业以必需的机动的财力、物力以后，把力量集

① 《陈云文选》第二卷，人民出版社 1995 年版，第 376 页。

中统一起来。这种集中统一的程度，可能要超过建国初期，因为现在的情况更复杂。”① 按照陈云的设想，中共中央和国务院颁布“财政工作六条”和“银行工作六条”，严格财政纪律，上收信贷权限，统一物资管理。20 世纪 80 年代，由于财政收入占国民收入的比重逐年下降，中央财政收入占整个财政收入的比重逐年下降，严重削弱了中央政府对国民经济进行宏观调控的能力。针对这种财力分散的情况，1988 年陈云再次强调：“中央的政治权威，要有中央的经济权威作基础。没有中央的经济权威，中央的政治权威是不巩固的。在经济活动中，中央应该集中必须集中的权力。”②

第三节　陈云反通胀思想的历史作用

一、在国民经济恢复时期的作用

（一）有效抑制了私人投机势力，掌握了重要物资的定价权

无论是国民党统治时期，还是在新中国成立前后的恶性通货膨胀中，私人投机势力的恶意炒作都是导致物价大幅波动的重要因素。巨额游资囤积居奇，乘机兴风作浪，无疑加剧了市场动荡和通货膨胀的程度。有效地抑制私人投机势力，对保持物价稳定具有非常关键的作用。在陈云和他的同事们的领导下，从 1949 年 4 月到 1950 年 3 月，在商业和金融战场上，经过前后四轮殊死较量，社会主义公有经济战胜了资本主义投机势力，控制了大部分关系国计民生的重要物资，掌握了市场的主导权，特别是关系国计民生的重要物资的定价权。1950 年 3 月以后，各地的私人资本已无能力发动全国范围的大规模投机活动。1950 年 10 月抗美援朝战争爆发后，美国对我实行禁运，导致一

① 《陈云文选》第三卷，人民出版社 1995 年版，第 200 页。

② 《陈云文选》第三卷，人民出版社 1995 年版，第 366 页。

些进口原材料价格暴涨，但整个战争期间，国内物价总水平仍保持基本稳定。

1950 年 3 月统一财经以后，物价走势趋稳。1950 年 4 月开始，货币流通速度大为降低，商品销售量大为减少，银行存款大为增加。社会经济一时出现“后仰”现象，工厂停工、商店歇业，失业增加。陈云和他的同事们通过调整工商业政策，收购私商存货，促进城乡交流等措施缓解了私人工商业的困难。同时，又借此增持了大量粮、棉等农产品，进一步控制了私营工业企业的主要原料。许多私营工厂为了取得这些原料与国家签订加工订货合同，按照国家需要进行生产，私营商业为国营商业经销代销，这样就建立了国营经济对私营工商业的领导地位。① 由于供销渠道都在国营经济的控制之下，私人工商业已经失去对原材料和产品的定价权，无法对物价稳定造成严重威胁。

在与私人投机势力的博弈过程中，陈云表现出对市场机制的深入了解和娴熟把握。他熟练灵活地运用财政税收、货币发行、信贷收支、贸易交流和市场管理等多种经济、法律和行政手段，在不到一年的时间里就将在旧中国横行数十年的投机资本逐出主要市场，使社会主义性质的公有经济掌握了市场的主导权，为物价稳定创造了有利的市场环境。这一时期治理通货膨胀的实践构成了陈云在市场经济体制下反通胀思想的主要内容。

（二）通过统一财经实现财政平衡，从根本上保证了物价稳定

“在落后贫困的经济的基础上前进，必须尽可能地集中物力财力，加以统一使用。”② 这是陈云在国民经济恢复时期领导全国经济工作所奉行的基本原则。1949 年 4 月到 1950 年 3 月，在与私人投机势力斗智斗力的博弈中，陈云充分发挥共产党的政治优势和人民政权的执政优势，通过国家统一掌握货币发行，统一管理财政收支，统一调度粮

---

① 《陈云与新中国经济建设》，中央文献出版社 1991 年版，第 32 页。

② 《陈云与新中国经济建设》，中央文献出版社 1991 年版，第 16 页。

食进出，加强征收公粮以掌握大量粮食，集中物资以控制煤炭、纱布及食盐供应等一系列集中统筹措施，动员了政府和公有经济所能控制和调动的资源，集中优势兵力，掌握市场主动权，重点打击气焰最为嚣张的上海等地的投机势力，彻底击败了投机资本的冒险。陈云和他的同事们“正是在集中财力物力的基础上，通过著名的‘1949 年市场较量’，用经济手段打击了投机活动，稳定了金融、物价，解决了上海等地的缺粮问题，保证了解放战争的全面胜利。同时还保证了重点项目的建设，顺利渡过难关，恢复了国民经济。”①

1953 年 3 月开始，全国市场基本稳定，物价相对平稳，关内货币已经统一，全国汇兑和交通运输已经畅通，财政税收、公粮征购、贸易往来、企业经营等方面已具备统一管理的条件。为了实现中央财政收支平衡，从根本上制止通货膨胀，陈云把握有利时机，提出并推动了以集中财政收入为主要内容的统一财政经济工作。“将国家的主要收入，如公粮、税收及仓库物资的全部，公营企业的利润和折旧的一部分，统归国库。没有中央人民政府财政部的支付命令，不能动支。”②这一措施不仅保证了国家收入的统一使用，更重要的是实现了中央财政收支的平衡，1950 年 4 月，全国财政收支即出现了接近平衡的新局面。

“统一国家财政经济工作的直接效果之一，就在制止通货膨胀。”③由于集中统筹了财政收入，实现了财政收支平衡，从而结束了为弥补财政赤字而大量发行货币的局面；由于统一了物资调度，使国家对关系国计民生的重要物资，如粮食、纱布、工业原料和机器等实现了集中管理，国营贸易在全国城乡市场占据了主导地位，不仅可以供应市场的正常需要，而且具备了战胜任何投机资本的实力；由于统一了现金管理，使国营企业和部队、机关、团体手中的巨额资金迅速

① 《缅怀陈云》，中央文献出版社 2000 年版，第 75 页。

② 《陈云文选》第二卷，人民出版社 1995 年版，第 70—71 页。

③ 《陈云文选》第二卷，人民出版社 1995 年版，第 73 页。

集中于国家银行，国家银行存款大量增加，使货币回笼大增，投放减少。可以这样说，在国民经济恢复时期，陈云和他的同事们之所以能够成功地制止恶性通货膨胀，统一财经是最根本，也是最有效的措施，起到了决定性的作用。

（三）建立起稳定的物价预期，人民币的信用得以强化

从 1937 年到 1949 年，经过长期恶性通货膨胀的反复打击，中国人民普遍对信用货币失去信心。无论是工商企业，还是工薪阶层，都是“重物轻货”，手中的货币总想尽快花出去，以致形成“工不如商，商不如囤，囤不如投（机）”。投机泛滥导致货币流通速度加快，流通中货币存量加大，最终造成通货膨胀愈演愈烈。陈云在国民经济恢复时期通过平抑物价、统一财经等一系列措施不仅结束了长达十余年的通货膨胀，稳定了当时的物价水平，而且开始在人民心中逐步建立起比较稳定的物价预期。

在 1949 年 11 月第三次物价波动中，陈云让预期物价会大幅上涨的资本家们吃尽了苦头，也使人民群众看到共产党和人民政府保持物价稳定的决心和能力。1950 年 3 月统一财经以后，物价水平持续下降，资本家囤积的物资都砸在手里，不得不向政府求救，要求政府收购他们手中存货。抗美援朝战争打了三年，军费开支浩大，但战争期间国内物价也没有发生大的波动。这一系列的事实使广大人民群众意识到人民币币值是稳定的，是值得信赖的。因此，人们开始存钱，或者购买公债。货币流通速度开始下降，银行存款开始上升。这是一个重要的变化，说明人民群众已经接受人民币的信用，开始建立起比较稳定的物价预期。这一点是防止通货膨胀发生的第一道心理防线，其意义深远而重大。按照合理预期学派的理论，理性预期是观察到的过去经验的规律性总结。旧中国长期的恶性通货膨胀使中国人民形成了物价持续上涨预期，陈云和他的同事们用很短的时间就改变了这种心理预期，使工商企业和广大民众不再为货币贬值而担心，可以进行较长期限的投资安排，为稳定国民经济恢复时期的市场和经济环境作出了重要和积极的贡献。

二、在计划经济时期的作用

（一）在保证人民群众基本生活需要的同时，维持了物价水平长期基本稳定

考察计划经济国家的通货膨胀，不仅要看官方公布的物价水平，还要把自有市场的价格水平作为参照，而且要特别关注市场供求的紧张程度，才能得出接近真实的结论。我国在计划经济时期也同样面临商品供应短缺，市场供求紧张的问题。陈云反通胀思想的独特作用在于：在一个人口众多的，以小农经济为主的落后国家，在迅速实现国家工业化的过程中，通过“统购统销”等一系列措施的实施，在保证人民群众的基本生活需要的同时，维持了物价总水平的长期基本稳定。

根据国家统计局 1983 年公布的数据，全国按人口平均的国民收入 1953 年为 122 元，1982 年为 421 元，30 年间增长了 2.45 倍，平均每年增长 6%。① 同期全国零售物价总指数上涨了 32.6%，平均每年上涨 1%左右。1953 年到 1982 年，美国物价上涨了 2.1 倍，平均每年上涨 7%；瑞士物价上涨了 84%，平均每年上涨 2.8%。② 与这两个物价最稳定的发达国家相比，我国的通货膨胀率也是非常低的。扣除物价上涨因素，1953—1982 年人均国民收入实际增长 1.6 倍，平均每年增长 5%左右。③ 需要特别指出的是，1953 年全国（除台湾外）人口为 5.88 亿人，1982 年为 10.15 亿人，30 年增长了 72.6%。④ 从上述统计数据可以得出结论：在我国实行计划经济体制的三十年时间

① 《中国统计年鉴 · 1983》，中国统计出版社 1983 年版，第 22—23 页。

② [美] 唐 · 帕尔伯格：《通货膨胀的历史与分析》，孙忠译，中国发展出版社 1998 年版，第 183—184 页。

③ 参见《中国统计年鉴 · 1983》，中国统计出版社 1983 年版，第 22—23、455 页。

④ 《中国统计年鉴 · 1983》，中国统计出版社 1983 年版，第 103 页。

里，全国零售物价总指数保持了长期基本稳定，人均国民收入总体水平逐渐提高。但是，在“大跃进”后的1961—1963年，以及“文化大革命”最剧烈的1967—1968年，人均国民收入出现过明显下降。“大跃进”还造成了比较严重的通货膨胀，1961年商品零售价格指数较上一年上涨16.2%。

由于计划经济国家大多实行物价管制和商品配给，官方公布的物价数据并不能反映真实的物价水平。以苏联为例，以1940年为基数100，官方公布的国营零售商业价格指数1985年为150，即1985年比1940年上涨50%，平均每年0.59%。然而这些数据显然不能代表苏联45年的真实物价发展趋势。自由市场（集体农庄市场）供应城市的食品占食品总销售量的20%，它的价格水平相对真实。根据美国国会经济委员会的调查资料，苏联自由市场上的食品价格比国营零售价格高，而且差距逐步扩大。1960年自由市场食品价格高出国营零售价格35%，1965年为47%，1970年为61%。在实行计划经济的社会主义国家，通货膨胀的典型表现首先是商品供应不足，甚至严重短缺，居民有支付能力的需求得不到满足，导致货币大量充斥于流通环节；其次才是物价上涨。仍以苏联为例，由于商品供应不足，消费者需要花费大量时间与精力来搜寻商品，据苏联科学院社会学研究所得计算，苏联居民每年花费在寻找和排队的时间为650亿小时，相当于720万年，相对于3500万工人一周工作40小时，排队购买的商品80%是食品，其次是日用消费品。①

“我国是在小农经济基础上开始大规模的工业建设的。小农经济是分散的半自给的经济，生产水平不高，商品率很低。”② 在“一五”计划头一年的1953年，我国市场上就出现了粮、油、肉、布等多种主要消费品供不应求的情况。为了保证城乡居民的基本生活需要，维

① 中国银行国际金融研究所课题组：《苏联金融七十年》，中国书籍出版社1997年版，第77—81页。

② 《陈云文选》第二卷，人民出版社1995年版，第275页。

持物价总水平的稳定，陈云在广泛调查研究和反复比较后，果断向中央提出实行“统购统销”的建议。这一措施通过对主要农产品供给和需求的双重控制，首先“保证了广大人民群众生活中最重要的吃饭穿衣的需要，国家掌握了足够的粮食，广大职工和城镇居民不用为吃饭操心了，购买粮食不用再排队了；同时满足了农村一亿多人口（包括经济作物区农民、牧民、灾民、缺粮户等）对返销粮的需要，他们的需要占国家出售的商品粮的1/3以上，其次，保证了市场物价的稳定，在我国首先是农产品，然后是工业品的价格，统统是跟着粮价走的，粮价涨了，物价就要全面涨。物价一涨，工资要跟着涨，工资一涨，预算就要突破。”①

“统购统销”是陈云在计划经济时期采取的重要的反通胀措施，在国家工业化初期，这一措施的实施从根本上保证了城乡人民群众的基本生活需要，维持了物价总水平的长期基本稳定。虽然这一时期国家对人民群众生活需要的满足仅是维持温饱等基本生活需要，是低水平的，但是毕竟实现了中国共产党所宣示和追求的“人人有饭吃，人人有衣穿”的初级目标。

（二）为国家工业化的实施筹集了资金，创造了稳定的经济运行环境

1952年9月，在得到斯大林对中国“一五”计划予以援助的明确承诺后，中共决策层抓住这个不可多得的历史机遇，决定迅速开始以发展重工业为重点的国家工业化建设。② 正如刘少奇指出：“使中国工业化，是需要巨大的资金的，而没有资金，没有数百亿银元投资于工业，特别是重工业，那就不要想加快我们的工业化。”③“一五”计划全国经济建设和文化教育建设总投资为766.4亿元（新人民币，下同），折合7亿两黄金。其中基本建设投资为

① 刘日新：《新中国经济建设简史》，中央文献出版社2006年版，第155页。

② 参见朱佳木：《中国工业化与中国当代史》，中国社会科学出版社2009年版，第35—39页。

③ 《刘少奇论新中国经济建设》，中央文献出版社1993年版，第173—174页。

427.4 亿元，占总投资的 55.8%。① 但是，1953 年“一五”计划开始实施时，我国经济还处在“一穷二白”的状态，常年战争使国库空虚，人民贫穷。在这样的基础上进行工业化建设，所面临的资金困难可想而知。

新中国成立初期，我国工业基础薄弱，外援也十分有限，为实现工业化筹集资金只能走压低初级产品和自然资源价格，提高工业制成品价格，同时控制工资水平的道路。正如陈云所说：“中国是个农业国，工业化的投资不能不从农业上打主意。搞工业要投资，必须拿出一批资金来，不从农业打主意，这批资金转不过来。”然而，根据董志凯教授的研究，“一五”期间工农业产品剪刀差是缩小的。② 在“剪刀差”缩小的情况下如何从农业上筹集实现工业化的资金？答案依然是“统购统销”。工业化初期开始实施的“统购统销”政策，除保障城镇工矿的农产品供应外，另一个目的是通过垄断流通环节，排斥私商等其他市场参与者，使国家尽可能独占工农业产品“剪刀差”的收益。“统购统销”政策的目标和结果都不是扩大工农业产品“剪刀差”，而是国家独占“剪刀差”。

通过“剪刀差”为工业化筹集资金需要一个前提，那就是稳定的价格体系，在这个体系中，农产品、能源、原材料等初级产品以及劳动力成本与工业制成品必须保持稳定的比价。只有这样，国家才能稳定地占有其间的价差，并以此作为国家财政收入的主要来源，为工业化提供积累。如果价格发生波动，就会造成各类产品的比价的变化，从而导致初级产品和工业制成品“剪刀差”的增减。相对而言，初级产品需求刚性大，价格弹性小；工业制成品价格弹性大，需求刚性小。在物价上涨乃至通货膨胀的背景下，初级产品的涨价幅度要高于工业制成品。“大跃进”后，集市贸易中农副产品价格暴涨，而工业制成品则相对便宜，所谓“七级工，八级工，不如农民一沟葱”就反

① 李成瑞主编：《陈云经济思想发展史》，当代中国出版社 2005 年版，第 159 页。

② 董志凯：《共和国经济风云回眸》，中国社会科学出版社 2009 年版，第 201 页。

映了这种情况。

为经济发展和国家工业化建设创造稳定的物价金融环境，使国家稳定地获得“剪刀差”收益，给工业化筹集资金，是陈云在计划经济时期坚持财政、信贷、物资以及外汇收支综合平衡，努力防范和治理通货膨胀的重要原因。在陈云和他的同事们的领导下，“一五”计划时期国民经济重大比例关系比较适中，物价基本稳定，经济运行稳健，工业化进程推进顺利。这一时期是我国计划经济时期经济发展最好的阶段。“大跃进”发生后，工农业生产受到严重破坏。农业大幅度减产，工业由于追求高指标而生产了大量卖不出去的废品、次品，造成财政虚收和赤字，加上信贷膨胀，最终导致严重的通货膨胀。1958—1960 年财政赤字累计 170 亿元，1958—1961 年共增发货币 72.89 亿元，1961 年流通中货币量达到 125.7 亿元，比 1957 年增加了 1.4 倍；1961 年包括高价、市价等各种价格的零售物价总指数比 1960

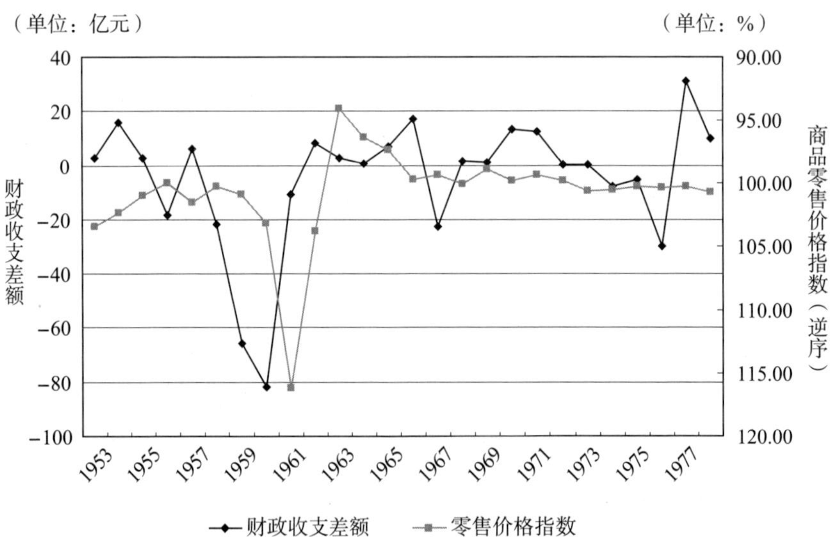

图 5—1　1953—1977 年商品零售物价与财政收支变动态势

资料来源：《中国统计年鉴 · 1983》，中国统计出版社 1983 年版，第 445 页；《2006 年中国城市（镇）生活与价格年鉴》，中国统计出版社 2007 年版，第 199 页。

年上涨16%以上。[①] 陈云重新主持经济工作后，提出要采取一切办法制止通货膨胀。并提出了严格现金管理、增加消费品生产、出售高价商品回笼货币、与投机势力斗争等具体措施。在陈云经济思想的指导下，从1962年起，经过三年时间的调整，实现了财政收支平衡，基本回笼了多发的货币，市场物价趋于稳定，人民生活有所改善，国家工业化进程得以继续推进。

（三）基本保持了稳定的通货膨胀预期，提高了国民储蓄倾向

从1953年到1978年的二十多年的时间里，除了"大跃进"后的1961年外，全国商品零售价格指数增长幅度均在5%以内，其中1963—1967年、1969—1972年还出现过负增长。[②] 这种长期稳定的物价环境也稳定了人民群众对通货膨胀的预期，增加了城乡居民的储蓄意愿。由于通货膨胀率很低，存款收益长期为正，加之缺乏其他投资渠道，在1953—1982年的三十年间，除1961—1962年和1969年等个别年份外，全国城乡储蓄存款年底余额均呈上升态势，城镇储蓄存款中定期储蓄的比例在1963年以后一直稳定在80%以上。[③] 储蓄存款，特别是定期存款的持续上升固然是由于缺乏其他投资渠道，银行存款成为私人财富主要的保值增值手段；但同样证明人民币已经建立并保持了稳定的信用，已经为广大人民群众所接受和持有。人民币不仅发挥了价值尺度、流通媒介和支付手段的作用，其储藏手段的功能也得以比较充分的实现，城乡居民已经习惯将银行存款作为主要的私人财产保有方式，储蓄倾向明显提高。储蓄存款，特别是定期存款的稳定增长一方面使国家银行得以掌握数量巨大且长期稳定的资金来源，为国家工业化建设提供了强有力的资金支持；另一方面也推迟了货币购买力的实现，缓解了当期社会商品供求矛盾，为稳定物价作出

① 薛暮桥：《我国物价和货币问题研究》，红旗出版社1986年版，第44—45页。
② 《2006年中国城市（镇）生活与价格年鉴》，中国统计出版社2007年版，第199页。
③ 《中国统计年鉴·1983》，中国统计出版社1983年版，第454页。

了重要贡献。

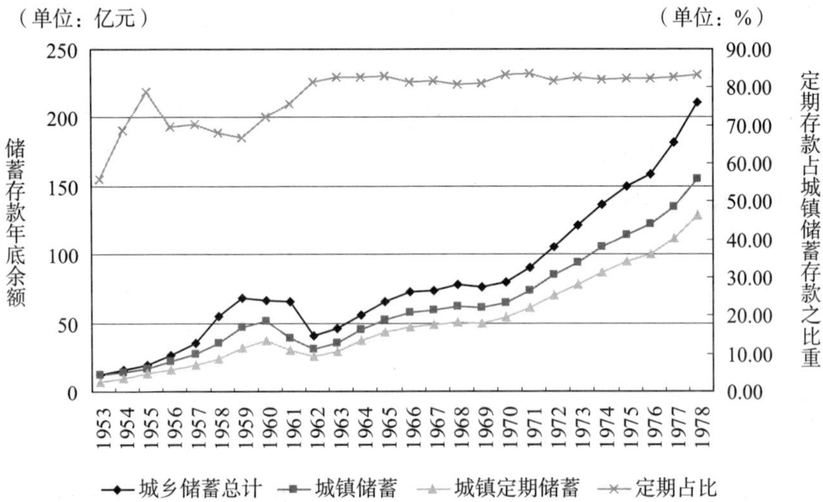

图 5—2　1953—1978 年城乡储蓄存款年底余额变动态势

资料来源：《中国统计年鉴·1983》，中国统计出版社 1983 年版，第 454 页。

三、在经济体制转轨时期的作用

20 世纪七八十年代，世界大部分实行计划经济体制的社会主义国家纷纷开始进行经济市场化改革。由于各国国情的差异，不同国家选择了不同的改革路径："也许更多地出于政治上的需要而非经济上的设计，东欧和前苏联的大多数国家都因袭了'大爆炸'式的经济自由化——由 1990 年 1 月波兰的大爆炸领头。价格的迅速放开和中央计划型投入的终止伴随突然开放对硬通货国家的更自由的贸易。与经济互助委员会各社会主义国家的贸易衰减了。"而"亚洲的社会主义国家，尤其是中国，采取了较为渐进的政策改革方式。"不同的改革路径也导致了差异很大的结果。"由于受传统贸易格局被打破的影响，东欧的经济自由化一开始引起了产出的急剧下降和经常的爆炸性通货膨胀。俄罗斯 1992 年 1 月在陈旧的国有重工业部门对价格和投入配置的仓促放开，似乎产生了灾难性的经济和政治后果——1993 年实际产出进一步下降，还有近乎恶性的通货膨胀。”“在所有的社会主义国家中，中国具有持续时间最长，但直到现在（1993）才得到较好证明的经济市场化经验。在80年代初的农业成功的基础上，中国的轻工业中非国有部分从80年代中期开始了一直延续到现在的迅速发展。到80年代末，迅速增长的出口成了增长的发动机。如果用东欧的标准来衡量，随着1979年以后有组织地、逐步地放开价格，中国的宏观经济仍然保持得非常稳定，价格上涨率较低，金融深化进展迅速。”①

美国的麦金农教授在研究了20世纪50年代以来发展中国家及社会主义国家经济市场化实践的基础上，归纳总结出了一条比较优化的改革路径，即“经济市场化的最优次序”，其主要内容包括：

实现中央政府的财政收支平衡。首先要限制政府的直接支出；其次是建立对企业和家庭征收基础广泛而又较低的税收，中央政府应迅速建立强有力的国内税收部门，建立一种有管理的税收制度，以保证政府可以筹措到足够的财政收入，避免通货膨胀；在这种税收机构和税收制度建立之前，大部分工业资产和自然资源最好仍然由政府所有，作为国库的收入来源，否则就很难避免严重的通货膨胀。

在实现了紧缩的财政控制，物价水平得以稳定，财政赤字业已消除后，可以考虑开放国内资本市场。但在开始阶段必须采取强有力的措施硬化货币和信贷系统，强制长期负债企业偿还债务，严格限制信贷流动，使经过通货膨胀调整的存、贷款利率为正。

在国内贸易和国内金融成功实现市场化后，政府可以开始汇率改革。经常项目的自由兑换应大大早于资本项目的自由兑换，应统一所有经常项目的汇率，逐步取消配额限制，代之以显性的、逐步降低的关税。只有在国内借贷能够按照均衡利率进行，通货膨胀受到明显抑制以至无须汇率贬值时，经济市场化的最后阶段，资本项目的自由兑换的条件才算成熟了。

---

① ［美］罗纳德·I. 麦金农：《经济市场化的次序》，周庭煜等译，上海三联书店、上海人民出版社1997年版，前言。

至今为止，经过欠发达国家和前计划经济国家的改革实践的检验，“经济市场化的最优次序”被证明是一条比较现实可行和成功的改革路径。20世纪70年代以来的发展经济学研究也支持了这一观点。正如麦金农教授所说：“自1973年以来，人们已经学到很多东西，既有正面的，表现为对确实成功地实行了市场化的发展中国家的丰厚回报；也有反面的，来自于弄错了市场化次序的那些国家。确实，对一个高度抑制的经济实现市场化，犹如在雷区行进，你的下一步很可能就是你的最后一步。”①

“中国经常被引为一个成功地用渐进主义方法走向经济市场化的重要例子。”“从1978年到1992年，中国的市场化是在一个相当稳定的价格水平和极其迅速的产出增长下逐渐进行的。”② 回顾20世纪70年代末开始的中国经济体制改革历程，我们可以发现，中国经济市场化走过了与麦金农教授所提出的“经济市场化的最优次序”大致相似的路径。在经济市场化的初始阶段，即1978—1992年这段时间，这种相似性尤为突出，主要表现在以下几个方面：

首先，中国农业改革的成功不仅大幅度提高了农业产出和农民收入，而且对宏观经济的稳定运行和改革进程的整体深入具有重要意义。

中国经济市场化改革是从农村开始的，而且最先获得成功。值得特别指出的是，农业在产出大幅增加的过程中，几乎没有得到银行信贷支持。中国农民基本靠自我融资实现了农业产出的迅速增长，这对改革初期我国保持物价基本稳定，保证改革进程继续推进贡献很大。正如麦金农教授所指出：“中国成功的农村改革在金融方面有两个相辅相成的关键特征：(1) 小型农业单位无法获得银行贷款，他们得到信贷被小心翼翼地限制在非货币的范围内，(2) 与90年代初期相比，80年代初期的价格水平相当稳定，农民可以选择持有价值稳定的本

① [美] 罗纳德·I. 麦金农：《经济市场化的次序》，周庭煜等译，上海三联书店、上海人民出版社1997年版，前言。

② [美] 罗纳德·I. 麦金农：《经济市场化的次序》，周庭煜等译，上海三联书店、上海人民出版社1997年版，第265、263页。

国货币，用作其生产资金。”①

进行市场化改革国家的经验告诉我们，“国家放松对银行和其他金融机构管制的步伐必须与政府在总体稳定宏观经济方面所取得的成功谨慎地相适应。若无价格水平的稳定，实际利率或汇率的不可预测的变化就会使接受储蓄的银行所进行的不受约束的借贷变得风险太大。”② 由于银行的储蓄存款或明或暗地受到政府的担保，如果银行向私营借款人贷款，因为道德公害等原因造成的坏账最终要政府买单，而政府财政赤字的货币化将最终会导致严重的通货膨胀。麦金农教授认为，政府对工业和农业中新近市场化的“非国有”部门实行了很硬的预算约束，很少给予贷款，是在中国市场化过程中保持宏观经济基本稳定的秘诀之一。

1978 年我国粮食总产量为 3.04 亿吨，1985 年达到 3.79 亿吨，增幅为 24.8%；1990 年达到 4.46 亿吨，与 1978 年相比增加了 46.7%。③ 中国农村人均纯收入从 1978 年的 133.6 元上升到 1985 年的 397.6 元，增长了近两倍；1992 年达到 784 元，是 1978 年的近六倍。1979 年到 1984 年农村人均纯收入的增长速度为年均 15.27%，这一时期是改革开放以来中国农民收入提高最快的时期。④ 上述巨大成就的取得，除了在农村实行家庭联产承包责任制以外，很大程度上得益于国家大幅度提高农产品收购价格。1979 年农产品收购价格总水平提高了 22.1%，提价总金额达 108 亿元；1984 年同 1978 年相比，农产品收购价格提高了近 50%，工农业产品的剪刀差缩小 30%。⑤ 仅 1979 年到 1981 年三年时间，农民就因农副产品提价增收 204 亿元。⑥ 正如

---

① ［美］罗纳德 · I. 麦金农：《经济市场化的次序》，周庭煜等译，上海三联书店、上海人民出版社 1997 年版，第 200 页。

② ［美］罗纳德 · I. 麦金农，《经济市场化的次序》，周庭煜等译，上海三联书店、上海人民出版社 1997 年版，第 9 页。

③ 《中国统计摘要 · 2007》，中国统计出版社 2007 年版，第 133 页。

④ 《中国统计摘要 · 2007》，中国统计出版社 2007 年版，第 114 页。

⑤ 薛暮桥：《我国物价和货币问题研究》，红旗出版社 1986 年版，第 69 页。

⑥ 苏星：《新中国经济史（修订本）》，中共中央党校出版社 2007 年版，第 580 页。

麦金农教授所指出："国家供销机构大幅提高了粮食和其他食品强制性额度的收购价格。然后剩余部分就可以自由地在私人市场上出售。这一新独立农民的贸易条件的显著改善与产出的增长一起，极大地提高了他们的现金流量。在 80 年代初期，这一现金地位的改善意味着农民能够为他们的农业投资，包括住宅建设，自筹资金而无需从国家银行体系或官方控制的农村信用社大量借款。"①

中国农村改革的成功，不仅大幅度地提高了农业产出和农民收入，而且宏观经济稳定和改革继续推进提供了金融支持。从 1979 年到 1984 年，农村信用社的农村居民户储蓄存款从占国民生产总值的大约 1.5%上升到 6.3%，而农村信用社对农民、乡镇企业和集体企业的总贷款维持在总存款的大约三分之一到一半。② 这就是说，中国农民在“自费改革”的同时，还把一半以上的存款存入中国农业银行，用于支持整个金融体系稳定和为其他改革融资。用麦金农教授的说法就是："构成人口四分之三以上的农民在 80 年代初，通过国家银行体系开始成为政府的一大净贷款人。"③

1978 年年底举行的中共十一届三中全会，开启了中国农村改革的伟大进程。陈云在 1979 年提出经济调整，压缩基本建设规模，把将近十分之一的国家财政收入用于提高农产品收购价格，增加农民收入。这一举措被麦金农教授称为"为了使球转起来而在农业发生的'最低爆炸'"，它不仅对中国农村改革的成功作出了巨大贡献，而且为整个改革进程的深入开展打下了坚实的基础。将 1979 年用于提高农产品收购价格的 108 亿元人民币作为中国进行市场化改革，特别是进行农村改革的第一笔启动资金，应非过誉之词。陈云在 1979 年和 1981 年坚持对国民经济进行调整，把压缩基本建设的资金用于提高农产品

① ［美］罗纳德 · I. 麦金农：《经济市场化的次序》，周庭煜等译，上海三联书店、上海人民出版社 1997 年版，第 276 页。

② 参见国家统计局编：《中国统计年鉴 · 1992》，中国统计出版社 1993 年版。

③ ［美］罗纳德 · I. 麦金农：《经济市场化的次序》，周庭煜等译，上海三联书店、上海人民出版社 1997 年版，第 277 页。

收购价格，不仅启动和支持了农村改革，而且维持了宏观经济稳定，控制了财政赤字，遏止了通货膨胀的发生，使中国农民和其他市场化改革的参与者能够建立起稳定的物价预期，放心地持有货币和进行投资。陈云重视农业基础地位，强调国民经济综合平衡，坚持反对通货膨胀的经济思想对中国市场化改革的成功作出了基础性的贡献。

其次，保持中央财政收支平衡是转轨经济体避免严重通货膨胀的第一要务。

在计划经济国家推进市场化改革的进程中，政府融资渠道发生了重大变化，政府收入的主要来源要从直接占有国有企业盈余转向基础广泛的税收，而在强有力的税收征集机制建立之前，政府财政面临收入减少和支出增加的双重压力。在收入方面，国有企业的上缴利润因“减税让利”而减少，新兴的“非国有”经济体税收很难征集，还有地方政府对中央财政收入的侵蚀；在支出方面，中央政府不仅要维持整个国家的正常运转，而且要为保持物价基本稳定支付巨额补贴。在这种情况下，平衡中央政府的财政收支就成为保持国民经济稳定运行和改革继续推进的首要任务，否则财政赤字的货币化很可能导致严重的通货膨胀。

财政赤字是困扰中国市场化进程的顽疾，改革开放以来的历次经济波动和通货膨胀都与财政赤字存在因果关系。保持财政收支平衡是陈云一贯坚持的经济工作指导思想，改革开放以后又反复强调，并根据新的形势有所发展。针对1988年的严重通货膨胀，陈云强调：“永远不打赤字财政。从全局看，在几大平衡中，最基本的，是财政平衡。要扭转当前混乱的经济局面，首先要靠财政平衡、特别是中央财政平衡。”针对改革后财政收入占国民收入比重逐年下降，中央财政收入占整个财政收入比重逐年下降的情况，陈云指出：“中央的政治权威，要有中央的经济权威作基础。没有中央的经济权威，中央的政治权威是不巩固的。在经济活动中，中央应该集中必须集中的权力。搞活经济是对的，但权力太分散就乱了，搞活也难。”1994年陈云对分税制表示支持：“中央决定从今年起实行分税制，使中央逐步集中必要的财力，上海和全国各地都表示赞成，说明大家是顾全大局的，我很高兴。”①

麦金农教授认为：“为确保财政控制，首先应限制政府的直接支出，使之在国民生产总值中占较小的份额；若政府支出不受限制，财政经常出现赤字，在没有国内资本市场的情况下，只能迫使中央银行过度发行基础货币，最终导致通货膨胀。在基础广泛的税收征集机制建立之前，大部分工业资产和自然资源最好仍然由政府所有，作为国库的收入来源，否则很难避免严重的通货膨胀。”“1978 年以后，中国中央政府保持了对传统盈利工业企业的控制，从而能够不断地直接为自己征收财政收入——流转税和剩余利润。”②20 世纪 80 年代中期，来自烟草、石化、有色金属、船舶、汽车等六大国有公司的上缴利税

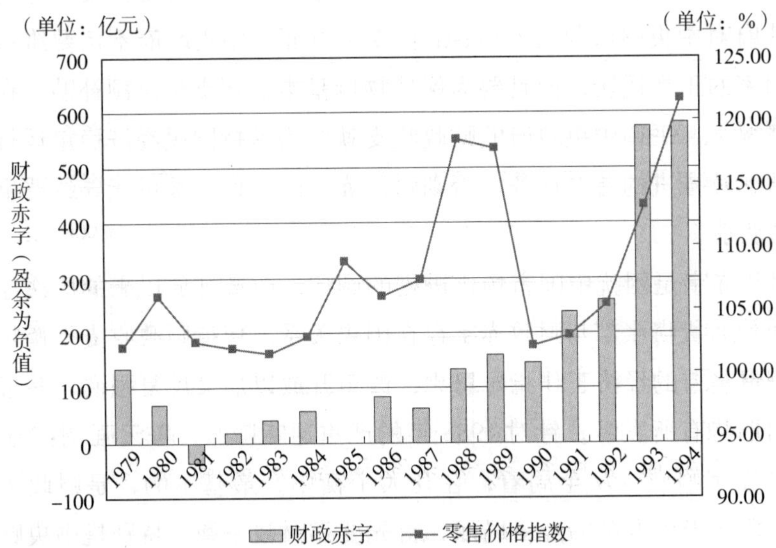

图 5—3　1979—1994 年物价指数与财政赤字变动态势

资料来源：《中国统计摘要 · 2007》，中国统计出版社 2007 年版，第 97、67 页。

---

① 《陈云文选》第三卷，人民出版社 1995 年版，第 380 页。

② ［美］罗纳德 · I. 麦金农：《经济市场化的次序》，周庭煜等译，上海三联书店、上海人民出版社 1997 年版，中译本序，第 291 页。

占到我国中央财政收入的65%，① 为维持中央财政的基本平衡和国民经济的稳定运行起到了决定性的作用；而80年代后期和90年代前期的财政收支失衡，则是导致1994年创纪录通货膨胀的重要原因。正反两方面的经验教训都证明，陈云反复强调的财政收支平衡和财力集中的思想，对中国经济在市场化进程中避免和减少严重通货膨胀具有重要的指导意义。

再次，进行渐进式的价格改革，使价格市场化在“边际”上发生，是中国经济体制成功转轨的重要原因。

价格改革是经济市场化进程中的关键步骤，不同的价格改革路径也造成了截然相异的结果。“从1978年到1992年，中国的市场化是在一个相当稳定的价格水平和极其迅速的产出增长下逐渐进行的。自从1989年以来，东欧和前苏联在面临实际产出下降时企图进行迅速的市场化，导致了相当高的通货膨胀。”② 转轨时期的中国之所以能够实现价格的相对稳定，除了产出大幅增加以外，实行渐进主义的市场化方针，控制价格改革的节奏和进度，使价格的市场化在国民经济的增量部分首先实现，应该是具有决定意义的因素。

20世纪80年代初，中国只有大约10%的零售价格不受价格控制，到90年代初，70%以上的零售价格和85%的集体所有制企业的产品价格都由市场决定，70%的国有企业的投入和产出的价格都不受控制。③ 相对于苏联和东欧国家采取的“大爆炸”式的，突然的和彻底的价格市场化而言，中国的价格改革无疑是渐进的。在1978年改革开放以后相当长的时间里，中国政府对国有企业之间的交易一直实施有效的价格控制，即按计划价格交易。对事关国计民生的粮食等重要

---

① 陈元：《关于中国社会主义经济运行若干问题的思考》，《陈元集——运行、调控、发展》，黑龙江教育出版社1990年版，第39—40页。

② ［美］罗纳德·I.麦金农：《经济市场化的次序》，周庭煜等译，上海三联书店、上海人民出版社1997年版，第261页。

③ ［美］罗纳德·I.麦金农：《经济市场化的次序》，周庭煜等译，上海三联书店、上海人民出版社1997年版，第271页。

生活资料和能源、原材料价格等重要生产资料也实行国家定价。在对构成国民经济主体的国有企业继续保持价格控制的同时，“价格的自由化在边际上发生”，即在经济的增量部分开始实行价格市场化，让市场决定非国有和非公有企业产品的价格，国有企业也可以把它们超过国家合同的剩余产品以市场价格出售给新生的非国有部门。随着由非国有部门迅速的工业增长所推动的总的市场化的推进，国有部门价格控制的商品数目也不断减少。但是即使这些受限制的价格，像原材料那样经过几个阶段的提高也合理化了，最终产品的价格有时还是下降的。①

中国的价格市场化大致经历了两个阶段。1979 年到 1984 年是“调放结合，以调为主”，即在保持计划价格体系的前提下，调整不合理的价格关系；1985 年以后，则是“调放结合，以放为主”，即重点改革价格形成机制，逐步使价格市场化。经过上述两个阶段，历时十余年的逐步改革，中国在成功完成经济体制转轨的同时，相对于其他转轨经济体而言，大致保持了价格总水平的基本稳定。这一伟大成就的取得，是与陈云坚持稳妥渐进的价格改革方针分不开的。陈云不反对价格改革，但是鉴于其复杂性和全局性，他一直奉行积极稳妥、逐步推进的态度，主张改革的步子要稳，不能要求过急。陈云明确反对“闯关”式的价格改革，反对价格改革与工资改革挂钩；反复强调财政补贴的重要性，坚持财政补贴不能取消；认为“低工资、低物价、加补贴”是符合中国国情的好办法。

最后，保持实际利率为正，对宏观经济平衡和抑制通货膨胀具有重要意义。

随着中国经济市场化进程的发展，中国经济货币化，或者说金融深化的程度也在不断加深。广义货币（M_2）持有量从 1978 年占国民生产总值（GNP）的 28%大幅度上升到 1991 年的大约 97%。由于中

① ［美］罗纳德·I. 麦金农：《经济市场化的次序》，周庭煜等译，上海三联书店、上海人民出版社 1997 年版，第 273—274 页。

央政府仍旧对国家银行体系拥有所有权和控制，它可以通过从城市和农村居民户，以及从非国有部门借入这些迅速增加的金融剩余，来抵消其恶化的财政地位。[①] 为了达到上述目的，利率政策的重要性就更加凸显。特别是储蓄存款利率，它对于保持居民和企业积累其金融资产具有决定性的刺激作用。在中国经济转轨过程中，实际利率水平在大多数情况下为正，但是在 1988—1989 年通货膨胀率高达每年 17% 到 18%时，一年期居民定期存款实际利率接近负的 10%。为了保持实际利率水平为正，中国政府迅速采取了保值储蓄等将利率充分指数化的措施。三年期居民定期存款的名义利率在 1988—1989 年提高到 20%到 26%。[②] 陈云支持采取保值储蓄，并特别提醒："对储蓄搞保值是必要的。同时，国库券也要保值。如果不从根本上采取稳定市场物价措施，提款抢购风潮还会再起。"[③]

努力保持正值的实际利率水平，一方面避免或减少了存款人因通货膨胀而遭受的损失，另一方面通过稳定银行存款，推迟货币购买力的实现，缓解国家财政困难，对宏观经济平衡和抑制通货膨胀具有重要意义。

从世界上转轨国家的经验看，前计划经济国家在市场化过程中出现通货膨胀，似乎是一种必然现象。苏联、波兰、保加利亚、罗马尼亚等国家在 20 世纪 90 年代，越南在 20 世纪八九十年代，都出现过三位数的恶性通货膨胀。麦金农教授是在考察了世界上大多数转轨经济体的经验后指出，"一个典型的社会主义经济中价格—工资控制有一种双重经济作用。政府的财政收入隐含地依赖于相对价格的结构。政府为了国有工业部门内产生剩余利润而'扭曲'相对价格。与世界市场相比，国内初级产品和工业材料的价格以及货币工资，相对于最

① ［美］罗纳德·I. 麦金农：《经济市场化的次序》，周庭煜等译，上海三联书店、上海人民出版社 1997 年版，第 281 页。

② ［美］罗纳德·I. 麦金农：《经济市场化的次序》，周庭煜等译，上海三联书店、上海人民出版社 1997 年版，第 283 页。

③ 《陈云文选》第三卷，人民出版社 1995 年版，第 367 页。

终制成品的国内价格而言，被有意压低，这样产生的企业现金流量的剩余就存在国家银行的受限制的账户里，成了政府的有效财政收入。当自由化开始时，如果竞争压力侵蚀了国有工业部门的利润，政府的财政收入地位也就受到损害：最终产品价格相对于物质投入品和工资下降了。这种税收收入的下降会导致居民户部门过多的硬货币创造和通货膨胀压力，它首先反映在消费者价格水平上。”①

麦金农教授的 1993 年的此番论述与陈云在 80 年代的观点是相通的，所不同的是，麦金农教授是在进行大量的实证研究后得出的研究结论，而陈云则是基于他长期领导全国经济工作所总结出的实践经验，反映了他对我国国情，特别是我国社会主义经济运行机制的深刻认识。陈云的反通胀思想来源于实践，又在实践中不断发展完善。在中国经济转轨时期，针对国民经济不断市场化的现实，陈云一方面倡导和支持改革开放，另一方面又从中国经济的实际情况出发，强调改革的中国特色，坚持渐进谨慎的改革方针，努力使体制转轨在相对稳定的经济运行环境中进行。

20 世纪 70 年代末中国开始改革时，陈云就指出：“我们搞四个现代化，建设社会主义强国，是在什么情况下进行的。讲实事求是，先要把‘实事’搞清楚。这个问题不搞清楚，什么事情也搞不好。我们国家是一个九亿多人口的大国，百分之八十的人口是农民。革命胜利三十年了，人民要求改善生活。有没有改善？有。但不少地方还有要饭的，这是一个大问题。解放三十年了，如果老是不解决这个问题，支部书记会带队到城里要饭。不估计到这种情况，整个经济搞不好。农民是大头，不能让农民喘不过气来。一方面我们还很穷，另一方面要经过二十年，即在本世纪末实现四个现代化。这是一个矛盾。人口多，要提高生活水平不容易；搞现代化用人少，就业难。我们只能在这种矛盾中搞四化。这个现实的情况，是制定建设蓝图的出发点。总

---

① ［美］罗纳德·I. 麦金农：《经济市场化的次序》，周庭煜等译，上海三联书店、上海人民出版社 1997 年版，第 302 页。

之，九亿多人口，百分之八十在农村，革命胜利三十年了还有要饭的，需要改善生活。我们是在这种情况下搞四个现代化的。”①

陈云反复强调“按比例发展是最快的速度”，强调经济稳定发展的重要性，强调改革的方针应当是既积极又稳妥，要保持社会的安定团结，强调中国经济体制改革是社会主义的自我完善和发展，都是从“人口多，底子薄”这个基本国情出发。陈云坚持反对通货膨胀，也是考虑到国家和人民都不富裕，经不起经济和物价大幅波动的折腾。从 1979 年到 1991 年，中国 CPI 指数年均值为 6.2%，而同期 GDP 指数年均值为 8.8%。② 中国之所以能够在经济体制转轨期间保持较高的经济增长速度和相对稳定的价格水平，是与陈云调整国民经济结构，加强农业基础地位；强调财政平衡和财力集中；坚持逐步渐进的价格改革，反对价格“闯关”等一系列措施、方针、观点、思想的作用和影响分不开的。陈云的老成谋国，为中国改革开放的成功作出了独特而不可或缺的贡献。

第四节　陈云反通胀思想的意义和影响

陈云是我国计划经济体制的缔造者之一，他的主要经济实践大都集中在计划经济时期，他的经济思想主要是在计划经济体制下形成的。现在中国已经基本完成从计划经济向市场经济的体制转轨，经济结构、资源配置方式和经济调控手段都已高度市场化。中国已于 2001 年加入了世界贸易组织，截止到 2009 年 5 月，已经有近一百个世贸成员承认中国的市场经济地位。在市场经济背景下，讨论陈云经济思想的意义和影响就显得更具必要性。

---

① 《陈云文选》第三卷，人民出版社 1995 年版，第 250—251 页。

② ［美］罗纳德 · I. 麦金农：《经济市场化的次序》，周庭煜等译，上海三联书店、上海人民出版社 1997 年版，第 266 页。

1995 年 6 月 13 日，时任中共中央总书记江泽民在纪念陈云诞辰九十周年座谈会上指出：陈云“关于按照经济规律办事和进行必要的国家干预的观点，关于‘无农不稳’、‘无粮则乱’的观点，关于国民收入分配中积累和消费的比例要适当、一要吃饭二要建设的观点，关于中央应该集中必要的财力的观点，关于中央的政治权威要有中央的经济权威作基础的观点，要十分重视和认真对待社会上存在的各种消极现象、物质文明和社会主义精神文明一定要一起抓的观点，等等，对我国的社会主义现代化建设，都具有长期的重要指导意义。”① 上述讲话代表了中国共产党和中国政府对陈云经济实践的官方评价，它发表于中国经济体制转轨完成之后，突出强调了陈云经济思想在市场经济体制下对中国社会主义现代化建设的“长期的重要指导意义”。

陈云的经济实践贯穿半封建半殖民地的市场经济、计划经济和体制转轨三个阶段。在不同的经济体制背景下，陈云始终坚持实事求是的思想方法，坚持从国情实际出发，不断根据客观情况的变化对自己的经济思想进行积累、调整、改善、发展、充实。长期领导经济工作的实践使陈云不仅通晓计划经济的运行规律，对市场经济也有清醒而深刻的认识。陈云的经济思想，尤其是他的反通胀思想，如果从源头算起，应该追溯到 20 世纪 40 年代的陕甘宁时期，其形成的时间跨度长达半个世纪以上；其研究涉及的范围则包括旧中国、新中国，苏联东欧等前社会主义国家以及西方发达国家的通货膨胀现象；在时间和空间上都不是局限于中国计划经济时期。陈云的反通胀实践不仅在计划经济时期是成功的，在经济转轨过程中也被证明是行之有效的。陈云的反通胀思想是在长期实践基础上总结提炼出来的，是源于对经济运行基本规律的深刻理解，来自对中国基本国情的准确把握，其核心内容是跨越时代、跨越体制的。在今后的市场经济运行中，陈云的反通胀思想对中国防范和治理通货膨胀的实践必将产生长远的、深刻的影响。

---

① 《缅怀陈云》，中央文献出版社 2000 年版，第 4 页。

经过对陈云反通胀实践和思想的梳理与研究，结合社会主义市场经济体制下中国经济运行的新形势、新特征，我认为陈云的反通胀思想至少在以下方面对今后中国防范和治理通货膨胀具有指导和借鉴意义。

一、中国不能靠通货膨胀刺激经济发展

从中国共产党和中国政府发展经济的根本目的出发，基于对中国基本国情和经济运行本质特征的深刻把握，陈云始终坚持警惕、防范和抑制通货膨胀的态度。中国不能搞通货膨胀，不能走依靠通货膨胀刺激经济发展的道路，这是陈云反通胀实践和思想给后人留下的最重要的启示。

（一）基本国情决定了中国不能搞通货膨胀

搞经济建设要从基本国情出发，是陈云经济思想的基础，也是今后中国经济发展的重要指导原则。从国民财富和消费结构等角度分析，我国基本国情呈现以下长期稳定的特征：

首先，中国农村人口占大多数，城市中产阶层发育不充分，国民平均富裕水平不高。陈云在1979年时指出："九亿多人口，百分之八十在农村，革命胜利三十年了还有要饭的，需要改善生活。我们是在这种情况下搞四个现代化的。"[①]经过三十多年的改革开放和现代化建设，全国人口已接近十四亿，农村人口的比重减少到六成多，吃不饱饭的人更是大幅度减少。但农村人口仍占大多数，相对贫困人口所占比重仍然比较大。[②]另一方面，城市中产阶层无论是占人口比重还是富裕程度都仍然较低。综合中国社会科学院社会学家陆学艺教授以及麦肯锡和美林等机构的模型测算，2010年前后中国中产阶层大致占人口总数的22%，即3亿左右；这个阶层的人均年收入在3万—10

---

① 《陈云文选》第三卷，人民出版社1995年版，第251页。

② 朱佳木：《中国工业化与中国当代史》，中国社会科学出版社2009年版，第125页。

万元人民币之间。相比较而言，美国的中产阶级占人口的80%左右，人均年收入在4万—25万美元之间。考虑到国民收入分配不均，基尼系数较高的情况，中国国民财富结构远未达到所谓的“纺锤”型结构，而是呈现典型的“金字塔”型结构，国民平均富裕水平仍然相当有限。2006年中国城镇家庭人均可支配收入为11759元人民币，农村家庭人均纯收入为3587元人民币。[①]2008年中国人均年收入约为1100美元，排名世界第108位。

其次，从国民财富配置的角度看，改革开放三十多年来，生产资料、房地产、股票等资产类财富占国民私人财富的比重有很大幅度的增加，抗通胀能力有所增强。但中国是一个崇尚节俭，风险观念保守的国家，居民储蓄倾向严重，加之中国金融深化程度有限，投资渠道相对狭窄，银行存款等货币类资产仍然占有很大比重。2006年城乡储蓄存款年底余额为161587亿元人民币，同期股票流通市值为25004亿元人民币；1995—2006年城镇房地产投资总额为94983亿元，同期农村农户固定资产投资总额为36646亿元。[②]如果将后三项之和156633亿元视为国民资产类财富总量，则储蓄存款仍然超过资产类财富的总和，货币类资产依然是中国国民私人财富的主要保有方式。

经过三十年的改革开放和现代化建设，中国的经济总量已经位列世界第二，综合国力明显增强；人民生活水平也得到大幅度改善。然而，由于人口众多，就人均水平而言，中国人民还不富裕；由于中低收入阶层仍占人口的大多数，他们的财富结构中货币类资产还占有相当的比重，抗御通货膨胀的能力还很低；加之人民对物价变动特别敏感，如果发生通货膨胀，将不仅导致经济波动，而且会造成政治和社会方面的严重问题。在这方面是有前车之鉴的。

再次，由于中国人口众多，人民衣食住行等基本生活消费始终

---

① 《中国统计摘要·2007》，中国统计出版社2007年版，第114页。

② 《中国统计摘要·2007》，中国统计出版社2007年版，第84、91、54页。

在全社会总需求中占有相当的比重。农产品供求的平衡和价格的稳定始终是物价总水平稳定的重要基础。回顾新中国成立以来发生的严重通货膨胀，都与粮食产量下降存在着直接或间接的关系。1958年粮食总产量为20000万吨，1959年降至17000万吨，1960年仅为14350万吨，1961年为14750万吨，1959—1961年粮食连续三年减产直接导致严重的通货膨胀，1961年物价上涨幅度为16%。① 由于1985年开始在农村取消了统购派购政策，放松了粮食生产，致使1985—1988年粮食连续四年减产，全国人均占有粮食由1984年的786斤减为716斤。②1988—1989年之所以发生严重通货膨胀，激进式价格“闯关”固然是主要原因，粮食价格上涨也是整体物价水平提高的重要影响因素。1994年物价涨幅达到创纪录的21.7%，规模空前的经济过热固然是难辞其咎，但当年粮食减产起到推波助澜的作用。

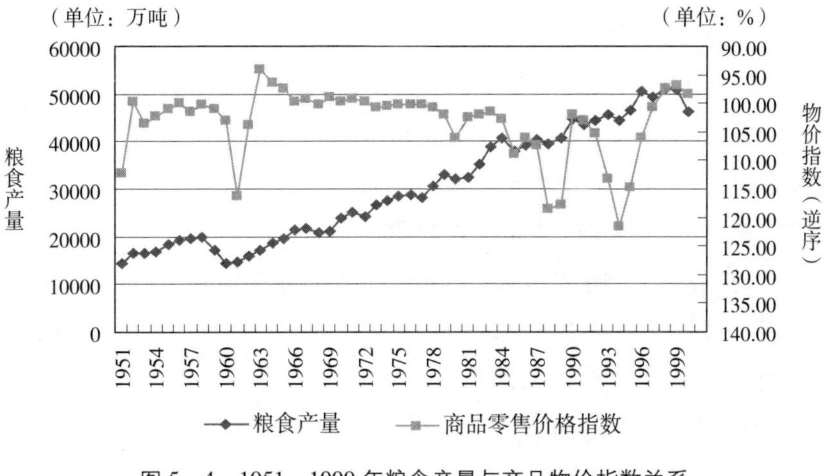

图5—4　1951—1999年粮食产量与商品物价指数关系

资料来源：《中国统计年鉴·1983》，中国统计出版社1983年版，第158、455页；《中国统计摘要·2007》，中国统计出版社2007年版，第97、133页。

---

① 《中国统计年鉴·1983》，中国统计出版社1983年版，第158页。

② 朱佳木：《中国工业化与中国当代史》，中国社会科学出版社2009年版，第127页。

在今后的工业化、城市化进程中，中国在人口仍在继续增加，耕地面积不断减少的同时，还面临着饮食结构变化的挑战。随着人民生活水平的提高，肉禽蛋和豆类食品在日常饮食消费所占比重逐渐提高，农产品供需的结构性矛盾更加突出。以大豆为例，2000 年中国大豆进口占全球出口量的 49.6%，到 2010 年上升到 82.8%，预计将上升到 88%；2000 年中国进口大豆占国内消费量的 29%，到 2010 年上升为 58.2%，预计将上升到 86%①。进口农产品不仅会受到国际市场容量的限制，而且进口农产品价格的波动也将影响国内物价的稳定。

（二）从中国共产党和中国政府发展经济的根本目的出发，中国不能走依靠通货膨胀刺激经济发展的道路

中国共产党是代表中国最广大人民根本利益的工人阶级政党，中华人民共和国是社会主义国家，中国共产党和中国政府发展经济的最终目的是为了改善中国人民的生活，满足最广大人民群众日益增长的物质和精神生活需要。② 新中国成立以来，民生问题始终处于党和政府首要关注的领域之中。在经济运行出现问题，尤其是物价出现波动时，党和政府总是努力设法减轻其对人民生活的影响。面对“大跃进”造成的农副产品供应短缺和严重的通货膨胀，陈云在 1962 年提出“要采取一切办法制止通货膨胀。”强调“农业问题，市场问题，是关系五亿多农民和一亿多城市人口生活的大问题，是民生问题。解决这个问题，应该成为重要的国策。为了农业、市场，其他的方面‘牺牲’一点，是完全必要的。”“我们花了几十年的时间把革命搞成功了，千万不要使革命成果在我们手里失掉。现在我们面临着如何把革命成果巩固和发展下去的问题，关键就在于要安排好六亿多人民的生活，

---

① Bob Prince & Ray Dalio, *Food Commodity Inflation as a Global Marco Influence*. Bridgewater Daily Observations, January, 12, 2010, p. 4.

② 朱佳木：《中国工业化与中国当代史》，中国社会科学出版社 2009 年版，第 122 页。

真正为人民谋福利。”① 针对“洋跃进”引起的物价波动，陈云在 1980 年指出：“许多商品都在涨价，涨价商品的面相当大，影响人民的生活。这种涨价的形势如果不加制止，人民是很不满意的。经济形势的不稳定，可以引起政治形势的不稳定。”他坚持对国民经济进行调整，压缩基建投资，提高农副产品收购价格，增加城乡人民收入，稳定市场物价，并再次强调“搞经济建设的最后目的，是为了改善人民的生活。”②

保持财富权益的完整和价值的稳定，是最广大人民群众的根本利益；提高人民收入水平和平均富裕程度，“利为民所谋”，是中国共产党和政府始终追求的主要目标；防范和抑制通货膨胀，保持物价水平的基本稳定，则是保证最广大人民根本利益的最必要的手段之一。通货膨胀在某些情况下可以起到刺激经济增长的作用，但是以货币贬值，牺牲人民群众财产利益和影响经济稳定增长为代价的。中国共产党和中国政府的基本宗旨决定了中国不能走依靠通胀刺激经济增长的道路。正如陈云所说：“我们国家现在进行的经济建设，是社会主义的经济建设，经济体制改革也是社会主义的经济体制改革。任何一个共产党员，每时每刻都必须牢记，我们是搞社会主义的四个现代化，不是搞别的现代化。”③

（三）中国实现经济发展目标要求物价基本稳定

中国是一个后起的发展中国家，虽然经过新中国成立以来六十多年的艰苦努力，实现了经济的迅速增长，但中国至今仍然没有完成工业化进程。实现工业化和现代化仍然是中国的远大目标，发展的任务仍然十分艰巨。在中国实现工业化和现代化的进程中，国民经济的稳定运行是保障经济发展速度和质量的必要条件。“如何处理经济稳定

① 《陈云文选》第三卷，人民出版社 1995 年版，第 210 页。

② 《陈云文选》第三卷，人民出版社 1995 年版，第 280 页。

③ 中共中央文献研究室编：《陈云年谱（一九〇五——一九九五）》下卷，中央文献出版社 2000 年版，第 380 页。

与经济增长的关系，历来是中外各国发展碰到的最根本的问题。曾经有不少国家，主要是发展中国家，为了尽快实现工业化和现代化，赶超经济发达国家，急于求成，实行增长优先战略，要稳定服从于增长，大量举借外债，或者实施通货膨胀政策，结果一般都是在经济短时间内上去后不久，就出现物价飞涨，抢购商品和外汇，贫富差距拉大，老百姓闹事等现象。由于经济不稳定，出现曲折，增长也难以为继。总的看经济速度不是快了，而是慢了。20 世纪 50 年代末我国的‘大跃进’也属于这种情况。”① 新中国成立以来六十多年的经验教训反复证明，只有保持社会总供给和总需求在总量和重要结构上的基本平衡，兼顾发展速度、人民生活和经济效益，保持物价总水平的基本稳定，才能保持国民经济的稳定运行。正如陈云所指出：“说到底，还是要有计划按比例地稳步前进，这样做，才是最快的速度。否则，造成种种紧张和失控，难免出现反复，结果反而会慢，‘欲速则不达’。”“人民向往四个现代化，要求经济有较快的发展。但他们又要求不要再折腾，在不再折腾的条件下有较快的发展速度。我们应该探索在这种条件下的发展速度。”②

通货膨胀是一个货币现象，但绝不仅仅是货币本身的问题。新中国成立以来发生的几次通货膨胀，都是由于国民经济运行出现严重问题所造成的。而“每一次经济增长被打断的直接原因都是通货膨胀，通货膨胀是造成每一次紧缩的直接诱因。”③ 物价总水平是国民经济运行状态的综合反映。物价总水平的基本稳定，实际上显示了社会总供给与总需求在总量和主要结构上的基本平衡，验证了经济发展速度比较合适，表明了国民经济运行状态比较正常。在今后中国全面实现工业化和现代化，实现在 2050 年成为中等发达国家的进程中，在继续完成经济发展任务的同时，保持全国物价总水平的稳定，保持人民币

---

① 参见张卓元：《陈云综合平衡思想的重大意义》，见《陈云百周年纪念——全国陈云生平和思想研讨会论文集》(上)，中央文献出版社 2006 年版。

② 《陈云文选》第三卷，人民出版社 1995 年版，第 351、268 页。

③ 姜洪：《利益主体、宏观调控与制度创新》，经济科学出版社 1998 年版，第 109 页。

币值的稳定，仍将是中国政府最优先追求的目标之一。

二、中央政府要掌握足够的宏观调控资源

宏观调控的基本原理是建立在宏观经济学的基础上的，是一个与市场经济相联系的概念。在非市场经济条件下不叫宏观调控，计划经济体制下的类似提法是“国民经济综合平衡”。无论是宏观调控，还是国民经济综合平衡，都是从总量的角度考察和分析经济问题，都是要政府对经济运行的总量施加影响，从而使国民经济运行达到预定的轨道。宏观调控与国民经济综合平衡的对象和目的是相同或类似的。但计划经济体制下较多地使用行政等非经济手段对经济总量进行调节，而市场经济则借助人们自觉自愿的行为进行调节；计划经济的调控目标以实物形态为主，市场经济则以价值形态为主；计划经济调控的信号是短缺，由实物短缺程度制导，而市场经济调控的判断参考坐标是价格信号，并且是两方面，既有供应不足，也有供应过剩。[①]

陈云在长期领导全国财经工作的实践中，从中国基本国情出发，从中国经济运行的特点出发，积累、总结、提炼和发展了一系列管理宏观经济，调节经济总量与主要结构的思想。“这些思想的许多方面也反映了计划经济体制下和市场经济体制下共同的客观规律。这许多方面的思想不仅适用于计划经济时期，而且在不同范围、不同程度上也适用于由计划经济向市场经济过渡的时期，乃至于社会主义市场经济时期。”[②]在关于宏观调控的论述中，陈云特别强调中央应该集中必须集中的权力：“中央的政治权威，要有中央的经济权威作基础。没有中央的经济权威，中央的政治权威是不巩固的。”事实反复证明，在我们国家，只有经济手段而没有国家干预和中央权威，要想实施有

---

① 姜洪：《利益主体、宏观调控与制度创新》，经济科学出版社 1998 年版，第 98—100、106 页。

② 刘伟：《陈云关注新中国的金融安全》，《党史博览》2010 年第 3 期。

效地宏观调控是很困难的。①

无论在市场经济还是在计划经济体制下，保持国民经济平稳运行和物价总水平基本稳定都是中央政府的主要职责，也是宏观调控的重要目标。宏观调控的基本内涵是政府在宏观层面主动地干预经济活动，通过货币、财政、价格、产业规划等宏观经济政策对国民经济总量和主要结构进行调节，以期达到保持经济增长，熨平经济波动，抑制通货膨胀，避免过度萧条的目标。中央政府进行宏观调控，必须掌握足够的经济和政治资源才能达到预期目的。在中国这样的发展中大国，中央政府拥有足够的力量和手段对国民经济进行干预就更加重要。

经济手段是宏观调控的主要手段，掌握相当数量的经济资源是有效实施宏观调控的必要条件。在财政政策方面，除了税收政策以外，财政收入，特别是中央财政收入在经济总量中的比例，直接关系到中央政府对宏观经济发挥影响的程度。20 世纪 80 年代中期到 90 年代中期，我国财政收入占国民收入的比例逐年下降，中央财政收入占整个财政收入的比重逐年下降，这种现象严重削弱了中央政府的宏观调控能力，1988—1989 年和 1993—1994 年两次创纪录的通货膨胀都发生在这一时期。针对上述“两个比重”连续下降的问题，陈云强调指出：“在经济活动中，中央应该集中必须集中的权力。搞活经济是对的，但权力太分散就乱了，搞活也难。”②1994 年实行分税制改革以后，中央财政收入占全部财政收入的比重从 1993 年的 22%增加到 1994 年的 56%，中央政府的调控能力得到了很大加强，通货膨胀被迅速抑制。事实再一次证明，无论在计划经济体制下，还是在市场经济体制下，中央政府集中必要的财政资源对保持国民经济的平稳运行和物价的基本稳定具有重要作用。

---

① 朱佳木：《中国工业化与中国当代史》，中国社会科学出版社 2009 年版，第 139 页。

② 《陈云文选》第三卷，人民出版社 1995 年版，第 366 页。

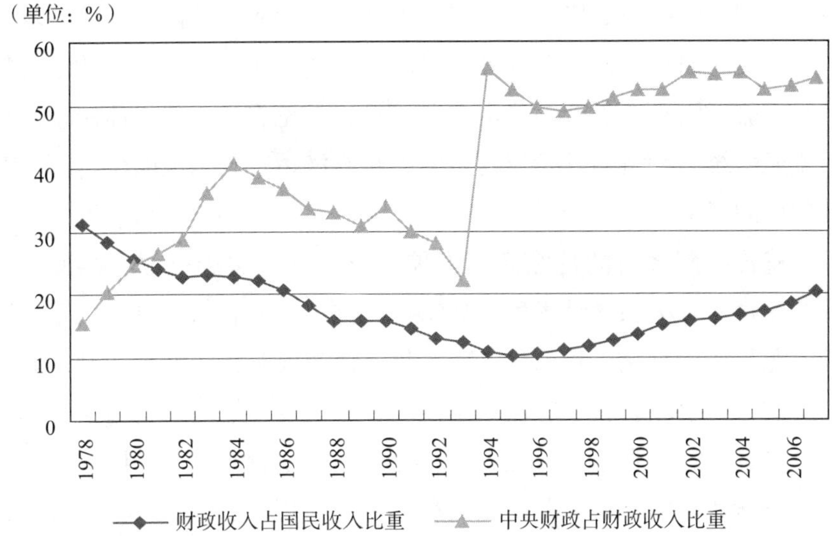

图 5—5　1978—2006 年财政收入比重变化情况

资料来源：《中国统计摘要 · 2007》，中国统计出版社 2007 年版，第 19、67、68 页。

货币政策是宏观调控的重要手段，随着中国经济市场化、货币化程度的加深，利率、汇率、再贴现率、准备金率和公开市场业务等货币政策工具的作用越来越突出，广义货币 M_2 成为重要的宏观调控指标，中央银行进行的"反周期"逆向调节成为烫平经济波动，抑制通货膨胀的重要宏观调控手段。货币政策的有效实施是以货币发行权和货币政策的集中为前提的，陈云非常重视货币发行权的集中。早在陕甘宁时期他就强调边区货币发行的集中统一。在 20 世纪 50 年代初和 80 年代初，他又两次抵制了发行地方货币的提议，坚持货币发行权要高度集中，发行量要适当，强调"一年发多少钞票，要有人把关，而且必须由总理或者主持经济工作的副总理把关。"① 为了维持币值稳定，保证人民币在国内流通市场的独占，陈云坚决反对在特区内人民币与外币同时流通。他在 1981 年 12 月中央的一次会议上指出："因为外币'腿长'，而人民币'腿短'，如人民币与外币同时流通，对人

① 《陈云文选》第三卷，人民出版社 1995 年版，第 344 页。

民币不利，会打击人民币。”[①] 麦金农教授在谈到转轨国家经济市场化的最优次序时也指出“允许外国‘硬’通货与仍然‘软弱’的国内货币同时流通则更会引起不稳定。”[②] 可见，无论在何种经济体制下，货币流通的统一和货币发行权的集中，对经济运行和币值的稳定都具有基础性的意义。

随着中国经济的持续高速发展，资源约束愈加凸显，能源、粮食、原材料等关系国计民生的战略物资供需矛盾日益加剧。由于“短线资源”的商品化、货币化、市场化，使政府失去了计划体制下调控经济的有力手段。在某些需求刚性的资源极度短缺时，价格信号的作用也受到限制，整个经济呈现出约束弱化的不稳定状态。因此，政府掌握一定数量的紧缺资源，建立和保持相当规模的储备，在经济和物价出现波动时平抑市场，仍然是国家干预经济，实施宏观调控的重要手段。早在新中国成立之初，陈云就主张国家要掌握数量上足以稳定市场的重要物资，国家有力量，各种经济成分才能服从国家的引导，市场才能稳定。20 世纪 50 年代，他主持实施对主要农产品的“统购统销”，80 年代强调增加外汇和黄金储备，都是着力于掌握当时紧缺的“短线资源”，以期保持国民经济运行和市场物价的稳定。陈云的上述思想，对今后中国运用宏观调控手段防范和抑制通货膨胀仍将具有长期的指导和借鉴意义。

三、引导、调节、管理和控制需求

陈云管理经济的一个重要特点是同时从供给和需求两个方向对经济进行调控，即努力增加供给，又认真控制需求。相比较而言，陈云更善于对需求进行管理和控制，这与他长期处于短缺经济的背景有

---

① 《陈云文选》第三卷，人民出版社 1995 年版，第 307 页。

② ［美］罗纳德·I. 麦金农：《经济市场化的次序》，周庭煜等译，上海三联书店、上海人民出版社 1997 年版，第 13 页。

关。在计划经济时期，陈云把管理需求的重点放在控制基本建设等投资需求方面。在经济出现严重失衡，社会购买力大幅超过商品可供量的情况下，陈云会利用价格机制释放一部分通货膨胀的势能，使社会供求在新的价格水平上达到新的平衡。“大跃进”后投放高价商品回笼货币就是他调节需求的一个例子。在改革开放以后，针对新的情况，陈云对投资需求和消费需求的膨胀都有所警惕，在强调改善人民生活的同时，要求控制消费基金的过快增长。1982 年他提出：“人民的生活需要改善，可以改善，但改善的幅度要很好研究。还是那句话：从全局看，第一是吃饭，第二要建设。吃光用光，国家没有希望。吃了之后，还有余力搞生产建设，国家才有希望。”①1988 年再次强调：“提高人民生活水平，要掌握一定的幅度，不能过高、过快。还是那两句老话：一要吃饭，二要建设。好事要做，又要量力而行。”②

陈云管理和调控社会需求的目的，是为了达到社会总供给和总需求在总量和主要结构上的基本平衡，为了保持物价总水平的基本稳定，从而保证国民经济的稳定运行和经济平稳较快发展。这一思想对中国今后防范和治理通货膨胀具有针对性很强的指导意义。按照国际上通行的分类方法，通货膨胀大致可分为需求拉动型和成本推进型两大类。回顾新中国成立六十多年以来的中国经济发展史，可以发现，无论是在计划经济时期，还是在市场经济体制下，历次通货膨胀基本上都是需求拉动型的，都是因需求高度膨胀引起的资源短缺造成的，即供给不足造成的。由于投资或消费基金膨胀，造成以货币形式表现的社会购买力超过实物形态的社会商品供应量，最终导致物价总水平的持续上涨。因此，合理地引导、调节、管理和控制需求，特别是投资需求，对中国防范和治理通货膨胀作用重大。

在市场经济体制下，以货币表现的社会需求常常以游资的形式出现。这些游资以投机为目的，对某种或某些商品进行炒作，抬高它们

① 《陈云文选》第三卷，人民出版社 1995 年版，第 309 页。
② 《陈云文选》第三卷，人民出版社 1995 年版，第 367 页。

的价格，以期牟取暴利。大规模的游资投机会引致人民心理预期的变化，造成更多的人跟风入市，加入投机炒作的行列。最终导致市场价格大幅波动，影响国民经济运行的稳定。因此，合理地引导和管理社会游资对物价和经济稳定具有重要意义。1950 年 7 月，陈云针对市场存在大量游资的情况提出："过去集中在城市的商业游资，找不到出路，转向股票及进口物资投机。拟今后组织他们向农村收购粮食、棉花、土产品，帮助他们打开出路"，"组织游资下乡，收购土产，对于解决城市公私关系，解决农民出售土产品的要求，巩固物价的继续稳定，均属十分必要"。① 通过组织城乡物资交流，公营经济大力收购农副土特产品，政府向农村投放货币，加之对社会游资的因势利导，首先提高了农民的收入水平，大幅度地提高了农民的购买力，促进了农村生产的发展和农民生活的改善；其次，促进了全国各地区之间的横向经济联系，活跃了国内市场；再次，农民购买力的提高，为工业品下乡创造了条件，从而刺激了工商业的发展；最后，全国经济的繁荣，也使国家的财政收支出现根本性的好转，连年结余，物价趋向稳定。② 陈云对社会游资因势利导的经验对中国今后引导和管理游资具有很强的借鉴作用。

社会主义制度在中国的确立，不仅极大地解放了生产力，而且也极大地解放了需求。社会总需求超过社会总供给的现象在中国将会长期存在。中国人口众多，自然资源总量虽然丰富，但人均占有水平很低，在经济发展的进程中，中国将不断面临资源和环境的约束。这一自然禀赋所决定的基本国情不会因经济体制的转换和经济发展程度的提高而改变。即便在全面与世界经济接轨以后，中国这样一个巨大经济体的高速发展，对全球资源供给也是一个严峻的挑战。"我国经济将在相当长的时期内呈现'紧运行'的特征，紧运行即意味着为最大

① 《陈云文集》第二卷，中央文献出版社 2005 年版，第 150 页。

② 《陈云和他的事业——陈云生平与思想研讨会论文集》（下），中央文献出版社 1996 年版，第 1058 页。

限度利用有限的资源以满足社会成员的各类需要而形成的需求超前增长，必然受到资源的约束，从而造成社会总需求大于总供给。”[①]在努力发展经济、增加社会供给的同时，改善和加强对社会需求的引导、调节、管理和适当的控制，仍将是中国政府今后长期面临的重要课题之一。

改革开放以来，中国经历了1988—1989年和1993—1994年两次严重的通货膨胀。2010年下半年以后，全国物价水平持续上涨，2010年第四季度全国消费价格指数（CPI）超过5%，通货膨胀重新抬头。与以往的情况相比，这一轮通胀具有一些新的特点：

从通货膨胀发生的历史背景看，前两次通胀都发生在我国经济体制转轨时期，社会主义市场经济体制尚未完全确立，市场还没有成为资源配置的主要手段；对国际市场的开放和参与程度相对有限；人民财产结构比较单一，仍以货币类资产为主。本轮通胀发生时中国经济已经高度市场化和货币化，宏观调控主要通过市场机制发挥作用；人民财产结构也日趋丰富，房地产和权益类资产的比重明显上升；中国经济已经高度国际化，中国已经成为全球第二大经济体，出口占GDP的比重超过1/3，中国不仅是世界贸易的重要参与者，还是主要债权国，拥有接近三万亿美元的官方外汇储备，位居世界第一。本轮通胀还有一个独特但重要的背景：2008年国际金融危机爆发之后，美国等西方发达国家采用量化宽松货币政策刺激经济复苏，国际市场流通性充斥，能源、农产品、重要原材料等大宗商品价格上涨；中国为保持经济增长也采取了刺激措施，货币供应量增幅居高不下。

从造成通货膨胀的原因分析，以往的历次通胀基本上是由于投资及消费需求拉动导致的；造成本轮通胀的原因比较复杂，不仅有国际能源、原材料、粮食等大宗商品价格飙升的影响，有国内工资水平提高等成本推动的因素，也有流动性过剩引起的过度需求；因此，本轮通胀可以被认为是输入性、成本推动型及需求拉动型通货膨胀的结合

① 姜洪：《利益主体、宏观调控与制度创新》，经济科学出版社1998年版，第46页。

体，但由于货币增发，流通性过剩所造成的巨大社会需求仍然是导致物价持续全面上涨的根本原因。

应对新一轮的通货膨胀是中国政府，特别是货币当局面临的艰巨挑战，而在如何努力增加供给的同时，有效调节控制需求，加强和改善流通环节的管理，正确处理本外币比价关系，使社会总供给与总需求达到平衡，则是解决问题的关键所在。陈云治理通货膨胀的历史经验可以为我们提供有益的启示：

首先，大力发展生产，增加有效供给。目前中国食品类商品占消费价格指数（CPI）的报告比重为31%，影响比重则达到53%，影响比重仅次于印度（65%），高于新兴国家47%的平均水平。[①] 民以食为天，农产品供需平衡和价格稳定直接关系到经济、政治和社会的稳定。“十亿人要穿衣吃饭，是我国一大经济问题，也是一大政治问题。‘无粮则乱’，这件事不能小看就是了。”[②] 陈云的这段话远未过时。加强农业等基础产业的建设，保障对人民生活和经济运行具有决定性影响的主要农产品、生活必需品、能源和重要原材料的生产和供应，是稳定物价的基础。

在市场经济背景下，商品价格是由供求关系决定的。政府和国有企业必须要掌握足够数量的重要资源，才能掌握市场的主导权和定价权。正如陈云所说：“要使私人经济跟着走，有一个条件，就是国营经济有相当的力量，你有力量它就跟着你走，你没有力量它就不听你指挥。”[③] 今天的中国已经是世界第二大经济体，对资源的需求早已不是本国所能满足。只有在世界范围内掌握相当数量的战略资源，才有可能避免或减轻国际市场价格波动对国内市场物价的不利影响。

其次，合理地引导和调节社会需求，防范和抑制过度投机。历史的经验告诉我们，在通货泛滥的背景下，以货币表现的过剩购买力极

---

① Bob Prince & Ray Dalio, *Food Commodity Inflation as a Global Marco Influence*. Bridgewater Daily Observations, January, 12, 2010, p. 13.

② 《陈云文选》第三卷，人民出版社1995年版，第350页。

③ 《陈云文选》第二卷，人民出版社1995年版，第136页。

易转变成破坏力巨大的市场投机力量，它可能选择任意商品进行炒作，引起市场物价的大幅波动，对物价总水平乃至经济稳定造成灾难性的影响。目前，巨额游资已经是客观存在，它们在房地产、贵金属、易保管农产品等领域的投机炒作，已经成为市场稳定的严重挑战。陈云在20世纪50年代初引导社会游资参与城乡交流的经验对今天的我们仍有借鉴意义。扩大投资领域，拓展投资渠道，提高直接融资比重，发挥股票、债券、产业基金等融资工具的作用，不仅可以满足多样化的融资需要，而且可以减少短期实现的社会需求，降低物价上涨的压力。

再次，改善和加强对流通环节的管理，也是降低通货膨胀影响的重要手段。在流通性过剩的条件下如何控制物价，特别是如何保障低收入阶层的基本生活需要，是当前面临的热点问题。如果仔细研究"统购统销"的政策设计和实施效果，我们就会发现陈云主持制定的这一政策不仅满足了国家工业化对农产品的需要，而且通过国家垄断流通环节，有效地降低了农产品的最终销售价格，进而实现了稳定物价总水平的目标。在当前情势下，加强农产品等关系人民生活重要物资的流通体系建设，减少产销之间的流通环节，强化价格监管，维护市场秩序，完善补贴制度，不仅可以减轻低收入阶层的生活压力，而且对物价总水平的稳定也会有相当大的贡献。

最后，在世界经济全球化，中国经济国际化的背景下，如何处理本币与外汇的关系，不仅关系到进出口贸易的发展，而且直接影响到国内物价的稳定，尤其是在国际市场大宗商品价格上涨的条件下，如何防范输入型的通货膨胀，成为亟待解决的新问题。陈云在抗日战争和解放战争中处理根据地、解放区货币和国民党统治区货币关系的实践值得认真思考。不同货币的比价应该反映综合经济实力的变化，陈云在国共两党的货币战争中也是根据双方经济实力的变化灵活调整本币与外汇（法币）的比价关系，在我方经济实力增强的情况下适当提高本币汇价，将贬值的法币挤向国统区换回物资，并借此减缓我方的通货膨胀压力。法币强则持币，法币弱则持货，陈云在20世纪40年代的经验在今天仍然具有很高的现实价值。

在经过改革开放以来三十余年的高速增长后，2012 年开始我国进入经济增速的“换挡”期，即从高速增长向中高速增长转换。经济增长方式也从注重经济增长速度向注重经济增长质量转换。2012 年我国 GDP 增速为 7.8%，2013 年为 7.7%，2014 年为 7.4%，已经连续三年低于 8%。随着经济增速的减缓，全国物价水平也开始渐次走低。2012 年我国 CPI 年升幅为 2.6%，2013 年为 2.6%，2014 年为 2.0%，其中 9 月、10 月、11 月、12 月 CPI 升幅分别为 1.6%、1.6%、1.4%和 1.5%,CPI 连续四个月低于 2%，通货膨胀处于较低水平区间。我国经济已经进入了一个中速增长、较低通胀的“新常态”。

按照李克强提出的我国经济运行“区间理论”:“我国应保持 GDP 增长不低于 7.5%，物价上涨不超过 3.5%。”① 从 2012 年第二季度到 2014 年年底，我国经济增速持续走低，这是自改革开放以来我国经济下滑时间最长的一次，而且下行压力仍在不断加大，预计 2015 年 GDP 增速将低于 7%。新中国成立以来六十多年的历史，特别是改革开放以来三十多年的历史反复证明，当国民经济经历了一段时间的高速增长后，对经济增长方式进行适当调整是完全必要的，为此适当降低经济增速也是完全必要的。但是，如果经济增长持续失速，可能会影响国民经济运行、经济结构调整和社会稳定。为了应对这种情况，党中央国务院提出了“稳增长、转方式、调结构、促改革、惠民生”的方针，中央和地方各级政府采取了有针对性的微刺激措施，取得了一定的效果。但也出现了“经济增速下滑——微刺激——小幅反弹——再下滑”的循环现象，经济增速下滑的趋势仍在继续，工业生产者价格指数 PPI 已连续 34 个月负增长。此外，由于国内经济增速放缓和国际能源及大宗商品价格下跌等因素的共同影响，2012 年以来我国物价水平持续走低，预计 2015 年 CPI 有可能出现负增长，通

---

① 徐雪、赵阳:《深化改革 实现中国经济平稳换挡和转型》,《经济社会体制比较》2014 年第 5 期。

货紧缩已经成为现实的威胁。

我国如何保持经济的可持续增长，如何保持物价水平的基本稳定，是我们今后将要面对的长期课题。由于所处时代不同，我国经济运行已经发生了广泛而深刻的变化，我们很难从陈云那里找到解决现实问题的具体答案。但是，如果我们认真研究陈云的领导经济工作的实践与思想，包括他的反通胀实践与思想，我们依然能够找到具有启发意义和借鉴价值的成果，陈云在1950年治理经济萧条与通货紧缩和1952年“三反”、“五反”后调整工商业政策的经验就值得重新回顾。

陈云一贯反对通货膨胀，但他对通货紧缩和经济萧条也非常警惕。通货膨胀固然对国民经济和人民生活十分有害，但如果发生通货紧缩，货币流通量过少，物价水平持续低落也会对经济运行和发展产生不利影响，特别是通货紧缩导致的经济萧条和失业高企对人民生活负面作用更加直接。当1950年3月市场物价开始下降，且出现市场萧条和失业增加时，陈云在4月7日的政务院第27次政务会议上指出：“物价涨不好，跌亦对生产不好。要摸着石头过河，稳当点好。”[①]他和同事们果断地采取了增发货币，政府扩大加工订货，收购农副土特产品，开展城乡交流等多项措施刺激生产和消费。到1950年下半年，全国情况就开始改观，市场重新活跃，私营工商业得到恢复和发展，失业减少，物价水平也有所回升。

无论是治理通胀，还是治理通缩，都要考虑物极必反。这是货币当局经常要面临的两难选择，关键是要把握好货币政策实施的时机和力度。治理通胀时要考虑通缩的可能，银根不能抽得过紧、过猛；治理通缩时要注意货币增发过量，银根不能放得过松、过久；如陈云所说，政府挑的是两筐鸡蛋，不要碰破一头。其次，找准货币政策的着力点，有针对性地解决结构问题，可以有效调整总量失衡。一般认为货币政策是调节总量的宏观政策，主要用于调节国民经济的总量失

① 中共中央文献研究室编：《陈云年谱（一九〇五——一九九五）》中卷，中央文献出版社2000年版，第44页。

衡。1950年陈云在治理通货紧缩的过程中，增发的货币主要通过定向购买实物资产的途径直接注入实体经济，在农村收购农副产品，在城市扩大加工订货，这显然是一种结构性调节措施。在相应的财政、税收、信贷、价格政策的配合下，实施有针对性的货币政策，解决了农村供需和城市产销等结构性矛盾，进而迅速消除了全国性的通货紧缩和经济萧条。正如陈云所说“扩大农副土产品的购销，不仅是农村问题，而且也是目前活跃中国经济的关键。半年来的财经工作完全证明，城市的繁荣是农村经济转动的结果。农副土产品卖出去了，就增加了农民的购买力，促进城市工商业的发展，减少或消灭城市的失业现象，城市购买力也跟着提高。工商业繁荣，又增加了国家的税收，减少了财政上的困难，物价更趋稳定。这样，可以进一步促进正当工商业的发展，打击投机，使城乡交流更趋活跃。这是一连串的收获。因此我们说，扩大农副土产品的购销，是中国目前经济中的头等大事。”①如果说把握货币政策的力度和时机是各国货币当局的共同经验的话，那么通过解决结构性问题调节总量失衡，就应该是我国在运用货币政策方面的一条独特经验，也是陈云宏观调控思想的重要内容，值得我们认真记取和研究。

陈云的经济思想，包括他的反通胀思想，是在陈云和他的同事们几十年领导经济工作的过程中不断积累和发展的，是被不同体制下的经济运行和反通胀实践所验证有效的；它是建立在对中国基本国情全面深刻把握的基础上的，是中国共产党人领导中国人民建设工业化、现代化国家历史经验的总结；这一思想的价值并没有随着体制的转换和时间的流逝而消失。正如朱佳木教授所指出：“和所有伟大人物的思想一样，陈云同志的经济思想也不能不受他所处的那个时代的局限，因此，他在计划经济条件下所做出的关于计划工作的许多论述，无疑已经不再适用于我国当前社会主义市场经济条件下的经济工作。但是，陈云经济思想的基本的核心的内容，也和许多伟大人物的思想

---

① 《陈云文选》第二卷，人民出版社1995年版，第118页。

一样，是超越时代的。他的经济思想不仅仅限于解决计划经济中的问题，而且更多地体现于对我国基本国情的深刻把握，体现于对社会主义现代化建设的全面理解，体现于对宏观经济运行规律的科学认识。相对于这些更为根本性的东西，实行计划经济还是实行市场经济只不过是手段罢了。只要基本国情没有改变，只要我们进行的是社会主义现代化建设，只要经济运行中还存在着宏观与微观的关系，陈云同志在计划经济时期所形成的那些关于反映我国基本国情和客观经济规律的思想，对于我们今天在社会主义市场体制下所从事的经济工作，就不会失去指导意义。”①

① 朱佳木：《中国工业化与中国当代史》，中国社会科学出版社 2009 年版，第 121—122 页。

参考文献

1.《马克思恩格斯选集》第1—4卷，人民出版社1974年版。

2.《列宁选集》第1—4卷，人民出版社1972年版。

3.《苏联社会主义经济问题》，人民出版社1961年版。

4.《毛泽东选集》第一至四卷，人民出版社1966年版。

5.《毛泽东文集》第七卷，人民出版社1999年版。

6.《邓小平文选》一至三卷，人民出版社1993、1994年版。

7.《陈云文选》第一至三卷，人民出版社1986年版。

8.《陈云文集》第一至三卷，中央文献出版社2005年版。

9.《建国以来毛泽东文稿》第一至十三册，中央文献出版社1987—1998年版。

10.《建国以来重要文献选编》第一至二十册，中央文献出版社1992—1998年版。

11.《三中全会以来重要文献选编》（上、下），人民出版社1982年版。

12. 中共中央文献研究室编：《陈云年谱（一九〇五——一九九五）》上、中、下卷，中央文献出版社2000年版。

13. 中共中央文献研究室编：《陈云传》（上、下），中央文献出版社2005年版。

14. 中共中央文献研究室编：《邓小平年谱（一九〇四——一九七四）》（上、中、下），中央文献出版社2004年版。

15. 中共中央文献研究室编：《刘少奇年谱（一八九八——一九六九）》上、下卷，中央文献出版社2000年版。

16. 北京市财政贸易干部学校编：《中央有关财政贸易政策文件选编》，1959年印行。

17. 南开大学经济系经济史教研组：《毛泽东同志关于我国经济问题的论述》，河北人民出版社1960年版。

18. 何沁主编：《中华人民共和国史》，高等教育出版社1999年版。

19. 苏星：《新中国经济史》，中共中央党校出版社2007年版。

20. 刘日新：《新中国建设简史》，中央文献出版社 2006 年版。

21. 武力主编：《中华人民共和国经济史》，中国时代经济出版社 2010 年版。

22. 胡绳主编：《中国共产党的七十年》，中共党史出版社 1991 年版。

23. 董志凯：《共和国经济风云回眸》，中国社会科学出版社 2009 年版。

24. 薄一波：《若干重大决策与事件的回顾》（上、下），人民出版社 1997 年版。

25.《薛暮桥回忆录》，天津人民出版社 2006 年版。

26. 石毓符：《中国货币金融史略》，天津人民出版社 1984 年版。

27.《中国近代金融史》，中国金融出版社 1984 年版。

28. 陈岱孙、厉以宁主编：《国际金融学说史》，中国金融出版社 1990 年版。

29. 李立侠等：《中央银行史话》，中国文史出版社 1987 年版。

30. 张公权：《中国通货膨胀史（1937—1949 年）》，文史资料出版社 1986 年版。

31. 李实主编：《陕甘宁革命根据地货币史》，中国金融出版社 2003 年版。

32.《陕甘宁边区金融史》，中国金融出版社 1992 年版。

33.《朱理治金融论稿》，中国财政经济出版社 1993 年版。

34.《黄亚光文稿和日记摘编》，陕西人民出版社 1998 年版。

35. ［美］麦克法夸尔、费正清编：《剑桥中华人民共和国史（1949—1965）》，中国社会科学出版社 1987 年版。

36.《当代中国的金融事业》，中国社会科学出版社 1989 年版。

37. 李成瑞主编：《陈云经济思想发展史》，当代中国出版社 2005 年版。

38.《陈云研究述评》，中央文献出版社 2004 年版。

39.《陈云百周年纪念——全国陈云生平和思想研讨会论文集》（上、中、下），中央文献出版社 2006 年版。

40.《陈云与新中国经济建设》，中央文献出版社 1991 年版。

41.《陈云和他的事业——陈云生平与思想研讨会论文集》（上、下），中央文献出版社 1996 年版。

42.《缅怀陈云》，中央文献出版社 2000 年版。

43. 朱佳木：《论陈云》，中央文献出版社 2010 年版。

44. 朱佳木：《中国工业化与中国当代史》，中国社会科学出版社 2009 年版。

45. 王杰：《陈云经济思想新论》，中央文献出版社 2001 年版。

46. 李海等主编：《统一财经　为新中国奠基立业》，当代中国出版社 2008 年版。

47. 薛暮桥：《中国社会主义经济问题研究》，人民出版社 1979 年版。

48. 薛暮桥：《我国物价和货币问题研究》，红旗出版社 1986 年版。

49. 黄达：《财政信贷综合平衡导论》，中国金融出版社 1984 年版。

50. 厉以宁：《社会主义政治经济学》，商务印书馆 1986 年版。

51. 徐禾等编：《政治经济学概论》，人民出版社 1973 年版。

52.《马寅初经济论文选集》（上、下），北京大学出版社 1981 年版。

53. 陈元：《陈元集——运行、调控、发展》，黑龙江教育出版社 1900 年版。

54. 姜洪：《利益主体、宏观调控与制度创新》，经济科学出版社 1998 年版。

55. 关山：《实物计划论》，中国经济出版社 1986 年版。

56. 国家统计局编：《中国统计年鉴 · 1983》，中国统计出版社 1983 年版。

57. 国家统计局编：《中国统计摘要 · 2007》，中国统计出版社 2007 年版。

58.《中华人民共和国经济档案资料选编 · 金融卷、商业卷（1949—1952）》，中国物资出版社 1996 年版。

59.《中华人民共和国经济档案资料选编 · 农业卷（1953—1957）》，中国物价出版社 1998 年版。

60.《苏联金融七十年》，中国书籍出版社 1997 年版。

61. [英] R. J. 鲍尔：《通货膨胀与货币理论》，项婷婷译，华夏出版社 2009 年版。

62. [美] 罗纳德 · I. 麦金农：《经济市场化的次序》，周庭煜等译，上海三联书店、上海人民出版社 1997 年版。

63. [美] 唐 · 帕尔伯格：《通货膨胀的历史与分析》，孙忠译，中国发展出版社 1998 年版。

64. [美] 米尔顿 · 弗里德曼：《论通货膨胀》，杨培新译，中国社会科学出版社 1982 年版。

65. [美] 罗伯特 · M. 索洛：《经济增长理论：一种解说》，胡汝银译，上海三联书店、上海人民出版社 1988 年版。

66. [美] 拉古拉迈 · 拉詹、路易吉 · 津加莱斯：《从资本家手中拯救资本主义》，余江译，中信出版社 2004 年版。

67. [美] 大卫 · M. 贝奇曼：《陈云》，孙业礼等译，中央文献出版社 2002 年版。

68. [日] 高田太久吉：《金融全球化十大热点问题》，孙仲涛等译，中共中央党校出版社 2005 年版。

69. [美] 傅高义：《邓小平时代》，冯克利译，香港中文大学出版社 2012 年版。

主题索引

后　记

为纪念陈云同志诞辰110周年，陈云纪念馆决定组织专家编写《陈云研究丛书》（简称《丛书》）。《丛书》由中共上海市委宣传部副部长、市文明办主任潘敏担任编委会主任，中共上海市委党史研究室副主任、陈云纪念馆管理委员会副主任徐建刚担任编委会副主任，陈云纪念馆馆长徐建平任主编。经过一年多的努力，《丛书》终于编写完成并正式出版。

这套丛书分为《陈云对中国特色社会主义道路的探索》、《陈云反通胀实践与思想研究》、《陈云与中国共产党的制度建设》、《陈云与改革开放研究》，全套书约一百万字。这套丛书是从2013年陈云纪念馆委托上海市哲学社会科学规划办公室、中共上海市委党史研究室招标的六个课题中，选择质量较高的四本著作编辑而成。这些著作从不同角度研究了陈云在革命、建设、改革中的历史贡献，有助于广大读者进一步了解陈云的理论贡献，进一步推动陈云生平思想的研究，也有助于为新形势下中国特色社会主义道路的探索、中国共产党的建设等提供借鉴。

《丛书》的编辑出版工作凝聚了许多同志的心血。在此，首先应感谢四本著作的作者，正是他们的不懈努力和通力协作，才使得四本研究成果顺利完成。同时，还要感谢人民出版社的有关同志，他们为本书的编辑付出了大量辛勤的劳动！

由于时间紧迫，在编写的过程中，难免会有疏忽和差错，欢迎读者批评指正！

陈云纪念馆

2015年4月

责任编辑：刘　伟
封面设计：汪　莹
版式设计：安宏川
责任校对：周　昕

图书在版编目（CIP）数据

陈云反通胀实践与思想研究 / 陈云纪念馆 编；高强 著．
－北京：人民出版社，2015.7
（陈云研究丛书）
ISBN 978－7－01－014927－1

Ⅰ. ①陈…　Ⅱ. ①陈… ②高…　Ⅲ. ①陈云（1905~1995）－反通货膨胀－经济思想－研究　Ⅳ. ① F822.5

中国版本图书馆 CIP 数据核字（2015）第 128077 号

陈云反通胀实践与思想研究

CHENYUN FAN TONGZHANG SHIJIAN YU SIXIANG YANJIU

陈云纪念馆 编　高　强 著

人民出版社 出版发行
（100706　北京市东城区隆福寺街 99 号）

北京中科印刷有限公司印刷　新华书店经销

2015 年 7 月第 1 版　2015 年 7 月北京第 1 次印刷
开本：710 毫米 ×1000 毫米 1/16　印张：18.5
字数：254 千字

ISBN 978－7－01－014927－1　定价：60.00 元

邮购地址 100706　北京市东城区隆福寺街 99 号
人民东方图书销售中心　电话（010）65250042　65289539